Wo bist du,
wenn ein Vogel singt?

Albert Low

Wo bist du, wenn ein Vogel singt?

Kommentare zum Mumonkan

Theseus Verlag

Die Deutsche Bibliothek – CIP-Einheitsaufnahme
Low, Albert:
Wo bist du, wenn ein Vogel singt?: Kommentare zum Mumonkan /
Albert Low. [Übers. ins Dt.: Martina Bartel. – Berlin : Theseus-Verl., 1997
Einheitssacht.: The world: a gateway <dt.>
ISBN 3-89620-090-9

ISBN3-89620-090-9
Titel der amerikanischen Originalausgabe: The world: A gateway;
commentaries on the Mumonkan by Albert Low
erschienen 1995 bei
Charles E. Tuttle Co., Inc. of Boston Massachusetts, USA
Übersetzung ins Deutsche: Martina Bartel

Umschlaggestaltung: Morian & Bayer-Eynck, Coesfeld
Titelphoto: © MCMXCV / Image Bank
Lektorat: Ursula Richard
Gestaltung und Satz: Typografik & Design – Ingeburg Zoschke
Druck: Wiener Verlag, Himberg
Printed in Austria
Gedruckt auf alterungsbeständigem Papier mit
chlorfrei gebleichtem Zellstoff

In tiefer Achtung
meinen Schülerinnen und Schülern
am Montreal Zen Center
gewidmet

Dank

Unermeßliche Unterstützung bei der Übersetzung dieses Buches hat mir Robert Goldmann gegeben. Durch ihn konnte in Zweifelsfällen der chinesische Originaltext des *Mumonkan* zu Rate gezogen werden; vor allem aber hat er durch seine Ermutigung, Begleitung und Sorgfalt die Übersetzung gerundet und verfeinert. Ich danke ihm von Herzen.

Schwierige Textstellen wurden nach Rücksprache mit Albert Low übertragen. Auch bei ihm und bei den vielen Menschen, die mir in ganz unterschiedlicher Weise ihre Hilfe zuteil werden ließen, möchte ich mich aufrichtig bedanken.

Martina Bartel

Inhalt

Vorwort

Das *Mumonkan* wurde zuerst im 13. Jahrhundert unserer Zeitrechnung in China veröffentlicht und ist wahrscheinlich die zugänglichste aller Koan-Sammlungen. Die Kommentare und Verse von Zen-Meister Mumon, der die Koans zusammengestellt hat, sind kraftvoll und treffen den Kern. In Zen-Kreisen ist das *Mumonkan* deshalb bis heute sehr bekannt und wird hoch geschätzt.

Zen-Meister Mumon wurde 1183 geboren und hatte Zen-Meister Getsurin zum Lehrer. Dieser war es auch, der Mumon das Koan »Mu!« gab. Mumon rang sechs lange Jahre mit dem Koan, doch ohne Erfolg. Zuletzt beschloß er, sich von nichts und niemandem mehr abhalten zu lassen, es zu durchdringen. Er schwor sich, nicht mehr zu schlafen, ehe er es nicht geschafft hätte, und ging sogar so weit, seinen Kopf gegen einen Pfeiler zu schlagen, um wach zu bleiben und sein Fragen fortsetzen zu können. Schließlich gelang ihm der Durchbruch, und vor Freude schrieb er den folgenden Vers:

Aus heiterem Himmel, bei strahlendem Sonnenschein –
ein Donnerschlag!
Alle Wesen in der unermeßlichen Natur öffneten ihre
Augen weit.
All die vielen Geschöpfe verneigen sich voller Staunen.
Der Berg Sumeru tanzt vor Freude.

Mumon stellte das *Mumonkan* während seiner Zeit als Obermönch am Ryushoji-Kloster zusammen. Später wurde er zum Abt des Hoinyuji-Zen-Tempels ernannt. Er starb 1260 im Alter von 78 Jahren. Sein Sterbegedicht lautete:

Leere ist ungeboren,
Leere stirbt nicht.
Wenn du Leere kennst,
Sind du und Leere nicht verschieden.

Die hier vorgelegte Version des *Mumonkan* basiert auf der Bearbeitung, die Roshi Philip Kapleau vorgenommen hat, der Lehrer, mit dem ich zwanzig Jahre praktizierte. Für die Ausarbeitung seiner Fassung konsultierte er die Übersetzungen des *Mumonkan* von R. H. Blyth und Zenkei Shibayama. Ich habe noch weitere Übersetzungen hinzugezogen und zugleich meine eigenen Jahre der Arbeit an den Koans, als Lehrer wie als Schüler, in diese Version einfließen lassen – immer in dem Bemühen, die Koans, Kommentare und Verse so klar wie möglich und in der Ausdrucksweise von heute wiederzugeben. Die hier vorgelegten Fassungen der Koans verbinden daher ursprünglichen Text und eigene Bearbeitung.

Dieses Werk ist nicht als gelehrte Abhandlung gedacht, sondern als Arbeitshandbuch. An einigen Stellen habe ich Anmerkungen hinzugefügt und, wo nötig, die Quellen zu den Zitaten genannt. Solche Anmerkungen wurden auf ein Minimum beschränkt. Häufig zitiert habe ich in den Kommentaren zwei Werke: das *Hekigan-roku* und *I Am That*, eine Sammlung von Gesprächen, die der Hindu-Meister Nisargadatta Maharaj im Laufe der Jahre mit verschiedenen Menschen geführt hatte. Es war hilfreich, Koans aus dem *Hekigan-roku* zu verwenden, entweder als Ergänzung oder als Kontrast zu den betrachteten Koans. Die Veröffentlichung des *Hekigan-roku* oder der *Niederschrift von der Smaragdenen Felswand*, worunter es auch bekannt ist, ging der des *Mumonkan* um ungefähr hundert Jahre voraus. Diese Koans wurden von Zen-Meister Setcho zusammengetragen und jeweils mit einem Vers versehen. Die meisten der Fälle werden von den Worten eines anderen Zen-Meisters, Engo, eingeleitet, der zudem scharfsinnige Kommentare zu den Koans und ihren Protagonisten verfaßte.

Nisargadatta Maharaj lebte ungefähr achtzig Jahre lang in Bombay und starb 1982. Er war ein ungewöhnlicher Mann, der nur zwei oder drei Jahre, nachdem er seinen Lehrer getroffen hatte, zu sehr tiefem Erwachen kam. Zu seinen bemerkenswerten Aussagen gehörte zum Beispiel: »Mein Lehrer sagte mir, daß ich ganz und vollkommen bin, und ich glaubte ihm.« Dieses tiefe Vertrauen führte Nisargadatta zu einem Erwachen, wie es nur wenige hoffen können zu erreichen. Die Kommentare, die er in den Gesprächen mit seinen Besuchern machte, sind so treffend, so klar und direkt, daß es schwerfiele, sie bei Gelegenheit nicht zu verwenden.

Die Kommentare zu den Koans wurden mit Blick auf die Übungspraxis geschrieben; sie sollen den Schülern helfen, einen ersten Tritt an der steilen Wand der Koans zu finden, so daß sie mit der Arbeit beginnen können, sich ihren Weg zu dem Gipfel zu bahnen, zu dem alle Koans führen. Dies im Sinn, bin ich nicht dem üblichen Vorgehen gefolgt, getrennte Anmerkungen zum Fall, zu Mumons Kommentar und zum Vers zu machen. Diese Methode kam mir immer übertrieben pedantisch vor und führt häufig dazu, daß der Verfasser/Übersetzer um des Kommentierens willen kommentiert, statt das zu sagen, was dem Leser oder der Leserin am meisten hilft.

Die Kommentare wenden sich gleichermaßen an interessierte Leser (die nicht unbedingt auch praktizieren wollen) wie an diejenigen, die an den Koans mit einem Lehrer arbeiten oder schon gearbeitet haben. Am Montreal Zen Center betone ich immer, daß es sich bei der Koan-Übung eher um einen Koan-Würdigungskurs handelt als um ein Hindernisrennen. So gesehen, wird sich die eigene Einsicht in ein Koan jedesmal vertiefen, wenn man zu ihm zurückkehrt.

Um ein Koan wirklich zu erfassen, ist jedoch Kensho oder Erwachen notwendig. Auch muß man begreifen, daß jedes Koan von gleicher Wichtigkeit und letztlich auch von gleicher Schwierigkeit ist. Jedes von ihnen muß einzeln ergründet werden. Mit anderen Worten: Jedes Koan verlangt sein eigenes Kensho. Yasutani Roshi hat immer darauf bestanden, daß jedes Koan ein Einführungskoan ist, und die Tatsache, daß das Koan »Mu!« als erstes in der Sammlung erscheint, hat seinen Grund wahrscheinlich allein in Mumons Vorliebe für dieses Koan.

Ich habe in diesem Buch fast durchgängig die japanischen Namen für die Lehrer und auch für die Klöster und Tempel verwendet, und zwar aus zwei Gründen: Obwohl Zen seinen Ursprung in China hatte, kamen die meisten von uns durch Bücher zur Übung, die entweder von Japanern verfaßt waren oder von Personen aus dem Westen, die sich in Japan geschult und dort praktiziert hatten. Daher sind uns die japanischen Namen schon vertraut. Zweitens ist die japanische Sprache für Menschen aus dem Westen leichter auszusprechen und erleichtert so das Lesen – wenn wir auch niemals die Dankbarkeit vergessen dürfen, die wir dem chinesischen Geist schulden.

Albert Low

Danksagung

Für die hervorragende Bearbeitung des Manuskripts möchte ich meiner Frau Jean danken. Sie hat den Text erheblich vereinfacht und ihn so um vieles zugänglicher gemacht.

Elizabeth Namiesniowski möchte ich für ihre schönen Illustrationen danken.

Meine aufrichtige Anerkennung gilt auch Sarah Jeffries, die als Lektorin dem Text seine Konturen gab.

Meine Verehrung und Dankbarkeit möchte ich schließlich Roshi Philip Kapleau ausdrücken, meinem Lehrer, der mich so viele Jahre lang durch die Riffe und Untiefen des Zen-Trainings geleitet hat.

Dharma-Tore, unzählige, gelobe ich zu durchdringen.

Einleitung

Hören, Sehen, Tasten und Wissen sind nicht
eins und eins;
Berge und Flüsse werden nicht in einem Spiegel
gesehen.
Frostiger Himmel, untergehender Mond – um
Mitternacht;
Mit wem werden die klaren Wasser des Sees die
Schatten spiegeln.

– Vers zu Koan 40 des *Hekigan-roku*

Stille ist immer gegenwärtig. Selbst mitten in der Stadt im Verkehrsgewühl oder während eines tosenden Orkans oder einer Bombardierung ist Stille immer gegenwärtig. Stille ist Gegenwart. Damit meine ich, daß Stille nicht einfach die Abwesenheit von Klang oder Geräusch ist; es handelt sich nicht darum, daß etwas fehlt. Im *Shurangama-Sutra* wird gefragt: »Wenn die Glocke aufhört zu klingen, hört dann das Ohr auf zu hören?« Wenn du über diese Frage nachsinnst, wirst du erkennen, daß auch wahre Natur niemals abwesend ist. Wenn die Glocke aufhört zu klingen, hören wir nicht nichts, sondern Gegenwart: Gegenwart können wir wahre Natur nennen. Doch zu sagen, wir »hören« Gegenwart, ist irreführend, weil Hören Gegenwart in Aktion ist; das gleiche gilt für Sehen, Schmecken, Riechen und Tasten. Etwas wissen, denken, Ideen haben und sich etwas vorstellen, das alles ist Gegenwart in Aktion. Aber das bedeutet nicht, daß Gegenwart etwas anderes hört. Gegenwart und Hören sind eins; Gegenwart und etwas Gehörtes sind ebenfalls eins. Gegenwart bedeutet, wie man schon an der Herkunft des Wortes »Präsenz« ablesen kann: bevor etwas ist – *pre*, »vor«, *esse*, »sein«; es bedeutet mit anderen Worten: vor dem Sein. Gegenwart ist daher Allgegenwart und immer eins.

Wenn wir Worte benutzen, so wie wir sie jetzt benutzen, entschlüpft uns die Wahrheit. Worte lassen Erfahrung zu festen Blöcken erstarren. Wir versuchen, diese Blöcke mit Vernunft aneinanderzufügen und sie mit Logik zu verkitten, doch sie passen schlecht, und es bleiben Lücken, durch die sich die Lebendigkeit einer Situation verflüchtigt. Stille, Gegenwart, hören, etwas – all das sind Wörter und als solche Teil dessen, was wir die Welt nennen. Und dennoch, das kann ein kurzes Nachsinnen zeigen, ist Stille nicht »da draußen«, ebensowenig wie Gegenwart. Sie ist auch nicht »hier drinnen«. Wer glaubt, das Innere seines Schädels oder seines Brustkorbs sei irgendwie wahrer als das »da draußen«, sitzt immer noch verloren zwischen den Bausteinen aus Wörtern. »Da draußen«, »hier drinnen« – noch mehr Wörter und noch mehr Verwirrung, wo doch die Wahrheit so einfach ist und so klar.

Genau aus diesem Grund: weil Worte die Wahrheit nicht besser fassen können als ein Netz das Wasser, werden Koans benutzt. Koans sind Aussprüche oder Taten von Zen-Meistern, den Patriarchen und Buddha. Nimm zum Beispiel das Koan »Der Klang *einer* klatschenden Hand«. Vollständig heißt es: »Du kennst den Klang von zwei klatschenden Händen. Was ist der Klang *einer* klatschenden Hand?« Die offenkundige, verstandesmäßige Antwort lautet: Überhaupt kein Klang! Doch was ist dann dieses *kein Klang*? Mit anderen Worten: Was ist Stille? Wenn man dieses (oder ein anderes) Koan zugewiesen bekommt und an ihm arbeitet, muß man seine Bedeutung *demonstrieren.* Erklärende Worte, wie »Die beiden Hände symbolisieren Dualität, die eine Hand meint Einheit« oder »Der Klang der einen Hand ist der Klang des wahren Selbst«, taugen hier nichts. Ein Lehrer des Zen würde sie kurzerhand zurückweisen und darauf bestehen, eine echte Antwort zu bekommen. Worte sprechen von der wahren Natur und halten sie zugleich auf Armeslänge von sich. Um eine echte Antwort geben zu können, muß man zum Klang der einen Hand *werden* – und so für sich selbst erkennen, daß der Klang der einen Hand das Erwachtsein vom Lehrer und einem selbst vollkommen zum Ausdruck bringt.

Koans enthalten keine Symbole

Ein Koan ist also ein Ausspruch oder eine Tat eines Zen-Meisters; es entspringt unmittelbar und spontan dem erwachten Geist. Die Antwort eines Meisters ist wie der Klang eines Gongs, der geschlagen wird: Der Gong wird geschlagen, Klang entströmt. Wir haben gesagt, ein Koan zu ergründen heißt, mit dem erwachten Geist des Meisters eins zu sein; das bedeutet, mit deinem eigenen erwachten Geist eins zu sein. Aber vom Einssein mit deinem eigenen erwachten Geist zu sprechen erstickt das Feuer der Wahrheit. Worte, Symbole, Parabeln, Zeichen – sie alle *reflektieren* den Klang der einen Hand, so wie Morgentau im Gras das Licht der Sonne reflektiert. Auf ihre Weise sind Wörter kleine Wunder, doch das, was das Wunder der Sprache formt, ist ein noch größeres Wunder. Koans handeln von diesem Wunder, oder besser: sie handeln nicht davon, sondern sind die direkte Erscheinung dieses Wunders.

Metaphern bringen uns der wahren Natur nahe, weil sie auf sie zeigen. Manche sind der Meinung, daß alle Worte in gewisser Hinsicht Metaphern sind. Selbst wenn das stimmt: Die meisten Metaphern sind tot und haben ihre Kraft, auf die Wahrheit zu weisen, verloren. Auch Musik ist eine metaphorische Sprache, genauso wie Tanz, Schauspiel und andere Künste. Metaphern stellen die Behauptung auf: »Dies ist das«, doch wir wissen immer: »Dies ist nicht das«. Shakespeare spricht zum Beispiel von den »Schleudern und Pfeilen des ungeheuerlichen Schicksals«. Das ist eine kraftvolle Metapher, aber wir wissen alle ganz genau, daß das Schicksal weder Schleudern noch Pfeile hat. In gleicher Weise sprechen wir von der wahren Natur; doch müssen wir vorsichtig sein, denn, so hat es Buddha formuliert: »Wahre Natur ist nicht wahre Natur, deshalb nennen wir sie wahre Natur.« Wahre Natur ist hier eine Metapher; »dies ist das«, »dies ist nicht das«. Wenn wir die Wahrheit von Buddhas Formulierung im Innersten erfassen, dann können wir Worte ungestraft benutzen. Es heißt, daß Buddha Worte als Worte gebrauchte – so wie ein Insektenforscher zum Betrachten von Insekten eine Lupe benutzt, sie aber nicht mit dem Insekt verwechselt. Solange wir dies nicht im Innersten erfaßt haben und Worte nicht als Worte benutzen können, solange müssen wir uns vor Worten und Metaphern hüten, so wie man sich vor Skorpionen und giftigen Schlangen hütet, und müssen mit größter Sorgfalt und Achtung mit ihnen umgehen.

Parabeln sind erweiterte Metaphern, und wir dürfen nicht den Fehler begehen, Koans so zu interpretieren, wie wir Parabeln interpretieren würden. Nicht, daß Parabeln für den spirituellen Weg ohne Wert wären. Ebenso wie Metaphern können sie im Gegenteil eine gewaltige Hilfe dabei sein, den Geist zu Möglichkeiten zu erwecken, die sonst verborgen und unerkannt blieben. Aber Parabeln können nur *Möglichkeiten* wekken, sie können uns nur bis zur Tür bringen. Dann fehlt immer noch ein Schritt, den wir machen müssen, um unser wahres Heim zu betreten. Der Grund, weshalb wir Parabeln wie Metaphern mit soviel Vorsicht behandeln müssen, liegt darin, daß sie neue Möglichkeiten wecken, neue Horizonte eröffnen, neue Hoffnung aufkommen lassen. Im Leuchten dieser Hoffnung, im Angesicht dieser neuen Möglichkeiten unterliegen wir alle viel zu leicht dem falschen Glauben, wir hätten echtes Gold gefunden – während alles, was wir gesehen haben, doch nur sein Abglanz ist.

Ein Koan ist kein Denksport und keine Technik

Wir arbeiten mit einer Technik oder einem Werkzeug, wenn wir etwas Bestimmtes zustande bringen wollen; gleichermaßen machen wir Übungen oder absolvieren ein Programm, sei es geistig oder körperlich, um ein bestimmtes Ziel zu erreichen. Doch wenn wir Erwachen als ein Ergebnis oder ein Ziel ansehen, das erreicht werden muß, leugnen wir die Wahrheit der Gegenwart. Wir brauchen Stille nicht zu erzielen oder zu erreichen. Wir brauchen keine besondere Methode, um zu Stille zu kommen. Stille ist Stille, wir brauchen sie nicht einmal mit eigenen Ohren zu hören. Genausowenig brauchen wir etwas zu tun, um wahre Natur zu erreichen. Zunächst einmal ist wahre Natur nicht *etwas*. Und außerdem entströmen alles Handeln, alles Sprechen, alle Techniken der wahren Natur. Wir orientieren uns an Techniken, weil wir von der Sprache so gefesselt sind. Eine Technik ist »etwas«, das »jemand« »tut«, »um« »etwas« »zu erreichen«. In einem bekannten buddhistischen Sutra, der *Prajnaparamita Hridaya*, heißt es jedoch: »Kein Wissen gibt es zu erringen, das Erringen selbst ist leer.« »Jemand« »tut« »etwas«, »um« »etwas« »zu erreichen« – all das sind Bausteine. Sie alle schweben in der Gegenwart wie Staubteilchen in einem Sonnenstrahl, der in ein abgedunkeltes Zimmer fällt. *Es gibt nichts zu erreichen*, das ist die radikale Lehre des Zen – so radikal, daß sie häufig nicht beachtet wird, selbst von denen nicht, die sie verkünden.

Koans haben keine Lehre

Ein anderes bekanntes Sutra, das *Diamant-Sutra*, ist mehrere Seiten lang. Es beginnt damit, daß ein Schüler den Buddha um Belehrung bittet; der Rest ist eine Antwort auf diese Bitte. An einer Stelle fragt Buddha seinen Schüler Subhuti: »Hat der Tathagata eine Lehre zu verkünden?« Subhuti antwortet: »So wie ich den Buddha verstanden habe, gibt es keine Formulierung der Wahrheit, genannt Vollendung unvergleichlicher Erleuchtung. Zudem hat der Tathagata keine formulierte Lehre zu verkünden.« *Keine formulierte Lehre* zu verkünden; wie sollen wir diesen scheinbaren Widerspruch verstehen? Das Sutra geht über eine ganze Anzahl von Seiten, in denen die Lehre dargelegt wird, und doch sagt Subhuti, Buddha habe keine Lehre.

Subhuti gibt uns eine Hilfe zum Verständnis, wenn er erklärt: »Der Tathagata hat gesagt, daß Wahrheit unfaßbar und unausdrückbar ist. Weder ist sie, noch ist sie nicht.« Auch ein Koan ist keine Formulierung der Wahrheit, auch ein Koan hat keine Lehre. Es hat sogar nicht nur keine Lehre, es hat auch keinen Inhalt. Der Unterschied zwischen einer Lehre, die aus Worten, Symbolen, Metaphern usw. besteht, und einem Koan ist wie der Unterschied zwischen einem Bild und einem Fenster. Wenn du ein Gemälde von Gainsborough betrachtest, kannst du viel über das ländliche England des 18. Jahrhunderts lernen. Stell dir im Gegensatz dazu nun ein Fenster vor: Ein Fenster hat keinen Inhalt und keine Lehre. Doch ein Bild kann einzig und allein das Licht brechen und reflektieren. Ein Fenster läßt ungehindert das lebendige Licht selbst durchströmen.

Ein Koan ist kein Mantra

Ein Mantra ist ein in der spirituellen Schulung häufig verwendetes Hilfsmittel: Man wiederholt immer wieder ein Wort oder einen Satz. Das Wort Mantra stammt von *man*, was auf Sanskrit »Geist« bedeutet, und *tra*, »schützen«. Ein Mantra schützt also den Geist vor den Auswirkungen der tiefen Gespaltenheit im Herzen unseres Seins, indem es uns eine feste Mitte gibt.

Ein christliches Mantra, das durch den anonymen Autor von *Der Weg eines Pilgers* berühmt wurde, lautet: »Herr Jesus Christus, erbarme dich meiner.« Es wurde im vierten und fünften Jahrhundert von den Wüstenvätern benutzt, die sich zu einem Leben der Einsamkeit und Andacht in die ägyptische Wüste zurückgezogen hatten. Ein anderes christliches Mantra ist »Ave Maria«. In der buddhistischen Tradition wird in der Schule des Reinen Landes »Namu Amida Butsu« verwendet; das bedeutet »Verehrung dem Buddha des grenzenlosen Lichts«. Am Ende der *Prajnaparamita Hridaya*, die in vielen Zen-Tempeln und -Klöstern rezitiert wird, steht das Mantra »Gate, gate, paragate, parasamgate, bodhi, svaha!« Es bedeutet: »Gegangen, gegangen, hinübergegangen, weit hinübergegangen, Bodhi, Freude!« Bodhi ist das lebendige Licht, das durch das Fenster strömt, wenn wir über alle Verunreinigungen des Geistes hinausgegangen sind. Hindus, Sufis und Taoisten haben alle ihre eigenen Mantra-Versionen, und alle benutzen als Hilfsmittel bei der Mantra-Übung Perlen (in der katholischen Tradition sind es Rosenkränze).

Stell dir für einen Moment eine unruhige Gruppe aufgeregter Leute vor, die miteinander streiten, so daß Feindseligkeit, Unsicherheit und Angst aufkommen. Ohne vermittelnden Gruppenleiter werden die Spannungen in der Gruppe immer stärker werden. Ein von allen Mitgliedern anerkannter Gruppenleiter hingegen wird bewirken, daß die Energie der Gruppe sich ausgleicht: Spannungen, Unruhe und Unsicherheit nehmen ab, und ein Gefühl des Wohlbefindens stellt sich ein. Das ist die Aufgabe eines Mantras.

Obwohl ein Mantra für eine ausgleichende Mitte sorgt, schließt es aber auch den Geist. Wird es ohne entsprechende Begleitung durch einen Lehrer, der mit dem Mantra selbst jahrelange Erfahrung gesammelt hat, benutzt, kann es in der Tat eine schädliche Auswirkung auf den Geist haben, ihn von seinem Urgrund trennen und jeden spirituellen Fortschritt gründlich blockieren. Hakuin, ein berühmter Zen-Meister des siebzehnten Jahrhunderts, kritisiert ausdrücklich die unüberlegte Anwendung von Mantras.

Ein Mantra hat die Form einer Bestätigung, ein Koan hingegen die von Befragung und Zweifel. Und genau das öffnet den Geist. Du kannst das für dich ausprobieren, indem du dir eine Frage, irgendeine Frage, durch den Kopf gehen läßt. Ein Koan in dieser Weise anzuwenden öffnet den Geist und gibt dir die Möglichkeit, über das Bedürfnis nach einer Mitte hinauszugehen, die Möglichkeit, zum Licht des Geistes zu gelangen. Wenn wir anfangen, an einem Koan zu arbeiten, etwa an Joshus »Mu!« (Koan 1 in dieser Sammlung), benutzen wir es oft zuerst wie ein Mantra, einfach um den Geist zu festigen. Doch mit der Hilfe eines fähigen Lehrers erreichen wir später tiefere und kreativere Geistesebenen, indem wir den Geist wecken, ohne ihn bei etwas verweilen zu lassen. Es sind diese tieferen Ebenen, aus denen das Koan seine Kraft bezieht.

Prajna: Wecke den Geist, ohne ihn bei etwas verweilen zu lassen

Das *Diamant-Sutra* hat in der zen-buddhistischen Tradition große Bedeutung erlangt. Es wurde im sechsten Jahrhundert durch den Zen-Patriarchen Hui-neng in China verbreitet. Huineng gelangte zu tiefem Erwachen, als er einen Wandermönch die Zeilen aus dem *Diamant-Sutra* rezitieren hörte: »Wecke den Geist, ohne ihn bei etwas verweilen zu lassen.«

Dieses Sutra gehört zur *Prajnaparamita*-Schule des Buddhismus, die sich in den spirituellen Kreisen Indiens ungefähr um die Zeit verbreitete, als die Geburt Jesu im restlichen Asien bekannt wurde. *Paramita* bedeutet »das andere Ufer des Meeres von Geburt und Tod erreichen«. Der Ausdruck »Meer von Geburt und Tod« weist auf das unruhige, stürmische und rauhe menschliche Leben. *Prajna* bedeutet »erwachter Geist«. »Der Klang *einer* klatschenden Hand« und Joshus »Mu!« erfordern beide Prajna zu ihrer Lösung. Ein Koan zu ergründen ist mit anderen Worten genau dies: den Geist zu wecken, ohne ihn bei etwas verweilen zu lassen.

Nicht daß wir nun jedoch glauben, den Geist auf diese Weise zu wecken sei etwas Mystisches; das ist es nicht. Es ist etwas ganz Normales. In jeder Nacht, während wir im traumlosen Tiefschlaf sind, verweilt der Geist nicht bei etwas, obgleich er natürlich nicht wach ist. Am Tage wird der Geist ständig geweckt, aber er verweilt zugleich oder hält sich an allem möglichen fest. Prajna ist daher wacher Schlaf. Hakuin schrieb von seiner Enttäuschung, nicht den »Zustand, in dem Wachen und Schlafen dasselbe sind«, erlangen zu können. Der große Hindu-Lehrer Ramana Maharshi sagte ebenfalls, daß *Samadhi* wacher Schlaf sei. Prajna und Samadhi, oder *Dhyana*, wie es im Zen heißt, unterscheiden sich nur in der Akzentuierung. Während Prajna das Wecken des Geistes hervorhebt, betont Dhyana oder Samadhi, ihn nicht bei etwas verweilen zu lassen. Wir alle kennen die Zustände des Schlafens und Wachens, wir kennen nur nicht beide zusammen, das ist alles. In diesem Zustand des wachen Schlafes ist eine Kehrtwendung des Geistes möglich, die in Sanskrit als *Paravritti* und im Japanischen als *Kensho* oder *Satori* bekannt ist.

Alltagsgeist ist der Weg

Zen betont, daß Alltagsgeist der Weg ist (siehe Koan 19). Das *Diamant-Sutra* beginnt mit dem folgenden Bericht:

> *Eines Morgens zur Frühstückszeit legte der Welt-Erhabene seine Robe an, nahm seine Schale und begab sich in die große Stadt Shravasti. Dort ging er von Tür zu Tür und bat um Nahrung, wie es der Regel seines Ordens entsprach. Dann kehrte er in die Abgeschiedenheit zurück und aß sein Mahl. Als er fertig war, legte er Robe und Bettelschale beiseite, wusch sich die Füße, richtete seinen Platz her und setzte sich nieder.*

Das ist die Beschreibung eines sehr alltäglichen Geisteszustands. Das Wort Buddha bedeutete ursprünglich nur: aus dem Schlaf erwachen; erst allmählich gewann es die tiefere Bedeutung von spirituellem Erwachen. Im Deutschen gibt es den Ausdruck »wieder zu sich kommen«. Wenn zum Beispiel jemand in Ohnmacht fällt, kommt er später wieder zu sich; oder man geht verträumt eine Straße entlang und kommt auf einmal wieder zu sich. Dieser Alltagsgeist ist die Grundlage der Zen-Übung.

Das Arbeiten an Koans

Jedes Koan führt auf seine eigene Weise zum Koan vom gewöhnlichen, alltäglichen Geist. Koans sind keine Prüfungen unserer spirituellen Kraft oder unseres spirituellen Fortschritts; sie als Kriterium für die Entscheidung zu verwenden, ob jemand so weit ist, andere zu lehren – wie es oft getan wird –, heißt, sie zu mißbrauchen. Tief in unserem Inneren gibt es eine Spaltung, ein grundlegendes Double-Bind[1]. Das Wort existieren bedeutet »außerhalb von sich stehen« (*ex*, »außerhalb von«, und *sistere*, »stehen«), also: von sich selbst getrennt sein. Und doch versichert uns der Buddhismus immer wieder, daß wir ganz und vollkommen sind und unmöglich anders sein können. Wie ist es dann möglich zu existieren, außerhalb von sich selbst zu sein? Die Unlogik und Unmöglichkeit unserer Situation wird auf die eine oder andere Art in allen Koans gespiegelt.

Um an Koans zu arbeiten, müssen wir das unerschütterliche Vertrauen haben, daß sie so, wie sie sind, tatsächlich lösbar, daß sie auf ihre eigene Weise höchst sinnvoll sind. Deshalb sollten wir auch nicht behaupten, Koans seien so formuliert, daß sie absichtlich Sand in unsere Augen streuen, um uns zu zwingen, unser geistiges Auge zu öffnen und die Welt und alles in ihr unverfälscht zu sehen – denn solche Behauptungen können Probleme schaffen. Obwohl Koans keinen Inhalt haben, sind sie doch kein geistloses Gemurmel. Und weil sie zum Koan vom alltäglichen Geist führen, brauchen wir uns auch nicht in einen besonderen Geisteszustand, etwa Trance oder einen anderen sogenannten höheren spirituellen Zustand, zu versetzen, um mit ihnen zu arbeiten.

Ein Koan ist kein chinesisches Rätsel, sondern eine Frage von Leben und Tod, von unserem eigenen spirituellen Leben und Tod. An einem Koan zu arbeiten heißt, an uns selbst zu arbeiten, und das erste, was wir tun müssen, ist, es uns zu eigen zu machen. Das Koan muß in irgendeiner Weise unsere eigene tiefe Qual, unser eigenes tiefes Dilemma freilegen. Tut es das nicht, ist es bloß eine mechanische Übung, um die Konzentration zu stärken, zum Erwachen zu gelangen oder sonst ein Ergebnis zu erreichen. Als solche Übung wird es niemals unser Herz und unseren Geist in ihrer Ganzheit berühren können

1 Den Begriff »double bind«, der gelegentlich auch mit »Doppelbindung« oder »Beziehungsfalle« übersetzt wird, erläutert Albert Low auf Seite S. 28. (Anm. d. Übers.)

und wird daher niemals sein Geheimnis preisgeben. Um uns das Koan zu eigen zu machen, sollten wir es deshalb verändern, ihm etwas hinzufügen, etwas von ihm wegnehmen, bis wir uns so in es vertieft haben, daß es ein Teil von uns selbst geworden ist. Auch wenn wir das Koan letztlich so annehmen und lösen müssen, wie es ist und uns gegeben wurde, wird es doch durch das Bearbeiten zugänglich – und das ist es selten, wenn man es zum ersten Mal liest.

Vertrauen, Zweifel und Ausdauer

Hakuin sagte, um Zen zu praktizieren, brauche man großes Vertrauen, großen Zweifel und große Entschlossenheit.

Vertrauen

Gegenwart ist niemals abwesend, daher wissen wir, wenn wir an einem Koan arbeiten, immer seine Bedeutung. Unser Ziel ist also nicht, etwas herauszufinden, was wir nicht wüßten. Um es noch einmal zu sagen: Koans enthalten keine Lehre. Wir starten daher nicht von dem Standpunkt »ich weiß nicht, ich muß es herausfinden«. Vielmehr beginnen wir an dem Punkt »ich weiß; wie hilft mir das Koan, dieses *Wissen* auszudrücken?« Dieses »ich weiß« ist der vollkommene Ausdruck von Vertrauen. Eine Grundlehre aller buddhistischen Schulen ist, daß von Anfang an alle Wesen Buddha sind,[2] und insofern als Buddha Erwachter bedeutet oder Wissender, *weiß jeder von uns*, nur ist dieses *Wissen* versteckt in den vielen Hüllen, aus denen sich unser Repertoire an Wissen und Erfahrung zusammensetzt. Jemand fragte einmal Yasutani Roshi: »Was ist der Unterschied

2 Siehe Hakuins »Lobgesang auf Zazen«.

zwischen Ihnen und mir?« Yasutani erwiderte: »Da gibt es keinen Unterschied außer dem, daß ich das weiß.« Ein Anfänger und ein Meister unterscheiden sich nicht, außer darin, daß der Meister das »ich weiß« aus seinen Hüllen befreit hat, wohingegen der Anfänger immer *etwas* weiß. Großes Vertrauen ist daher nicht großes Vertrauen in Buddha, in Zen, in einen Lehrer. Buddha, Zen und Lehrer sind alles potentielle Hüllen, die einmal mehr das »ich weiß« einfangen und zu »etwas« erstarren lassen können. Großes Vertrauen ist großes Vertrauen in einen selbst, nicht in einen selbst als isoliertes, von allem getrenntes Individuum, sondern in einen selbst als Buddha. Um das wirklich zu schätzen, muß man fähig sein, den christlichen Mystiker zu schätzen, der gesagt hat: »Wenn Vertrauen, dann Vertrauen.«

Zweifel

Eine andere Grundbedingung für die Arbeit an einem Koan, besonders an einem Durchbruchskoan, ist die Empfindung des Zweifels. Wir haben gesagt, daß es tief in unserem Herzen eine Spaltung gibt, einen Widerspruch. Ich habe diesen Widerspruch in anderen Werken näher ausgeführt und möchte diesen Text hier nicht durch eine Wiederholung unnötig belasten; solche Erklärungen sind auch gar nicht erforderlich, um an einem Koan zu arbeiten. Wenn du dich für ein paar Minuten still hinsetzt, wirst du dieser Spaltung gewahr werden, weil von Natur aus eine Spannung aufkommen wird. Normalerweise versuchen wir, etwas zu tun, um diese Spannung loszuwerden und uns zu beruhigen. Ein großer Beruhigungsgott unserer Zeit ist das Fernsehen, durch das wir diese entscheidende Spannung ablassen können. Eine andere, viel subtilere Methode ist es, Zen oder einen anderen spirituellen Weg zu praktizieren. Wir können uns dann mit dem Gedanken trösten, daß die Zukunft irgendwie besser sein wird, wenn wir mit der Spannung »arbeiten«, wenn wir meditieren, uns konzentrieren oder uns der Kontemplation widmen. Wenn es uns aber nicht gelingt, uns zu beschäftigen, wenn wir uns nicht in eine Fernsehsendung, ein Buch oder eine Unterhaltung vertiefen können, wenn wir uns nicht einer spirituellen Betätigung hingeben können – dann fühlen wir uns unruhig, unbehaglich, aufgewühlt.

Die Empfindung des Zweifels stellt sich ein, sobald wir alle beruhigenden Hilfsmittel loslassen. Doch je tiefer wir in unsere Übung gehen, desto subtiler, desto schwieriger werden diese Hilfsmittel aufzudecken sein. Alle Methoden, mit denen wir uns der Anspannung, der Unruhe, des inneren Aufruhrs entziehen, müssen wir eine nach der anderen loslassen. Das können wir nur im Lichte großen Vertrauens. Je größer unser Vertrauen, desto größer wiederum der Zweifel, den wir ertragen können. Vielleicht ist Zweifel nicht ganz das passende Wort, weil es den Eindruck vermittelt, mit einem Koan zu arbeiten sei eine Sache des Verstandes, während ein Koan doch unser ganzes Sein beteiligen muß. Statt Empfindung des Zweifels könnte man es vielleicht besser die Empfindung des Dilemmas oder das Double-Bind nennen.

Was ist die Empfindung des Double-Binds? Es ist wichtig, sich klarzumachen, daß jedes Koan einen »Biß«hat, einen Dreh- und Angelpunkt, der zugleich sein Eingangstor ist. Dieser Biß könnte als das Double-Bind angesehen werden. Der Begriff Double-Bind wurde von Gregory Bateson geprägt. Um zu illustrieren, was er damit meinte, benutzte Bateson ein Koan, in dem der Meister droht: »Wenn du sagst, das ist ein Stock, bestrafe ich dich; wenn du sagst, das ist kein Stock, bestrafe ich dich.« Für Bateson war das Double-Bind Ergebnis einer bestimmten Konfliktsituation: Einer Person werden zwei Befehle erteilt, die einander widersprechen, die aber beide ausgeführt werden müssen, da sonst Bestrafung droht. Es handelt sich bei dem Double-Bind, wie Bateson es versteht, also um eine erworbene Erfahrung. Das Double-Bind, mit dem wir in den Koans arbeiten, liegt schon in uns; es ist die Wunde in unserem Sein. Erfahrung, Existenz und Bewußtsein werden aus ihm geboren. Ein Koan, das ja ein Fenster zu unserem wahren Selbst ist, ist auch ein Fenster zu dieser Urmanifestation unseres wahren Selbst. Bis wir zu vollem Erwachen gelangen, ist dieses Double-Bind mit seinen Begleitempfindungen von Anspannung, Verwirrung, Qual und Angst, mit seinem bohrenden Fragen und Zweifeln bis zu einem gewissen Grade immer gegenwärtig. Es ist genau diese wirre Masse, die *massa confusa* der Alchemisten, die den Boden unserer Übung bildet. Die Meister nennen sie den großen Zweifel.

Ausdauer

Shibayama, ein erst kürzlich verstorbener Zen-Meister, vergleicht das Arbeiten an Koans mit der Situation eines Blinden, der sich mit seinem Stock am Rande eines Abgrunds entlangtastet. Jemand kommt vorbei, entreißt ihm den Stock, wirbelt den Blinden dreimal herum und stößt ihn zu Boden – um ihn dann alleine seinen Weg finden zu lassen.

Anders ausgedrückt: Da es sich bei Koans um Wege handelt, mit dem uranfänglichen Double-Bind zu arbeiten, sind sie zuerst nicht klar und hell, sondern dunkel und verwirrend. Erst wenn wir lange Zeit mit ihnen gearbeitet haben, erst wenn wir die irrigen Methoden losgelassen haben, mit denen wir in der Vergangenheit das Double-Bind bewältigen oder ihm entgehen wollten, erst dann werden die Koans schließlich als Fenster gesehen und nicht als undurchdringliche Mauern. Hakuin spricht von »diesen gemeinen Koans«, und Joshu antwortete, als ihn jemand nach dem WEG fragte: »Er ist bitter.« Innerhalb der christlichen Tradition wurde diesem bitteren Weg in einer weithin bekannten Schrift Ausdruck gegeben: *Die dunkle Nacht der Seele* des Heiligen Johannes vom Kreuz. Wer je an Koans gearbeitet hat, kennt diese dunkle Nacht gut, diese endlose Ausdehnung von trockenem, entmutigendem inneren Gelände, das Gurdjieff mit der Wüste Gobi verglich. In der Bergpredigt sagt Jesus: »Selig sind, die da hungert und dürstet nach der Gerechtigkeit«. Allein diejenigen, die tatsächlich so hungern und dürsten, können diese Pilgerreise quer durch das wüste Land einer gepeinigten Seele auf sich nehmen, diese Reise zum Kern ihres Seins.

Ein Gespräch zwischen einem Besucher und dem großen zeitgenössischen Hindu-Lehrer Nisargadatta wirft Licht auf das Arbeiten mit Koans, obwohl es sehr unwahrscheinlich ist, daß Nisargadatta etwas über Koans wußte oder auch nur etwas über Zen. Nisargadatta hatte sich selbst als »unwandelbar« bezeichnet, und der Besucher fragte ihn daraufhin: »Wie kann ich erfahren, was unwandelbar wirklich heißt, und nicht nur, was im Wörterbuch steht.«

Nisargadatta erwiderte: »Das Wort selbst ist die Brücke. Merke es dir, denke an es, erforsche es, umrunde es, betrachte es aus allen Richtungen, tauche mit aufrichtiger Beharrlichkeit in es ein: Ertrage alle Stockungen und Enttäuschungen, bis plötzlich der Geist eine Kehrtwendung macht, weg vom Wort, hin zu der Wirklichkeit hinter dem Wort. Es ist ähnlich, als wolltest du eine Person ausfindig machen, von der du nichts als den Namen weißt ... Die Aufgabe scheint hoffnungslos, bis auf einmal alles ganz klar und einfach wird, so wunderbar leicht. Doch solange du noch mit deiner gegenwärtigen Lebensweise beschäftigt bist, solange wirst du dich vor dem letzten Sprung ins Unbekannte drücken.«[3]

3 *I Am That: Talks with Sri Nisargadatta Maharaj*. Aus dem Marathi übertragen v. Maurice Frydman (Durham: Acorn Press 1973). – Anm. d. Übers.: Auszüge aus dieser englischen Fassung liegen auf deutsch vor unter dem Titel *Ich bin: Gespräche mit Sri Nisargadatta Maharaj*; übers. v. Gilda Peters-Remscheid u. Heiner Siegelmann (Bielefeld: Context, 2. Aufl. 1992).

Verschiedene Arten von Koans

Jedes Koan drückt wahre Natur aus – das, was wir Gegenwart genannt haben oder *wissen* ohne die Hüllen des Wissens. Manchmal drückt ein Koan *wissen* als grenzenlose Leerheit aus. Zum Beispiel wird im ersten Koan des *Hekigan-roku* Bodhidharma von Kaiser Wu gefragt: »Was ist deine Lehre?« Bodhidharma antwortet: »Weite Leere und nichts, was heilig genannt werden kann.« Ein anderes Mal drückt das Koan *wissen* als Einssein aus. Zum Beispiel: Ein Mönch fragt Joshu: »Was ist Buddha?« Joshu antwortet: »Der Eichenbaum im Garten.« Manchmal drückt das Koan Nicht-Zweiheit aus, wie in Koan 11, in dem Joshu zwei Eremiten prüft; dann wieder, wie im Fall von Koan 19, das vom Alltagsgeist handelt, drückt es gegenseitige Durchdringung aus. Manche Koans passen in mehr als eine dieser Kategorien, manche passen in alle, und natürlich passen einige in keine davon. Leerheit, Einssein, Nicht-Zweiheit, vollkommene gegenseitige Durchdringung: alles verschiedene Arten des Geistes zu spielen.[4] Buddha benutzte einmal die Analogie von Milch, die mal Butter ist, mal Käse, mal Joghurt – doch immer Milch.

Ein Vers des Laien P'ang, eines berühmten Zen-Buddhisten im China des 8. Jahrhunderts, faßt in Verbindung mit einem anderen Koan das bisher Gesagte sehr gut zusammen.

Mit leeren Händen trage ich die Hacke.
Im Gehen reite ich den Wasserbüffel.
Über die Brücke – sieh da!
Die Brücke bewegt sich, der Fluß steht still.
Auf dem Gipfel des Fuji-Berges kocht eine Wolke
den Reis.

4 Wer sich näher damit befassen möchte, sollte *The Four Wisdoms of Hakuin* lesen, in: *The Original Face: An Anthology of Rinzai Zen*, hrsg. v. Thomas Cleary.

Jede dieser Aussagen gilt als eigenes Koan, die letzte wurde aus einer anderen Quelle hinzugefügt.

Das Wesen und die Funktion

Manchmal drücken Koans Gegenwart als Wesen aus, manchmal als Handlung. Zum Beispiel: Ein Meister und ein Mönch hackten im Garten die Erde. Der Mönch fragte den Meister: »Was ist es?« Der Meister richtete sich auf und stieß seine Hacke in den Boden. Der Mönch sagte: »Du hast das Wesen, aber du verfehlst die Funktion.« Der Meister antwortete: »In Ordnung, was ist es?« Der Mönch hackte einfach weiter. Der Meister sagte: »Du hast die Funktion, aber du verfehlst das Wesen.« Ein sehr gutes Beispiel hierfür ist Koan Nummer 48, in dem sowohl Wesen als auch Funktion ausgedrückt werden.

Die Durchbruchskoans

Koans lassen sich in Durchbruchskoans und Folgekoans unterscheiden. Das Arbeiten mit Durchbruchskoans führt zum Erwachen oder *Kensho*, wie es in Japan heißt. Mit Kensho sieht man wirklich, daß von Anbeginn alle Wesen Buddha sind, daß alle immer schon erwacht sind. Dies bedeutet allerdings nicht, daß du, wenn du gewissenhaft am Koan arbeitest, schließlich zum Erwachen kommen wirst. Es bedeutet vielmehr: *Weil du schon Buddha bist, siehst du schließlich, wie das Koan diese Wahrheit zum Ausdruck bringt.* Das ist gemeint mit »in ein Koan schauen« oder »ein Koan ergründen«. Joshus »Mu!«, »Der Klang *einer* klatschenden Hand« und »Was ist dein Gesicht, bevor deine Eltern geboren waren?« sind alles Durchbruchskoans, ebenso die Fragen »Wer bin ich?« oder »Wer ist der Meister?« Manche Leute ergründen diese Koans in wenigen Wochen oder Monaten, andere brauchen Jahre. Ein katholischer Priester arbeitete vierzig Jahre lang am Koan »Mu!« Mumon, der Meister, der das *Mumonkan* zusammengestellt hat, arbeitete sechs Jahre lang an »Mu!« Doch noch einmal: Jemand, der ein Koan schnell ergründet, ist nicht notwendigerweise fortgeschritten, und jemand, der lange braucht, ist nicht spirituell zurückgeblieben. Jeder von uns ist ganz und gar vollkommen. Jeder ist einzigartig, ein Unterschied läßt sich nicht finden. Von Anfang an sind alle Wesen Buddha.

Wir müssen ein Koan vom Gesichtspunkt der spirituellen Reife seiner Protagonisten her betrachten. Meist stellt ein Mönch einem Meister eine Frage. Wir müssen überlegen: Ist der Mönch ein Anfänger; hat er schon tief in die Wahrheit seines eigenen Seins geschaut oder hat er erst ein oberflächliches Kensho gehabt? Betrachte jedes Koan aus diesen verschiedenen Perspektiven. Betrachte die Antwort des Meisters und stell dir vor, sie käme von einem Novizen; dann frage dich: Was ist der Unterschied, wenn eine solche Antwort von einem Novizen oder einem Meister gegeben wird, selbst wenn beide die gleichen Worte benutzen.

Einige Koans erscheinen in der Form von Dharma-Gefechten oder Dharma-Duellen. Ein erwachter Mönch oder Meister fordert einen anderen, gleichermaßen erwachten Mönch heraus, indem er ihm eine Frage stellt. Auch wenn sie harmlos aussieht, so ist die Frage doch ein Köder, der einen Widerhaken birgt. Jemand, der nicht erwacht ist, würde den Köder aufgreifen, versuchen, auf derselben verbalen Ebene zu antworten, auf der die Frage gestellt wird – und sofort gefangen sein. Ein Meister hingegen wird den Köder packen, den Haken aber umgehen. In den nachfolgenden Koans werden wir mehreren Dharma-Duellen begegnen.

Nanto-Koans

Für diejenigen, die noch nicht in ihre wahre Natur geschaut haben, sind alle Koans schwierig. Doch darüber hinaus sind einige von ihnen noch schwieriger als andere. Die allerschwierigsten heißen *Nanto*-Koans.

Die Notwendigkeit weiterer Koan-Übung nach dem Erwachen

Es wäre ein Fehler zu glauben, daß alles frühere Karma mit einem Schlag beiseite gefegt würde, wenn wir die Schranke der Patriarchen durchbrechen. Das passiert im Gegenteil nur sehr, sehr selten. Die meisten von uns bekommen beim ersten Erwachen nichts als eine Ahnung von unserem wahren Selbst; nur wenige erleben die große Explosion, von der Mumon in seinem Kommentar zum ersten Koan spricht. Mein Lehrer Yasutani Roshi nannte häufig folgendes Beispiel: Wenn man sich in einer dunklen Höhle befindet, in die kein Licht dringen kann, und ein Streichholz anzündet, so bewirkt das eine qualitative Veränderung in der Höhle. Zündet man mit dem Streichholz eine Kerze an, wird das Licht zwar heller, doch ist die Veränderung rein quantitativ, nicht qualitativ. Eine weitere quantitative Veränderung würde es bedeuten, wenn man mit einer Taschenlampe leuchtet, dann mit einem Suchscheinwerfer, schließlich, wenn man die Höhlendecke aufbricht, so daß das Sonnenlicht hereinströmt. Jedesmal gibt es eine Veränderung, doch ist sie nicht so grundsätzlich wie beim ersten Lichtschein. Genauso ist es mit dem Erwachen. Mag das erste Ahnen der wahren Natur auch schwach sein, so ist es qualitativ doch nicht anders als das volle Erwachen Buddhas. Die Absicht bei der Arbeit an Folgekoans ist es, eine immer größere Lichtintensität hervorzubringen. Der ganze Geist wird gleichsam immer lichtdurchlässiger.

Doch am Anfang von allem steht der erste Durchbruch aus dem undurchsichtigen Dunkel des Schlafes.

Es wird angenommen, daß es einfach eine Vorliebe von Mumon war, die Joshus »Mu!« an die erste Stelle im *Mumonkan* rückte und es daher zum Durchbruchskoan macht. Jedes der Koans könnte ebensogut das erste sein. Das heißt: Jedesmal, wenn man in ein Koan schaut, ereignet sich ein weiteres Erwachen. Es muß diesen Ausbruch von Kraft, dieses *Aha!* geben, wenn man ein Koan ergründet.

Der Sinn dieser Kommentare

Weil Koans so schwierig sind, zeigen die meisten Lehrer ihren Schülern »Griffe«, an denen sich die Koans gleichsam packen lassen. Es ist nicht Sinn eines Kommentars, die Antworten zu den Koans zu geben. In Japan verlangten manche Lehrer, die nicht einmal selbst die Koans verstanden hatten, von ihren Schülern mechanische »Antworten«. Zu Beginn dieses Jahrhunderts war ein Mönch dort über diesen Mißbrauch – zu Recht – so erbost, daß er die Antworten in einem Buch offenbarte, das unter dem Titel *Der Ton der einen Hand* auch ins Deutsche übersetzt wurde. Im Westen »Antworten« zu den Koans zu veröffentlichen, wo doch der Westen so besessen ist von Antworten, kann nur weitere Verwirrung stiften. Koans haben keine Antworten – weil sie keine Fragen sind. Sie sind Fenster, die auf die *conditio humana* weisen, und jeder von uns sieht diese menschliche Existenz aus seiner eigenen Perspektive. Das heißt nicht, daß es mit irgendeiner fertigen Antwort getan wäre oder daß eine Antwort so gut wie eine andere wäre. Jedes Koan entspricht einem besonderen und ganz bestimmten Blick, wenngleich jeder Mensch diesen Blick auf seine eigene Weise ausdrücken wird. Jemand, der erwacht ist, wird ziemlich leicht erkennen, ob jemand anders es auch ist. Ebenso wird jemand, der an einem Koan gearbeitet hat, leicht erkennen, ob ein anderer es wirklich ergründet hat oder nur die Worte so »hindreht«, daß sie passen. Ohne ein paar »Fingerzeige«, ohne einen Weg durch die Dichtheit des Koans wären jedoch nur wenige Menschen in der Lage, mit ihnen zu arbeiten. Die folgenden Kommentare sind von der Art, wie ich sie im Laufe der Jahre meinen Schülern und Schülerinnen gegeben habe. Ich hoffe, daß sie auch für andere bei ihrer Arbeit wertvoll sind.

Mumons Vorwort

Im Buddhismus ist Geist die Grundlage, das Dharma-Tor, das keine Tür hat. Wenn es keine Tür hat, wie kannst du dann hindurchgelangen? Weißt du nicht, daß nichts, was durch das Tor hereinkommt, ein Familienschatz sein kann – alles, was eine Ursache hat, unterliegt immer der Veränderung. Das auch nur zu sagen wirft Wellen auf, ohne daß ein Wind geht, sticht Wunden in gesundes Fleisch. Noch viel törichter ist es, sich an die Worte und Sätze von anderen zu klammern, um auf diese Weise Verstehen zu erlangen. Das ist so wie der Versuch, mit einem Stock den Mond zu schlagen oder sich den Schuh zu kratzen, wenn der Fuß juckt. Was haben Worte mit der Wahrheit zu tun?

Im Sommer 1228 war ich, Ekai, Obermönch am Ryusho in Toka. Weil die Mönche mich baten, sie zu lehren, verwendete ich schließlich Koans der alten Meister als Ziegelbrocken, um mit ihnen gegen das Tor zu schlagen und so die Mönche je nach ihren Fähigkeiten und ihrer Veranlagung anzuleiten. Ich schrieb diese Koans nieder, und jetzt ist aus ihnen, fast wie von selbst, eine Sammlung geworden. Ich habe achtundvierzig von ihnen zusammengestellt, habe sie aber nicht in irgendeiner Weise geordnet. Die Sammlung heißt *Das Mumonkan, »Die torlose Schranke«*.

Wenn du mutig bist, wirst du dich kopfüber hineinstürzen, ohne dir um die Gefahr Gedanken zu machen. Der achtarmige

Nara mag versuchen dich aufzuhalten, doch vergebens. Selbst die achtundzwanzig Patriarchen Indiens und die sechs Patriarchen Chinas werden sich vor einem solchen Mut ducken und um ihr Leben flehen müssen. Wenn du aber zögerst, wirst du wie jemand sein, der am Fenster ein Pferd vorbeigaloppieren sieht. Im Nu ist es verschwunden.

Mumons Vers

Der Große Weg hat kein Tor,
Tausend Straßen führen genau dorthin.
Einmal hinter der Schranke,
Gehst du mühelos und frei durch die Welt.

Koans

1 Joshus »Mu!«

Ein Mönch fragte einmal Joshu:
»Hat ein Hund die Buddha-Natur?«
Joshu antwortete: »Mu!«

Mumons Kommentar

Um Zen zu üben, mußt du die von den Patriarchen errichteten Schranken überwinden. Um die Feinheit wahren Erwachens zu erfahren, mußt du deine alltägliche, gewohnte Weise zu denken loslassen. Wenn du diese Schranken nicht überwindest und gewohnte Denkweisen nicht losläßt, bist du wie ein Gespenst, das sich an Gräser und Unkraut klammert. Nun, und was ist die Schranke der Patriarchen? Es ist einfach Mu! »Mu!« ist das Haupttor des Zen, und deshalb heißt es »die torlose Schranke der Zen-Überlieferung«.

Wenn du sie durchbrichst, wirst du nicht nur Joshu von Angesicht zu Angesicht gegenüberstehen, sondern auch Hand in Hand mit allen früheren Meistern gehen und ihnen nah verbunden sein, alles mit den gleichen Augen sehen und alles mit den gleichen Ohren hören. Wie wundervoll! Wer würde diese Schranke nicht überwinden wollen?

Wecke deinen ganzen Körper mit seinen dreihundertundsechzig Knochen und seinen vierundachtzigtausend Poren;

sammle eine geballte Masse Zweifel an und gieße sie ohne Unterlaß Tag und Nacht in diese Frage[1]. Setze dein Fragen Tag und Nacht fort.

Nimm es nicht als Nichts oder als ein relatives Nein von »ja und nein«, »ist und ist nicht«. Es ist, als hättest du eine rotglühende Eisenkugel verschluckt; du willst sie wieder herauswürgen, aber du kannst es nicht.

Das ganze trügerische und nutzlose Wissen, das du bis jetzt angesammelt hast – wirf es weg. Nach einer gewissen Zeit wird dein Streben auf natürliche Weise zur Erfüllung gelangen und von sich aus einem Zustand weichen, in dem innen und außen eins sind. Du wirst es erfahren, doch nur für dich allein, wie ein stummer Mensch, der einen Traum gehabt hat.

Dann plötzlich wird alles explosionsartig nachgeben, du wirst die Himmel in Erstaunen versetzen und die Erde erschüttern. Es wird sein, als hättest du das große Schwert von General Kuan gepackt. Triffst du den Buddha, wirst du ihn töten; begegnest du den Patriarchen und Meistern, wirst du sie töten. Am Rande von Leben und Tod bist du vollkommen frei. In den vier Seinsweisen der sechs Wiedergeburten erlebst du ein Samadhi unschuldiger Freude.

Noch einmal: Wie sollst du dich auf dieses Mu konzentrieren? Du mußt alle Kraft, die du besitzt, jeden Funken deiner Energie darauf verwenden, und wenn du auf deinem Weg nicht aufgibst, wird schließlich ein weiteres Dharma-Licht leuchten.

1 D.h. in »Mu!« (Anm. d. Übers.)

Mumons Vers

Der Hund! Buddha-Natur!
Der vollkommene Ausdruck, die Meisterung
der Wahrheit.
Fällst du auch nur einen Augenblick in die Relativität,
Bist du auf der Stelle tot.

Kommentar

Um an diesem Koan zu arbeiten, muß man der Mönch, der diese Frage stellt, *sein*. Wir müssen also genau wissen, wie die Frage des Mönches einzuordnen ist. Bezieht sie sich auf die Lehre? Möchte der erste Mönch bestätigt sehen, daß der Hund tatsächlich die Buddha-Natur hat? Der Buddhismus lehrt, daß alle Wesen Buddha sind. Geht es dem Mönch um den Hund oder um buddhistische Theorien über Hunde? Mumon arbeitete sechs Jahre lang an diesem Koan. Wenn er schläfrig wurde oder seine Gedanken zuviel umherwanderten, schlug er seinen Kopf gegen einen Pfeiler im Zendo (d. i. die Meditationshalle). Er und Tausende und Abertausende andere haben endlose Stunden lang gekämpft und gelitten, um dieses Koan zu lösen. Es ist kaum wahrscheinlich, daß er oder all die anderen wegen einer bloßen Theorie so hart gearbeitet hätten.

In gewisser Weise ist dieses ein tragisches Koan, denn es ruft den Schmerz der Fragen wach, die die Menschheit am meisten quälen. Gibt es ein Leben nach dem Tod? Hat mein Leben einen Sinn? Stehe ich alleine in einer Welt, der ich völlig egal bin? Es muß daher jeder von uns der Mönch sein, weil im Innersten jeder von uns schon der Mönch ist. Wir alle haben das Gefühl der Ungeschütztheit gegenüber Krankheit, Alter und Tod, ein Gefühl ureigentlicher Unsicherheit, das, wenngleich es unter Arbeit begraben, hinter Plänen und Zielen verborgen, in der Hetze unseres Daseins unbeachtet sein mag, niemals nicht da ist. In gewisser Hinsicht ist die ganze Menschheit gesegnet und verflucht zugleich. Wir alle sehnen uns nach unserer wahren Heimat, und diese Sehnsucht kann uns, wenn wir ihr Beachtung schenken, auch dorthin führen, jedoch nur durch die Wüste von Verwirrung, Zweifel und Schrecken. Das ist der Fluch, denn das erste, dem wir auf unserem Weg nach Hause begegnen, ist unsere eigene Unsicherheit. Ist jemand allerdings nicht fähig, auf den inneren Ruf zu hören, ist jemand sich nicht dessen bewußt, wie sehr er sich nach Vollkommenheit sehnt, nach bedingungsloser Liebe, nach einer festen Überzeugung, nach einer anderen Art zu leben, nach etwas Glück oder nach einem Frieden, der über alles Verstehen hinausreicht, und ist diese Person nicht bereit, den Preis zu zahlen, der darin besteht, durch die Wüste von Unsicherheit und Qual zu ziehen – dann ist Zen nichts für sie oder für ihn.

Bevor ich Schülern dieses oder ein anderes Durchbruchskoan gebe, lasse ich sie meistens erst einmal sich selbst fragen: »Was ist meine Grundfrage, um was geht es mir am dringendsten?« Manchmal sage ich: »Stell dir vor, du hättest das weisestmögliche Wesen vor dir, Buddha, Jesus oder sogar Gott, aber du darfst nur eine einzige Frage stellen. Was wäre deine Frage?« Manchmal fragen sie: »Welchen Sinn hat mein Leben?« oder »Was ist ein gutes Leben?« oder, häufiger: »Warum muß ich und müssen andere soviel leiden?« oder »Was ist Tod, und warum muß ich sterben?« Ich lasse dann nicht locker und frage sie: »Ist das wirklich deine Frage?« Sehr oft passiert es nach einiger Ermunterung, daß sie sagen: »Nein, aber das kommt meiner echten Frage noch am nächsten.« Das, was T. S. Eliot die überwältigende Frage genannt hat, kann nicht wirklich in Worte gefaßt werden; es ist ein Schmerz, der gemischt ist mit großer Angst, eine Bestürzung, die einhergeht mit einem Gefühl von Ungerechtigkeit der Verhältnisse, es ist ein Wünschen, eine Sehnsucht, ein »ich weiß nicht, was«.

Wir müssen den Mönch als jemanden sehen, der durch die Wüste von Verwirrung und Zweifel irrt. Er hört von einem Zen-Meister, der als weise und mitfühlend gilt, und beschließt, ihn aufzusuchen. Alle Sehnsüchte und Ängste des Mönches kommen hoch. Als menschliches Wesen ist er verwundbar, anfällig; der Tod ist ihm gewiß, die Stunde ungewiß; er ist von Krankheit bedroht, und er altert unerbittlich. Ihm wurde gesagt, daß alle Wesen Buddha seien, daß alle Wesen ganz und vollkommen seien, doch das ist für ihn nicht greifbar. Er beschließt, sich beim Zen-Meister noch einmal zu vergewissern; das würde ihm etwas geben, woran er sich festhalten könnte, etwas Sicheres im stürmischen Meer der Unsicherheit. Und so fragt er, ob ein Hund Buddha-Natur hat. Ein Hund stand damals im Ansehen ungefähr auf derselben Stufe wie heute eine Ratte: zuallerunterst. Der Gedankengang ist: Wenn ein Hund Buddha-Natur hat, dann muß ich auch Buddha-Natur haben. Wenn er Buddha-Natur hat, dann bin ich gerettet, dann habe ich einen Rettungsanker, der mir in den Stürmen des Lebens Halt gibt.

Und Joshu sagt: »Nein!«

Zu diesem Koan gibt es ein Gegenstück in Koan 29 einer Sammlung namens *Hekigan-roku*. Ein Mönch fragt den Zen-Meister Daizui: »Wenn das große Feuermeer kommt, geht ›es‹ dann auch unter?« Nach der buddhistischen Kosmologie wird die Welt am Ende eines Äons von einer riesigen Feuersbrunst vernichtet, und der Mönch fragt, ob ›es‹, die Buddha-Natur oder wahre Natur, dann auch vernichtet wird. Der Meister antwortet: »Ja! Es geht auch unter.« Der Mönch weiß nicht ganz, was er sagen soll und stammelt, noch mit einem Rest an Hoffnung: »Es verschwindet also mit allem übrigen?« Erbarmungslos bejaht der Meister: »Es verschwindet mit allem übrigen.« Wieder muß man sich den Mönch vorstellen, wie er ängstlich seine Frage vorbringt; besser noch muß man der Mönch *sein*, wie er ängstlich seine Frage vorbringt. Gibt es irgend etwas,

was den Tod überlebt? Gibt es irgend etwas, was von Dauer ist, etwas, das nicht vernichtet werden kann? Es heißt immer, daß ein menschliches Wesen Buddha-Natur habe oder, wenn einem das lieber ist, beseelt sei. Wenn das große Feuermeer kommt, die Weltkatastrophe, geht dann auch die Buddha-Natur, die Seele, unter?

Der Meister sagt: Ja!, sie geht auch unter, sie verschwindet mit allem übrigen.

Die meisten Menschen haben zeitweise mit Angst oder Depressionen zu kämpfen. Manche haben auch eine nur allzu flüchtige Ahnung davon erlebt, was es heißt, ganz und vollkommen zu sein, und spüren angesichts des Chaos, der Konflikte und der Komplexität des Lebens das Unwirkliche, sogar Absurde der menschlichen Existenz – eine Empfindung weit jenseits von Angst. Wegen der Angst, der Unwirklichkeit, der Absurdität brauchen wir alle, so heißt es im allgemeinen, etwas oder jemanden, auf den wir uns verlassen können. Früher einmal war das der Priester, heute ist das der Arzt oder Psychotherapeut oder auch die Lebensberaterin einer Zeitschrift. Wir suchen jemanden, der uns in den Zeiten der Furcht Hilfe, Beistand und seelische Nahrung geben kann. Der Mönch spürte, daß Joshu solch ein Mensch war. Joshu, zu dieser Zeit bereits über achtzig, hatte ungefähr seit seinem achtzehnten Lebensjahr unter der Anleitung von Nansen an sich gearbeitet und war nach Nansens Tod zwanzig Jahre lang auf Pilgerreise gegangen. Er war einer der großen Meister jener Zeit. Kein Wunder, daß der Mönch sich voller Hoffnung und Erwartung an ihn wandte.

Doch Joshu sagt: »Mu!«

Ich erinnere mich an eine ähnliche Situation, als ich noch ein junger Mann war. Gequält von der Angst vor dem Tod, mit dem Gefühl der Sinnlosigkeit meines Lebens und verzweifelt nach Hilfe suchend, ging ich zu einem Priester, der mir von unserem Hausarzt empfohlen worden war. Ich erzählte ihm von meinen Ängsten und Sehnsüchten, und er riet mir: »Junger Mann, Sie versuchen, das Unmögliche zu finden. Ich gebe Ihnen den Rat, sich um Ihre Frau und Ihre Familie zu kümmern, den ganzen Kram zu vergessen, sich einen Fernseher anzuschaffen und sich nicht um Dinge Sorgen zu machen, die kein Mensch jemals verstehen kann. So etwas sollten Sie den Heiligen überlassen.« Ich war am Boden zerstört.

War Joshu ebenso ratlos wie dieser Priester?

Hier liegt der Biß des Koans, der Widerspruch. Die Übung des Zen ist die Übung von Weisheit und Mitgefühl. Mit der Weisheit kommen Reaktionsvermögen, Flexibilität und Gespür für eine Situation. Mit dem Mitgefühl kommen das Bedürfnis und die Fähigkeit, das Leid von anderen mitzutragen, und der inständige Wunsch nach einem Weg, andere von ihrer Last zu befreien. Und nicht nur das: Der Buddhismus lehrt, daß alle Wesen Buddha sind. Warum sagt Joshu dann in doppelter Hinsicht, als weiser, mitfühlender Mensch und als in der Lehre versierter Buddhist: »Nein!«? Diese Antwort ist so, wie jemandem, der am Verhungern ist, den letzten Brotkanten aus der Hand zu reißen. Der Mönch tastet sich vorsichtig, wie ein Blinder, am Rande eines Abgrunds der Unsicherheit entlang, und Joshu wirbelt ihn herum und stößt ihn zu Boden, nachdem er ihm seine letzte Stütze genommen hat. Warum tut Joshu das? Warum raubt ein weiser, mitfühlender und wissender Mann einem verzweifelten Mönch die letzte Hoffnung?

Dieselbe Frage gilt für Daizui. Er muß gewußt haben, daß die buddhistische Lehre ausdrücklich erklärt, daß »es« nicht vernichtet werden kann, auch nicht von der großen Feuersbrunst. Außerdem heißt es in dem Vers, den Setcho über dieses letztere Koan schrieb:

Blockiert von einer doppelten Schranke,
Fragte der Mönch aus der Tiefe des Kalpa-Feuers.

Daß der Mönch »aus der Tiefe des Kalpa-Feuers« fragte, bedeutet, daß er in den Flammen des Fegefeuers brannte. Aus diesem Brennen heraus kam die Frage: »Gibt es irgend etwas über, hinter, außerhalb dieser entsetzlichen Angst, etwas, das von den Flammen des Fegefeuers nicht verzehrt werden kann?« Warum hat Daizui ihn nicht beruhigt, ihn nicht getröstet?

Mumon weist auf die Antwort, wenn er in seinem Kommentar eindringlich erklärt, daß du aufhören mußt, so zu denken, wie du immer denkst, denn hörst du nicht damit auf, »bist du wie ein Gespenst, das sich an Gräser und Unkraut klammert«. Ein Gespenst ist ohne Substanz; die Gräser und das Unkraut sind abgedroschene Worte, abgenutzter Glaube. Der Glaube an Gott, an Buddha, an ein Leben nach dem Tod, an einen Himmel oder ein Reines Land so gut wie der Glaube an gar nichts, an die Auslöschung, an das Nichts nach dem Tod ist nichts als einfach das, *Glaube*. Der Glaube, wir bräuchten irgend etwas, um uns daran festzuhalten, wenn es hart auf hart kommt, ist selbst ein Glaube und unrichtig. Der Glaube, daß wir diese Fragen ignorieren könnten, daß wir einfach mit unserem normalen Leben weitermachen könnten, ist ebenso unrichtig. Gerade *weil* wir uns an etwas klammern, und sei es an die Verneinung, kommt es tatsächlich hart auf hart. Indem wir uns an das Unkraut klammern, indem wir uns mit Worten und Phrasen Götzen errichten, wenden wir uns von unserer eigenen wahren Natur ab. Unsere wahre Natur ist unabhängig von Bestätigung, Glaube oder dem Segen irgendeines Meisters oder Priesters. Deshalb sagt Mumon, was geschehen wird, wenn du in deine wahre Natur gesehen hast: »Triffst du den Buddha, wirst du ihn töten; begegnest du den Patriarchen und Meistern, wirst du sie töten.« Töten heißt, deinen Geist von Buddha, von Jesus, von allen nur möglichen Rettern zu reinigen. Mumon fährt fort: »Am Rande von Leben und Tod bist du vollkommen frei.« Beachte, daß, wo vorher ungeheure Angst brannte, jetzt alles im Frieden ist.

Mu ist das Haupttor des Zen, der königliche Eingang, und dennoch ist es, wie Mumon sagt, die Schranke der Patriarchen. Unser Bewußtsein stellt immer alles gründlich auf den Kopf. Aus ungehinderter Freiheit macht der Geist eine erstarrte Eiswüste; wo Unwandelbarkeit ist, schafft der Geist heftige Unruhe; während doch jeder von uns die Wirklichkeit selbst ist, überträgt der Geist diese Wirklichkeit auf Illusionen und macht aus uns Gespenster im Unkraut. Bewußtsein ist eine Bühne, auf der das Drama von Leben und Tod ausgetragen wird, zugleich aber ist es eine Schranke vor der Wahrheit. Doch wir können diese Schranke überwinden, wir können die Mauern des Geistes durchbrechen. Die »Betreten verboten«-Schilder, die überall in unserem Geist herumstehen, brauchen uns nicht abzuschrecken. Und wenn uns schließlich der Durchbruch gelingt, dann sind wir eins mit dem Wesen von Buddha, von Joshu, von den Patriarchen und allen früheren Meistern. Das bedeutet, daß wir dann eins sind auch mit dem Wesen des erbärmlichen, elenden Hundes, der durch die Gegend streunt, schmutzig, verlaust und verloren.

Aber um das zu erreichen, müssen wir mit jeder Faser unseres Herzens, mit Leib und Seele arbeiten. Mumon sagt uns, wir müssen mit dem ganzen Körper arbeiten, »mit seinen dreihundertundsechzig Knochen und seinen vierundachtzigtausend Poren«. Wir müssen »eine geballte Masse Zweifel ansammeln und sie ohne Unterlaß Tag und Nacht in diese Frage gießen. Setze dein Fragen Tag und Nacht fort.« Das tut man ohnehin. Man fragt und prüft immer auf diese Weise. Wir sind immer von einer geballten Masse Zweifel erfüllt. Wir nennen es Streß oder Verwirrung oder Sorgen, doch im Grunde genommen stehen wir immer vor dieser einen überwältigenden Frage. Der Knackpunkt ist, daß wir auf die Frage in falscher Weise zu reagieren versuchen. Wir hoffen darauf, daß Erfolg oder die Liebe eines anderen oder Besitztümer oder Wissen oder menschliche Wärme unsere Unsicherheit auflösen werden. *Wir hoffen auf etwas außerhalb von uns selbst.* Wir hoffen auf *etwas.* Jede Sehnsucht, die wir haben, ist die Sehnsucht nach Einssein, nach Ganzheit. Das Problem liegt darin, daß wir versuchen, Einssein festzunageln; wir versuchen, etwas daraus zu machen, und sind enttäuscht, wenn wir scheitern.

Hakuin sagt in seinem berühmten »Lobgesang auf Zazen«: »Und wenn wir nach innen schauend uns wenden und unsere Wahre Natur bezeugen – 1das Wahre Selbst ist Kein-Selbst, unser eigenes Selbst ist Kein-Selbst«. Das ist »Mu!« ergründen. Das ist das Erkennen unseres ursprünglichen Gesichts, bevor unsere Eltern geboren waren. *Das wahre Selbst ist kein Selbst.* Das zu erkennen heißt, die Schranke der Patriarchen zu überwinden.

Basho sagt in einem seiner Haikus [einem siebzehnsilbigen Gedicht]:

Diesen Weg
geht niemand
an diesem Herbstabend.[2]

Wenn man mit »Mu!« arbeitet, muß man sich fragen: Wer ist dieser *niemand*? Was ist dieses *kein Selbst*? Höre jedoch auf Mumons Warnung: »Nimm es nicht als Nichts oder als ein relatives Nein von ›ja und nein‹, ›ist und ist nicht‹.« Es ist nicht Verneinung. Es ist, »als hättest du eine rotglühende Eisenkugel verschluckt; du willst sie wieder herauswürgen, aber du kannst es nicht.«

Auch Hakuin sagt etwas Ähnliches; er beschreibt es als Ratte in einem Bambusrohr, die nicht vor und nicht zurück kann, aber auch nicht da bleiben kann, wo sie ist. Es wird einem zum Verhängnis, wenn man handelt, es wird einem zum

2 *Haiku. Japanische Gedichte*, übers. v. Dietrich Krusche (München: dtv, 3. Aufl. 1995). (Anm. d. Übers.)

Verhängnis, wenn man nicht handelt; auf ewig sitzen wir in der Falle des uranfänglichen Double-Bind. Wir versuchen es mit all unseren alten Taktiken und Methoden. Wir versuchen zu tricksen, wir versuchen es mit Ablenkungsmanövern, wir werden ärgerlich, wir versinken in Selbstmitleid. Wir versuchen es mit Logik, mit Vernunft; wir lesen spirituelle Texte, wir besuchen Seminare. Wir ziehen alle Register. Doch am Ende müssen wir, wie Mumon erklärt, das ganze trügerische und nutzlose Wissen, das wir bis in die Gegenwart angehäuft haben, wegwerfen. Dann, nach einer gewissen Zeit, wird unser Streben auf natürliche Weise zur Erfüllung gelangen und von sich aus einem Zustand weichen, in dem innen und außen eins sind.

Leute, die nicht mit Koans gearbeitet haben, verstehen dieses Streben nicht. Sie denken, daß sich das Streben darauf richtet, etwas zu *erreichen*. Am Anfang ist das natürlich so. Etwas erreichen wollen, etwas sein wollen, etwas wissen wollen sind unsere ersten Strategien, wenn wir uns dem Double-Bind ausgesetzt sehen. *Aber das ist nur am Anfang so.* Wenn wir schließlich alle unsere Mittel erschöpft haben und alles trügerische und nutzlose Wissen losgelassen haben, dann ist unser Streben völlig anders. Es ist dann mehr ein Sehnen danach, mit etwas Geliebtem im Einklang zu sein, ein Sehnen, das seine Erfüllung schließlich in sich selbst findet.

»Plötzlich«, so schildert es Mumon, »wird alles explosionsartig nachgeben, du wirst die Himmel in Erstaunen versetzen und die Erde erschüttern.« Wie kann man eine solche Explosion beschreiben? Was für Freude, was für Erleichterung! Vielleicht hilft dir folgendes Beispiel, das nachzuempfinden: Nimm einmal an, du gehst auf eine Reise, auf die du dich schon ein ganzes Jahr lang gefreut hast. In der Nacht davor kannst du vor Aufregung nicht schlafen. Du bist bereit. Alles gepackt. Warten auf das Taxi. Und dann fragt dich jemand: »Hast du die Flugtickets?« Die Tickets, wo sind die Tickets? Sie sind nicht in deiner Handtasche. Sie sind nicht in deiner Jackentasche. Du rennst ins Schlafzimmer. Hast du sie auf dem Tisch liegenlassen? Nein, da sind sie auch nicht. Das Taxi hupt. Wo sind denn bloß die Tickets? Sie müssen im Wohnzimmer sein. Du rennst ins Wohnzimmer. Nein, auch da sind sie nicht. Ach, was hast du nur mit ihnen angestellt? Noch einmal das Taxi. Du könntest weinen vor Verzweiflung. Du wirst zu spät zum Flugzeug kommen. Wer weiß, vielleicht lassen sie dich ohne Tickets gar nicht an Bord. Du rennst noch einmal ins Schlafzimmer – nein: nicht da. Zurück ins Wohnzimmer. Du durchsuchst deine Handtasche. Leerst deine Jackentaschen. Der Taxifahrer kommt herein. »Sind Sie fertig?« Du haßt den Taxifahrer. »Ich kann die Tickets nicht finden! Ich habe die Tickets verloren! Was soll ich denn jetzt machen?« Der Taxifahrer geht mit großen Schritten hinüber zu dem kleinen Tisch und nimmt den Roman hoch, den du mit ins Flugzeug nehmen wolltest. Zieht einen Umschlag heraus. »Ist es das, wonach Sie suchen?« Aaaaah! Die Tickets, die geliebten Tickets! Was für ein wunderbarer Taxifahrer, was für eine wunderbare Welt, was für ein wunderbarer Augenblick! In dieser Explosion des Findens steht die Welt Kopf. Was für Freude, was für Erleichterung. Doch die Tickets waren niemals verloren. Sie waren immer da; geduldig haben sie gewartet, daß du aufhörst herumzurennen und das Buch hochhebst.

Endlich habe ich Ummons Schranke durchbrochen.
Der Weg ist überallhin frei – Osten, Westen, Norden,
Süden,
Morgens hier, abends dort, weder Wirt noch Gast.
Jeder meiner Schritte entfacht eine kleine Brise.

– Ein Satori-Gedicht von Daito (1282–1337)

2 Hyakujos Fuchs

Immer wenn Meister Hyakujo ein Teisho hielt, war auch ein alter Mann bei den Mönchen und hörte mit ihnen zu. Wenn sie gingen, ging auch er. Doch eines Tages blieb er noch da. Der Meister fragte ihn: »Wer bist du, der du vor mir stehst?« Der alte Mann erwiderte: »Ich bin kein menschliches Wesen. Früher, zu der Zeit von Kashyapa Buddha, lebte ich als Zen-Priester auf diesem Berg. Einmal fragte mich ein Mönch: ›Unterliegt ein erwachter Mensch dem Gesetz von Ursache und Wirkung oder nicht?‹ Ich antwortete: ›Er unterliegt ihm nicht.‹ Wegen dieser Antwort habe ich fünfhundert Leben als Fuchs verbringen müssen. Nun bitte ich dich inständig, Meister, sprich für mich ein Kehrwort und erlöse mich vom Körper des Fuchses.« Dann fragte er: »Unterliegt ein erwachter Mensch dem Gesetz von Ursache und Wirkung oder nicht?« Der Meister antwortete: »Niemand kann dem Gesetz des Karma entgehen.« Bei diesen Worten wurde der alte Mann erleuchtet. Er verneigte sich und sagte: »Ich bin nun von dem Fuchskörper befreit, den man hinter dem Berg finden kann. Darf ich den Meister um etwas bitten? Bitte, führe eine Bestattungszeremonie für mich durch, wie du es für einen toten Priester tun würdest.«

Der Meister ließ den Obermönch den Hammer schlagen und den übrigen Mönchen verkünden, daß nach dem Essen eine Bestattungsfeier für einen toten Priester abgehalten werde.

Die Mönche wunderten sich und grübelten: »Wir sind doch alle gesund. Niemand liegt im Krankenzimmer. Was geht hier vor?« Nach dem Essen ging der Meister den Mönchen voran und holte mit seinem Stock den Körper eines toten Fuchses unter einem Busch hervor. Dann führte er die Zeremonie einer Feuerbestattung durch.

Am Abend stieg der Meister auf das Rednerpult in der Halle und erzählte den Mönchen die ganze Geschichte. Obaku, ein erfahrener Mönch, fragte daraufhin: »Der alte Mann verfehlte das Kehrwort und mußte fünfhundert Leben als Fuchs verbringen. Wenn er nun bei jeder seiner Antworten keinen Fehler gemacht hätte, was wäre dann geschehen?« Der Meister erwiderte: »Komm einmal her, ich werd's dir sagen.« Obaku kletterte zum Meister hinauf und gab ihm eine Ohrfeige. Der Meister lachte, klatschte in die Hände und rief: »Ich dachte, der Bart des Barbaren sei rot, aber hier ist ein rotbärtiger Barbar.«

Mumons Kommentar

»Unterliegt nicht dem Gesetz von Ursache und Wirkung« – warum hatte er seine Leben als Fuchs verbringen müssen? »Niemand kann dem Gesetz des Karma entgehen« – aus welchem Grund wurde er vom Fuchskörper befreit? Wenn du diesbezüglich das eine Auge hast, dann wirst du verstehen, daß der frühere Hyakujo seine fünfhundert Leben als Fuchs genossen hat.

Mumons Vers

Nicht unterliegen, nicht entgehen,
Zwei Seiten, ein Würfel.
Nicht entgehen, nicht unterliegen,
Eintausend Fehler, zehntausend Fehler.

Kommentar

»Ich bin kein menschliches Wesen.« Dieses zweite Koan spielt sich vor dem Hintergrund dieser Erklärung ab. Du, der Leser, du, die Leserin, bist auch kein menschliches Wesen. Du bist nicht Mann oder Frau, du bist nicht Deutscher, nicht Österreicher, nicht Schweizerin, Französin, Amerikaner oder Japanerin. Ja, du bist nicht einmal eine Person. Du bist aber auch nicht ein Körper oder ein Bewußtsein, nicht Seele, nicht Geist, nicht einmal Buddha-Natur. Und ganz gewiß bist du nicht nichts. Bitte widerstehe aber nun der Versuchung zu fragen: »Was bin ich denn dann?« Diese Gier, etwas sein zu wollen, ist die Ursache allen Karmas. Wir fragen kleine Kinder: »Was willst du einmal werden, wenn du groß bist?« Und wenn andere uns Vorwürfe machen, rufen wir dann nicht aus: »Laß mich, ich bin eben so!« Der Psychologe Erik Erikson wies darauf hin, daß die Suche nach Identität, der Wunsch zu wissen, was man definitiv und für alle Zeit ist, eine Grundmotivation aller Menschen darstellt. Titel, Positionen, akademische Grade, Klassen, Medaillen, Uniformen, Zeugnisse, Diplome, Namen, Abschlußfeiern, Aufnahmezeremonien, das Ablegen der Mönchs- oder Priestergelübde – die Mittel und Wege, sich eine Identität zuzulegen, um zu »wissen, wer ich bin«, sind endlos.

Wenn du den Klang *einer* klatschenden Hand gehört hast, wenn du durch die Schranke von Mu gegangen bist, dann wirst du wissen, was es bedeutet, sagen zu können: »Ich bin kein menschliches Wesen.« Wenn du den Durchbruch nicht erfahren hast, ist dir diese Behauptung ein Rätsel; vielleicht denkst du, der alte Mann spiele einfach mit Worten. Doch ganz im Gegenteil: Das Erwachen zum Geist des Vertrauens, durch den man in das unermeßliche Geheimnis von Wissen und Sein eintritt, geschieht dann, wenn du deutlich erkennst, daß du kein menschliches Wesen bist. Und es ist der Geist des Vertrauens, mit dem man an der Lösung von Koans arbeitet. Bevor wir das erste Koan durchdringen, irren wir verloren in der Dunkelheit herum – und plötzlich bricht Klarheit herein. Dann ist »wissen« befreit von den Fesseln des Wissens, dann ist »sein« befreit von den Fesseln der Dinge, und »ich bin« ist befreit vom Fluch, etwas sein zu müssen. Ich bin kein menschliches Wesen.

Zen gehört zur Mahayana-Schule des Buddhismus. Die andere Schule ist die des Theravada oder Hinayana. Das Wort Hinayana wird oft in einem abwertenden Sinn gebraucht und bedeutet dann, daß man nur auf seine eigene Erlösung hinarbeitet. An sich ist es unfair, Hinayana mit Theravada auf der einen und Mahayana mit Zen auf der anderen Seite gleichzusetzen. Viele Leute praktizieren Zen als Hinayanisten, und viele Theravadins praktizieren als Mahayanisten. Wahrscheinlich fangen wir sogar alle als Hinayanisten an. Das Ideal des Hinayana-Buddhisten ist der Arhat, der vom Rad von Tod und Geburt befreit ist, der nicht länger vergangenem Karma unterliegt und der, da er nicht mehr der Wiedergeburt unterworfen ist, in ewige Ruhe eingeht. Darauf zielt Obakus Frage: »Der alte Mann verfehlte das Kehrwort und mußte fünfhundert Leben als Fuchs verbringen. Wenn er nun bei jeder seiner Antworten keinen Fehler gemacht hätte, was wäre dann geschehen?« Kein Fehler, kein Irrtum, und, letzten Endes, keine Sünde. Was passiert, wenn ein Mensch ein Leben nach dem anderen keine Sünde begeht?

Das Ideal des Mahayana-Buddhisten ist der Bodhisattva. In einem buddhistischen Sutra heißt es: »Und so geht der Bodhisattva, wenn er die Dharmas versteht, wie er es sollte, nicht in *selige Ruhe* ein. Er verweilt dann in Weisheit.« Das Sanskritwort für selige Ruhe ist *nivṛti*, das bedeutet »Nirvana, das die Welt des Leidens ausschließt«. Den Unterschied zwischen diesen beiden Wegen, Freiheit zu erlangen, also dem Hinayana- und dem Mahayana-Weg, müssen wir als ein wesentliches Thema dieses Koans sehen.

Vielleicht ziehen wir es vor, die Frage an den alten Mann etwas zu verändern; statt zu fragen, ob ein erwachter Mensch dem Gesetz von Ursache und Wirkung unterliegt oder nicht, möchten wir vielleicht wissen, ob es möglich ist, einen Ausweg aus dem Hamsterrad von Frustration und Chaos zu finden, das wir unser Leben nennen. Den Christen wird der Himmel versprochen, den Moslems das Paradies, den Buddhisten der Schule des Reinen Landes »das Reine Land«. Nenne es, wie du willst – diese Religionen versprechen persönliche Erlösung, einen Ausweg aus dem Hamsterrad. Das Versprechen kann erst nach unserem Tod erfüllt werden, daher haben wir, zumindest soweit es die anderen betrifft, keine Möglichkeit, wirklich zu erfahren, ob es eingehalten wird oder nicht. Trotzdem haben in der Vergangenheit die meisten Leute an eine Art von Himmel geglaubt. Heutzutage sind wir alle skeptischer, pessimistischer; wir neigen dazu, den Tod als Ende, als Auslöschung, als Nichts zu sehen. Doch selbst in diesem Nichts lebt noch der optimistische Glaube, daß ein Weg aus dem Hamsterrad möglich wäre. »Ruhe in Frieden« ist unser Wunsch für alle Toten und Verstorbenen.

Das entspricht dem Weg des Hinayana-Buddhisten. Der Ausweg besteht hier darin, die Stufen des Samadhi zu durchlaufen und den Geist mehr und mehr zu klären, bis man schließlich nicht länger gefesselt ist und aus dem Hamsterrad heraustreten kann. Um es mit Obakus Worten zu sagen: Jedesmal wenn einem eine Frage gestellt wird, gibt man die richtige Antwort. Doch das Herz dieses Koans ist die Erwiderung des Mahayana-Buddhisten.

Der alte Mann sagt: Ja, es gibt einen möglichen Ausweg aus dem Hamsterrad; daher wird er bestraft und muß fünfhundert Leben lang als Fuchs leben. Im Westen sagen wir manchmal, jemand sei schlau wie ein Fuchs. Das Word *cunning*, englisch für »schlau, listig«, kommt von einem alten englischen Wort, das »alles wissen« bedeutet. Als ich an diesem Koan arbeitete, wurde mir gesagt, daß es diese Redewendung im Osten so nicht gibt. Die Leute erzählen sich dort nicht, daß der Fuchs alles weiß, sondern daß er nur die halbe Wahrheit weiß. Es ist jedoch immer noch möglich, alles zu wissen, selbst wenn man nur die Hälfte weiß, und es ist möglich, daß man nur die Hälfte weiß, wenn man alles weiß. Du kennst wahrscheinlich das Doppelbild von einer Vase und zwei Gesichtern. Wenn du das eine Bild, die Vase, siehst, siehst du nicht das andere, die zwei Gesichter. Aber wenn du die Vase siehst, siehst du alles, weißt du alles, was von der Vase gewußt werden kann, obwohl du nur die Hälfte des Bildes kennst.

Doch davon abgesehen – warum wurde der alte Mann bestraft für seine Aussage, daß ein erwachter Mensch nicht dem Gesetz von Ursache und Wirkung unterliegt? Schließlich sagt er uns ja nur, was wir erwarten würden. Spricht er nicht genau das aus, worum es in der spirituellen Praxis geht? Folgen wir nicht einem spirituellen Pfad, um uns aus den Fesseln des Daseins zu befreien, um Frieden und Liebe zu finden, um aus dem Hamsterrad des Samsara herauszukommen?

Koan 1 des *Hekigan-roku* gibt einen interessanten Parallelfall. Es handelt von einem Besuch Bodhidharmas, des ersten chinesischen Zen-Patriarchen, beim Kaiser Wu in China, der viel für die Entwicklung des Buddhismus in seinem Land getan hatte. Er war also »gut« gewesen und fragte dann, nur allzumenschlich: »Was ist der Lohn für all das Gute, das ich getan habe?« Bodhidharma erwiderte: »Gar kein Lohn, Eure Majestät!« So mancher Zen-Schüler stöhnt nach einem Monat, sechs Monaten, einem Jahr, sechs Jahren Zen-Training: »Was bekomme ich für diese ganze Schinderei?« Nichts, würde Bodhidharma sagen.

Was hat dieses *nichts* mit unserem Koan zu tun? Eine der grundlegenden Fragen, die das Koan behandelt, ist, ob wir die Konsequenzen unserer Handlungen zu tragen haben oder ihnen entgehen können. Wenn wir für unsere Fehler bezahlen müssen und der alte Mann daher zu Recht bestraft wurde, sollten wir dann nicht, wie Kaiser Wu, erwarten können, für unsere Tugenden belohnt zu werden und die Früchte unserer guten Taten zu ernten?

Nehmen wir an, wir haben tatsächlich die Konsequenzen unserer Taten zu tragen. Warum sagt Bodhidharma dann: *Kein Verdienst, keine Belohnung*? Wenn Bodhidharma recht hat und das Gesetz des Karma nicht auf den Kaiser zutrifft, er sich also für seine guten Taten keinen Verdienst erwirbt, warum wurde dann der alte Mann, der Hyakujo zuhörte, bestraft? Schließlich hat er auf seine Weise nur die gleiche Antwort wie Bodhidharma gegeben. Er mußte fünfhundert Leben lang als Fuchs leben; hätte Bodhidharma nicht sagen sollen, der Kaiser komme in den Himmel?

Es ist eine traurige Tatsache, daß viele Leute, die schon lange Zeit Zen üben, und selbst einige, die Zen lehren, mit diesem Koan nie klargekommen sind. Ein amerikanischer Lehrer ist sogar so weit gegangen zu sagen, Buddhismus habe nichts mit Ethik und Moral zu tun. Für viele Leute verwirrend ist unter anderem die Mahnung des Zen, über gut und böse hinauszugehen. Über gut und böse hinauszugehen scheint zu besagen, über Moral und Ethik hinauszugehen, dem Gesetz des Karma zu entkommen. Genau diesem Irrtum unterlag der amerikanische Lehrer.

In dem Koan geht es um die Natur des erwachten Zustands und um Karma. Bedeutet Erwachen nur die eigene persönliche Befreiung oder ist es etwas viel Subtileres, sogar etwas, das vom Bewußtsein mit seinen intellektuellen Strukturen und seinen Sprachhülsen gar nicht erfaßt werden kann? Wie ist der Zusammenhang zwischen Erwachen und Karma? Welches Verdienst erwirbt man sich mit dem Erwachen?

Im wesentlichen geht es bei diesem Koan um die Bedeutung des »Ich bin kein menschliches Wesen«. Wenn ein erwachter Mensch nicht dem Gesetz des Karma unterliegt, dann unterliegt diesem Gesetz, da wir ja alle von Natur aus voll erwacht sind, niemand von uns. Wie kann das aber möglich sein? Wie kann man behaupten, daß wir alle frei von dem Gesetz des Karma sind?

Es ist ziemlich offensichtlich, daß man das nicht behaupten kann, denn Hyakujo bestätigt: »Niemand kann dem Gesetz des Karma entgehen.« Allerdings, und das darf nicht übersehen werden, geschieht bei diesen Worten das Erwachen des alten Mannes. Als er Hyakujos Aussage hört: »Niemand kann dem Gesetz des Karma entgehen«, entgeht er dem Gesetz des Karma! Er ist endlich vom Fuchskörper befreit. Mumon fragt in seinem Kommentar, wie das möglich ist. Er fragt: Wieso mußte der alte Mann, als er sagte »unterliegt nicht dem Gesetz von Ursache und Wirkung«, seine Leben als Fuchs verbringen? Und wieso wurde der alte Mann, als Hyakujo sagte, niemand könne dem Gesetz des Karma entgehen, vom Körper eines Fuchses befreit?

Das ist der Biß des Koans. Vollständig formuliert lautet es: »Ich bin kein menschliches Wesen, doch als menschliches Wesen unterliege ich dem Gesetz des Karma.« Um deutlich zu sein: Wir dürfen nicht davon ausgehen, daß der alte Mann die falsche Antwort gab und Hyakujo die richtige. Wir sollten auch nicht denken, Hyakujos Antwort hebe irgendwie die des alten Mannes auf, etwa so wie ein Plus ein Minus aufhebt. Und außerdem dürfen wir, auch wenn einige Lehrer es lehren, nicht glauben, wir hätten das ganze Dilemma gelöst, wenn wir einfach eins mit dem Fuchs sind, eins mit der ganzen Welt sind, eins auch mit der Kirchenglocke, die Mitternacht schlägt – denn wenn wir dies tun, wenn wir in einen Samadhi-Zustand eintreten und einfach eins mit allem sind, haben wir den Weg des Hinayana genommen.

Wir müssen in das Koan schauen.

In seinem Vers beharrt Mumon auf der gleichen Frage:

Nicht unterliegen, nicht entgehen,
Zwei Seiten, ein Würfel.
Nicht entgehen, nicht unterliegen,
Eintausend Fehler, zehntausend Fehler.

In der Tradition, in der ich unterrichtet wurde, haben wir, nachdem wir durch die Koans des *Mumonkan* und des *Hekigan-roku* gegangen waren, die zehn buddhistischen Richtlinien in Angriff genommen und jedes von ihnen als ein Koan betrachtet. Jede Richtlinie sollten wir von verschiedenen Gesichtspunkten aus sehen, zuerst aus dem Blickwinkel des Hinayana-Anhängers, dann aus dem des Mahayana-Anhängers, danach aus dem Blickwinkel dreier weiterer Ebenen, wobei jede Ebene eine immer subtilere Interpretation erfordert.

Zum Beispiel lautet die erste Richtlinie: »Nicht töten, sondern alles Leben achten.« Im Hinayana-Buddhismus wird das wörtlich genommen: Man tötet einfach nicht. Mönche, die diesem Weg folgen, gehen bis zum Äußersten, um nicht zu töten. Sie filtern das Wasser, um nicht versehentlich Insekten zu schlucken und sie so zu töten, sie tragen Glöckchen, um kleine Tiere vor ihrem Kommen zu warnen und sie nicht zu zertreten. Einige Mönche gehen sogar auf Stelzen, um die Möglichkeit, kleine Lebewesen zu töten, auf ein Minimum zu reduzieren. Doch was tut ein Anhänger des Hinayana, wenn ein tollwütiger Hund ein Kind angreift? Um überhaupt etwas essen zu können, muß auch Leben verloren gehen. Zur Schöpfung gehört fast unweigerlich die Zerstörung. Für den Anhänger des Mahayana zählt daher als Richtschnur die *Absicht* statt der Tat. Das kann natürlich zu allen möglichen Spitzfindigkeiten verleiten, solange es einem nicht ernst ist mit dem spirituellen Weg.

Die Herangehensweise des Mahayana befaßt sich nicht länger mit Verhaltensregeln oder dem, was allgemeiner formuliert Moral heißt. Statt dessen handelt es sich nun um eine Frage der Ethik, einer Ethik, die zwar die Verhaltensregeln als Wegweiser nimmt, die aber dem Menschen einen weit schärferen Anspruch auferlegt: den Anspruch, daß er Verantwortung für seine Taten übernimmt. Es leuchtet ein, daß es vom Standpunkt des Hinayana-Anhängers aus möglich ist, aus dem Rad des Samsara herauszukommen, weil eine Regel nur ja oder nein, Erfolg oder Scheitern, richtig oder falsch zuläßt, ja sogar verlangt.

Auf dieser Ebene der Moral kann man nach einem Moralkodex leben, und der wird entweder gehalten oder gebrochen. Doch wie geht man auf dieser Ebene mit dem Double-Bind um?

Ein Beispiel: Ein Unternehmer gerät in Schwierigkeiten. Er sieht sich damit konfrontiert, daß er möglicherweise einen Teil seiner Angestellten entlassen muß, um die aufgelaufenen Betriebsschulden bezahlen zu können. Im Gegenzug würde das den Fortbestand des Unternehmens und damit die Arbeitsplätze wenigstens der restlichen Belegschaft sichern. Er kann sich aber auch dazu entschließen, alle seine Angestellten zu behalten und das Risiko eines Bankrotts einzugehen – dann würden alle ihren Arbeitsplatz verlieren. Was soll er tun? Angenommen, es handelt sich um einen einfühlsamen Mann, der sich seiner Verantwortung anderen gegenüber bewußt ist, dann wird es ihm zum Verhängnis, wenn er das eine tut, und dann wird es ihm zum Verhängnis, wenn er das andere tut. Hier können ihm Verhaltensregeln nicht im geringsten helfen. Wozu er sich auch immer entschließt, er wird, um Gutes zu tun, das Gute opfern; was immer er tut, wird ihm daher eine Belastung sein; was immer er tut, wird Karma schaffen. Wie Shakespeare in *Julius Cäsar* sagt: »Das Böse, das die Menschen tun, lebt ihnen nach / Das Gute wird mit ihren Knochen oft begraben.«

Wir haben gesagt, die Richtlinien könnten auch von drei höheren Ebenen aus betrachtet werden. Die höchste ist vielleicht die Ebene des Einen Geistes, die des »Ich bin kein menschliches Wesen.« Auf dieser Ebene muß man sich fragen: Wer ist das, der dafür verantwortlich ist, die Regeln einzuhalten? Wer ist das, der dafür büßt, wenn es ihm nicht gelingt, die Regeln einzuhalten? Diese Ebene stellt viel höhere Ansprüche, weil man seinen Nachbarn wirklich lieben muß, so wie sich selbst, und *jede* trennende Handlung ist ein Verstoß gegen die erste Richtlinie, *jede* Handlung, die trennt, ist eine Handlung, die tötet. Im Zen heißt es: »Himmel und Hölle liegen nur um Haaresbreite auseinander.« Wenn wir uns von anderen abtrennen, trennen wir uns von uns selbst ab; wir gehen dann aus dem Leben der Ganzheit und werden wiedergeboren zum Leben der Zersplitterung und des Leidens, zum Leben des Karma. Kannst du erkennen, warum wohl Mumon in seinem Kommentar gesagt hat: »Wenn du diesbezüglich das eine Auge hast, dann wirst du verstehen, daß der frühere Hyakujo seine fünfhundert Leben als Fuchs genossen hat«? Das eine Auge ist die höchste Ebene, von der aus wir die Gebote betrachten können.

Allerdings dürfen wir nicht vergessen: Nur weil man eine Ahnung dieser Wahrheit »Ich bin jenseits aller Form« bekommen hat, bedeutet das noch nicht, daß man dieser Ahnung gemäß leben kann. Im Buddhismus heißt es: »Ein gewöhnlicher Gedanke, und Buddha ist ein gewöhnlicher Mensch. Ein erleuchteter Gedanke, und der gewöhnliche Mensch ist Buddha.«

Ein von trennenden Handlungen freies Leben zu führen ist den meisten von uns kaum möglich. Dieses Koan ist eine Einladung zu einem ethischen Leben, einem Leben, das sich zutiefst auf ein moralisches Leben gründet. Auch wenn man über gut und schlecht hinausgeht, erwirbt man sich dadurch nicht eine Genehmigung, Böses zu tun.

Kehren wir zum Koan zurück. Obaku fragt: »Der alte Mann verfehlte das Kehrwort und mußte fünfhundert Leben als Fuchs verbringen. Wenn er nun bei jeder seiner Antworten keinen Fehler gemacht hätte, was wäre dann geschehen?« Wie wir schon gesehen haben, ist das eine geschickte Frage, weil sie das ganze Geheimnis des erwachten Zustands zusammenfaßt: Was tun völlig erwachte Leute nach dem vollen Erwachen? Geht es einfach darum, ins Nichts zu entschwinden? Das Koan behandelt genau dieses Thema. Es wird lebhaft veranschaulicht, wenn der Meister antwortet: »Komm einmal her, ich werd's dir sagen«, und Obaku zum Meister hinaufklettert und ihm eine Ohrfeige gibt. Obaku kam Hyakujo zuvor; Hyakujo wollte ganz offensichtlich gerade Obaku für seine Frage schlagen. Aber warum hat Obaku Schläge verdient, und wenn er sie nicht verdient hat, war es dann nicht falsch von ihm, Hyakujo zu schlagen? Und wenn er Hyakujo zu Unrecht schlug, hat er nicht Schläge verdient? Der Meister lachte, klatschte in die Hände und rief: »Ich dachte, der Bart des Barbaren sei rot, aber hier ist ein rotbärtiger Barbar.«

Das Hamsterrad, die Tretmühle des Daseins, das Rad des Samsara, »Ich dachte, der Bart des Barbaren sei rot, aber hier ist ein rotbärtiger Barbar«. Darum geht es in diesem Koan. Aber, so sagt Mumon, der alte Mann muß seine fünfhundert Leben als Fuchs genossen haben. Jemand fragte Nansen: »Was wirst du sein, wenn du tot bist?« Nansen sagte: »Ein Wasserbüffel.«

Ich bin kein menschliches Wesen.

3 Guteis Finger

Immer wenn Gutei etwas gefragt wurde, hob er einfach einen Finger. Eines Tages fragte ein Besucher den Diener von Gutei: »Was ist die Lehre deines Meisters?« Der Junge hob ebenfalls einen Finger. Als Gutei davon hörte, schnitt er dem Jungen mit einem Messer den Finger ab. Schreiend vor Schmerzen rannte der Junge davon. Da rief Gutei ihn, und als der Junge sich umdrehte, hob Gutei einen Finger. Der Junge kam plötzlich zum Erwachen.

Als Gutei im Sterben lag, sagte er zu den versammelten Mönchen: »Ich habe Ein-Finger-Zen von Tenryu erhalten und es mein ganzes Leben lang angewendet, konnte es aber nicht ausschöpfen.«

Mumons Kommentar

Das Erwachen von Gutei und dem Jungen ist nicht in dem Finger. Wenn du das wirklich durchschaust, sind Tenryu, Gutei, der Junge und du selbst von *einem* Spieß durchbohrt.

Mumons Vers

Gutei machte den alten Tenryu zum Narren,
Mit scharfem Messer befreite er den Jungen.
Korei hob die Hand, und mühelos
Brach der große Kamm des Berges Ka entzwei!

Kommentar

Dieses Koan ist sehr populär; es erscheint im *Mumonkan*, im *Hekigan-roku* (Nummer 19) und auch im *Shoyo-roku* (Nummer 84)[3]. In den letztgenannten beiden Versionen lautet das Koan einfach nur: »Immer wenn Gutei etwas gefragt wurde, hob er einfach einen Finger.« Aber Mumon hatte Erbarmen mit denjenigen, die an dem Koan arbeiten würden, und fügte den Extrateil über den Diener hinzu. Und tatsächlich ist der springende Punkt von Mumons Koan die Stelle, wo sich der Junge, nachdem ihm der Finger abgeschnitten worden war, zu Gutei umwendet, und Gutei einen Finger hebt. Was hat der Junge in diesem Finger gesehen, das ihn zum Erwachen brachte? Oder, und das ist praktisch dasselbe, nur anders ausgedrückt: Wie wird der Junge wohl geantwortet haben, wenn ihm später eine ähnliche Frage gestellt wurde?

Das Koan beginnt: »Immer wenn Gutei etwas gefragt wurde ...« Man sollte das nicht biographisch auslegen, sondern sich vielmehr fragen, was das bedeutet: »*Immer wenn* er etwas gefragt wurde ...« Es könnte heißen: Wenn er etwas gefragt wurde, hob Gutei »unweigerlich« oder »ausnahmslos« oder »jedesmal« einen Finger. Warum diese Beharrlichkeit? »Gibt es ein Leben nach dem Tod?« Gutei hebt einen Finger. »Hat mein

3 Das *Shoyo-roku*, deutsch etwa: *Das Buch des Gleichmuts*, ist eine weitere Koan-Sammlung; sie wurde unter dem Titel *The Book of Serenity* ins Englische übersetzt. (Anm. d. Übers.)

Leben einen Sinn?« Gutei hebt einen Finger. »Stehe ich alleine in einer Welt, der ich völlig egal bin?« Gutei hebt einen Finger. Immer die gleiche Antwort.

Manche sagen, Guteis Finger stehe für den Einen Geist, ein Symbol für Einheit. Das war der Fehler des Jungen. Im Zen wird man ermahnt, den Finger nicht mit dem Mond zu verwechseln, auf den der Finger weist. Aber worauf weist dann der Mond? Zen-Patriarch Fa-yen wurde gefragt: »Was ist der Mond?«, und er erwiderte: »Der Finger.« Dann fragte man ihn: »Was ist der Finger?«, und er antwortete: »Der Mond.«

An einer früheren Stelle haben wir gesagt, Worte hielten die Wahrheit gewissermaßen auf Armeslänge von sich. Das ist jedoch gar nicht möglich. Worte sind genauso die Wahrheit, wie Gesten es sind. Warum sollte das Heben eines Fingers irgendwie näher an der Wahrheit sein als zu sagen: »*Ein* Geist«? Genau aus diesem Grund antwortet Fa-yen auf die Frage »Was ist der Finger?« mit »Der Mond«. Doch erst, wenn wir in dieses Koan schauen können, wird uns klar, daß der Finger der Mond ist. Bis dahin ist selbst der Mond bloß der Finger.

In einem vorherigen Koan sagte Obaku, der alte Mann habe das »Kehrwort« nicht geben können. Was ist das Kehrwort? Auch Gutei hatte einmal ein Kehrwort nicht geben können. Damals lebte er als Einsiedler weitab der Zivilisation und übte mit ganzem Ernst Zazen. Eines Abends kam zufällig eine Nonne vorbei. Gutei bot ihr an, mit ihm zu essen und über Nacht zu bleiben, und die Nonne war einverstanden: »Ich nehme deine Einladung an, wenn du mir ein Zen-Wort geben kannst.« In der Zen-Literatur stößt man oft auf Nonnen und alte Frauen, die Zen-Mönche und -Meister bis zur Sprachlosigkeit verblüffen. Auf unserer Reise durch das *Mumonkan* werden wir einigen von ihnen begegnen. Die Frage der Nonne scheint ganz unschuldig; sie wird uns immer wieder mal gestellt, wenn jemand fragt: »Sag mal, was ist eigentlich Zen?« Zazen üben, an Koans arbeiten, dem Atem folgen, die eigene wahre Natur ergründen. Ja, alles richtig, aber wir sind immer noch nicht wirklich beim Zen. Was ist Zen? Manchmal lautet die Frage: »Warum kam Bodhidharma aus dem Westen?« Diese Nonne fordert also von Gutei: »Gib mir ein Zen-Wort.« Was ist ein Wort, das nicht der Finger ist, sondern der Mond? Und Gutei hat nicht gewußt, was er sagen oder tun sollte. An diesen Punkt zu kommen, wo man nichts mehr zu sagen weiß, ist entscheidend im Zen. Es ist, als wäre man am Ende des Weges angelangt, doch die Reise geht weiter.

Die Nonne stand auf und ging.

Das war sehr mutig von ihr und unterstreicht die Schwere von Guteis Versagen. Wahrscheinlich würde sie für diese Nacht kein Obdach mehr finden, denn Gutei hatte seine Einsiedelei weitab von anderen errichtet. Und es bedeutete wahrscheinlich auch, daß sie an diesem Abend nichts mehr zu essen bekommen würde, und daher war ihr Gehen ein doppeltes Versagen von seiten Guteis.

Gutei bereute zutiefst und empfand, daß seine Zen-Übung reine Zeitverschwendung gewesen war. Er muß sich mit der Frage gequält haben: »Wie ist es möglich, daß ich nicht in der Lage bin, eine passende Antwort zu geben?« Er faßte den Entschluß, seine Einsiedelei zu verlassen, doch bevor er dies noch tun konnte, hatte er einen Traum. Darin wurde ihm gesagt, er solle bleiben, wo er war, denn bald würde ihn ein Zen-Meister besuchen. Ein paar Tage später kam der Meister Tenryu vorbei. Immer noch voller Reue und Zweifel, fragte Gutei Tenryu: »Was ist ein Zen-Wort?« Tenryu hob einen Finger. In diesem Moment kam Gutei zum Erwachen. Im Koan schreibt Mumon: »Als Gutei im Sterben lag, sagte er zu den versammelten Mönchen: ›Ich habe Ein-Finger-Zen von Tenryu erhalten und es mein ganzes Leben lang angewendet, konnte es aber nicht ausschöpfen.‹«

Die Frage ist nun: Warum war es in Ordnung für Gutei, Ein-Finger-Zen von Tenryu zu bekommen, aber nicht für den Diener, es von Gutei zu bekommen? Eine ähnliche Frage läßt sich in bezug auf Bodhidharma stellen. Während des Gesprächs, das er mit dem Kaiser Wu führte, fragte dieser ihn: »Was bist du?« Bodhidharma erwiderte: »Ich weiß es nicht.« Später, nachdem Bodhidharma gegangen war, fragte ein Hofangestellter den Kaiser: »Wissen Eure Majestät, wer dieser Mann war?« Der Kaiser antwortete: »Ich weiß es nicht.« Sowohl Wu als auch Bodhidharma sagen: »Ich weiß es nicht.« Aber ist »Ich weiß es nicht« für beide dasselbe?

Noch einmal kommt uns Mumon zuhilfe und weist darauf hin, daß das Satori von Gutei und dem jungen Diener nicht in dem Finger ist. An einer früheren Stelle sind wir auf das Problem eingegangen, vor das uns Parabeln, Metaphern und Symbole stellen: Sie können ihre Aufgabe so gut erfüllen, daß wir am Ende glauben, der Finger sei der Mond. Mumon warnt uns vor dieser Verwechslung. Sowohl Gutei als auch sein Diener hatten jeder auf seine Weise alle Mittel ihres Seins erschöpft. Beide wurden an den Abgrund ihrer eigenen wahren Natur geführt; erst dann konnte jeder von ihnen dadurch, daß ein Finger gehoben wurde, in ein neues Leben eintauchen. Jemand hat einmal bemerkt: »Wenn du in ein Staubkörnchen schaust, schaust du in das ganze Universum.« Doch im *Hekigan-roku* fragt Meister Engo in seiner Einleitung zu diesem Koan über Guteis Finger: »Wie schaust du in das Staubkörnchen, bevor es aufgewirbelt wird?« Alle Mittel deines Seins auszuschöpfen heißt, alles Denken abzuschneiden und an den Punkt zu kommen, bevor der kleinste Gedanke entsteht. Wie wird der Junge wohl auf Fragen geantwortet haben, nachdem ihm der Finger abgeschnitten worden war? Es ist wie beim Arbeiten an Mu. Was ist Mu, bevor der Gedanke von Mu entsteht?

Liest man Mumons Vers, so fragt man sich: Auf welche Weise hat Gutei den alten Tenryu zum Narren gemacht? Wie hält man jemanden zum Narren? Man kann zum Beispiel etwas herausgreifen, von dem jemand denkt: Das ist so, und zeigen: Das ist nicht so. Indem Gutei dem Jungen den Finger abschnitt, befreite er ihn. Und doch benutzte Tenryu den Finger, um die Wahrheit zu offenbaren. War es das, womit Gutei Tenryu zum Narren hielt?

Obwohl Gutei den Finger *immer* hob, wenn ihn jemand etwas fragte, hob er ihn doch nur ein einziges Mal, und in dem Moment hob er das ganze Universum.

Im Thomas-Evangelium heißt es:

Wenn ihr die zwei zu einem macht,
So werdet ihr zu Menschensöhnen;
Wenn ihr dann sagt: »Berg, bewege dich!«,
So wird er sich bewegen.

– Robert M. Grant in *The Secret Sayings of Jesus*

4 Der Bart des Barbaren

Wakuan sagte:
»Warum hat der Barbar aus dem Westen keinen Bart?«

Mumons Kommentar

Übung muß echte Übung sein. Erwachen muß wahres Erwachen sein. Wenn du den Barbaren erst einmal von Angesicht zu Angesicht siehst, wirst du »es« endlich begreifen. Wenn du jedoch über das Sehen von Angesicht zu Angesicht redest, ist die Trennung schon geschehen.

Mumons Vers

Rede nicht vor einem Narren
Über deinen Traum.
Barbar mit keinem Bart
Verdunkelt Klarheit.

Kommentar

Der Barbar aus dem Westen ist Bodhidharma, der, so heißt es, aus Indien oder Persien kam. Er ist das Motiv zahlreicher Sumi-Malereien, die ihn alle als dunklen Mann mit buschigen Augenbrauen und einem schwarzen, wilden Bart zeigen. Dieser Bart muß die Chinesen besonders fasziniert haben, denn ihnen wachsen in der Regel keine Bärte – oder zumindest nicht in der üppigen Fülle, die Bodhidharma vorweisen konnte.

Um an diesem Koan zu arbeiten, muß man sich Wakuan vorstellen, wie er, bartlos, ein Bild von Bodhidharma an der Wand betrachtet und sich fragt: »Warum hat Bodhidharma keinen Bart?« Und dann muß man zu Wakuan vor dem Bild *werden.*

Wir stehen hier vor einem klaren Widerspruch. Das Bild an der Wand zeigt Bodhidharma mit einem buschigen Bart; und doch wundert sich Wakuan, wieso er keinen Bart hat. Es kommt noch besser: Wakuan war ein erwachter Zen-Meister, der selbstverständlich keine überflüssigen oder dummen Fragen stellte. Leider ist nicht viel über ihn bekannt, außer daß er ein interessantes Sterbegedicht schrieb:

Der Eisenbaum blühte,
Der Hahn legte Eier;
Zweiundsiebzig Jahre,
Die Wiegenschnur reißt.

Der Widerspruch ist das Eingangstor zum Koan. Wakuan sagt hier etwas Grundlegendes über uns selbst und unsere Beziehung zu anderen. Eindringlich fordert er uns auf, das Bild, das wir von uns selbst als von allem getrennte, entfremdete Geschöpfe in einer gleichgültigen und kalten Welt haben, hinter uns zu lassen.

Aber bevor wir auf das Eingangstor zu sprechen kommen, sollten wir näher auf die Frage »warum?« eingehen. Das Koan wäre zwar ganz anders, doch genauso gültig, wenn Wakuan einfach gesagt hätte: »Der Barbar aus dem Westen hat keinen Bart.« Wir müssen dieses »warum?« ergründen. Es ist ganz sicher nicht eingefügt worden, um das Koan interessanter zu machen.

An einem Zen-Center hieß es, »warum?« stachele bloß den Verstand dazu an, Fragen zu stellen, die seinen Horizont und seine Fähigkeiten übersteigen, und sei daher eine sinnlose Frage. Es ist nur zu wahr, daß wir im heutigen wissenschaftsgeprägten Zeitalter dazu neigen, »warum?«-Fragen zu verwandeln in »wie?«-Fragen. Wir fragen nicht, *warum* die Sonne scheint, sondern *wie* sie scheint. Wir fragen nicht, warum es Leben auf der Erde gibt, sondern versuchen zu verstehen, wie Leben funktioniert. Aber gibt es nicht dennoch einen Platz für »warum«? Ist es möglich, daß »warum?« manchmal nicht so sehr nach Information verlangt als vielmehr etwas ausdrückt, was sich anders nicht ausdrücken läßt? Wie alle Eltern wissen, stellen Kinder diese Frage mit Vorliebe! An dem eben erwähnten Zen-Center forderte man früher junge Eltern dazu auf, ihre Kinder möglichst von der Frage »warum?« abzubringen – man glaubte, auf diese Weise den Kindern helfen zu können, daß die Fallstricke des Verstandes nicht ihr Leben bestimmten. Aber wäre es nicht möglich, daß dadurch etwas Wesentlichem ein Ventil verweigert wird?

Welchen Wert hat dieses »warum«? Auf den ersten Blick scheint die Frage tatsächlich überflüssig zu sein. Warum singen die Vögel? Warum wachsen die Blumen? Warum regnet es aufs Meer? Den Eltern wurde geraten, auf die Fragen der Kinder mit dem einfachen »weil« zu antworten. Vögel singen, *weil* sie singen; Blumen blühen, *weil* sie blühen. Aber ist die Frage überflüssig? Verlieren wir irgend etwas, wenn wir das »warum?« nach draußen in die Finsternis verbannen?

In gewisser Hinsicht könnte man sagen, man verliert alles. Statt die Kinder von ihrem »warum?« abbringen zu wollen, sollten wir sie zu ihren Fragen ermutigen, sollten wir sie ermutigen, tiefer zu gehen. Zuerst aber sollten wir den Ursprung unseres eigenen »warum?« erkundet haben.

Im Zen sprechen wir von der *Empfindung des Zweifels*, vielleicht sollten wir jedoch von der *Empfindung des Staunens* oder *der Verwunderung* sprechen. Ich wundere mich! Wie wenige von uns wundern sich denn wirklich, und wieviel ärmer ist unser Leben, weil wir uns nicht wundern, ja, weil wir uns nicht wundern *können.* »Ich wundere mich.« Wie wundervoll! Wie voller Wunder. In Shakespeares *Der Sturm* sagt Miranda, die sich ihre kindliche Unschuld und damit ihre Fähigkeit zu wundern bewahrt hat:

Oh Wunder!
Was für prächtige Geschöpfe gibt es hier!
Wie schön die Menschheit ist! Oh herrliche neue Welt,
Die solche Menschen hat.

Auf solche Weise reagiert man, wenn man zum erstenmal zum Erwachen kommt.

Die anderen Fragen – »was?«, »wo?«, »wann?«, »wie?« – führen alle zu irgendeiner eindeutigen und sachlichen Antwort. Sie bewegen sich alle im Bereich des Möglichen. Doch »warum?« führt uns zu etwas anderem. Es öffnet den Geist. Vermutlich erlebt ein Kind dieses Gefühl des Staunens, der Verwunderung, zumindest wenn es die Frage »warum?« zum erstenmal stellt. Sich zu wundern heißt, den Geist zu wecken, und wenn das Wundern tief genug geht, ist der Geist vollkommen geweckt, ohne bei etwas zu verweilen.

Werfen wir noch einen anderen Blick auf das Koan. Wakuan steht vor dem Bild. Vielleicht kratzt er sich den Kopf oder reibt sich das Kinn – er wundert sich, warum dieser Kerl keinen Bart hat. Er wundert sich. So wie in dem Koan von Hyakujos Fuchs der Satz »Ich bin kein menschliches Wesen« den Hintergrund abgibt, so ist in diesem Koan das »warum?« die Folie.

Warum hat der Barbar keinen Bart? Wieder dürfen wir nicht etwa der Versuchung nachgeben, Bodhidharma zu einem Symbol für den erwachten Zustand zu machen, und dann sagen, in seinem erwachten Zustand habe Bodhidharma weder einen Bart noch Augen, Ohren, Nase, Zunge, Körper oder Geist. Wir sollten den Bart auch nicht als ein Symbol für Verunreinigungen ansehen, die abgeschüttelt werden, wenn wir unsere wahre Natur erreichen. Obwohl diese Betrachtungen auf ihre eigene Weise nur zu wahr sein mögen, treffen sie doch nicht den Kern des Koans. Sie verlangen von uns keinen vertrauensvollen Sprung, um ihren Sinn zu offenbaren.

Man muß sich fragen: Wer ist Bodhidharma, oder besser noch: Wer ist der andere? Eine kleine Geschichte hilft hier vielleicht weiter. Ganto (wir werden ihm später begegnen) war ein berühmter Meister eines Tempels, welcher eines Tages von Straßenräubern geplündert wurde. Während des Überfalls jagte einer der Schurken sein Schwert in Gantos Brust; Ganto stieß einen ungeheuren Schrei aus und starb. Als Hakuin davon hörte, wurde er argwöhnisch und grübelte darüber nach, wieso ein erwachter Mönch es nicht fertigbrachte, sich vor den Schwertern von Dieben zu retten. Später, nach einer Zeit intensiver Meditation, kam Hakuin zum Erwachen. Dieses Erlebnis beschrieb er mit den Worten, er habe zufällig den Klang der Tempelglocke gehört und sei plötzlich von Grund auf verwandelt worden. Er sagte, es war, als ob eine dicke Schicht Eis in Stücke geschlagen worden wäre oder als ob ein Turm aus Jade krachend eingestürzt wäre. Plötzlich sei er wieder zur Besinnung gekommen. *Er habe gespürt, daß er Ganto geworden war, der sein ganzes Leben lang nicht die geringste Verletzung erlitten hatte.* »Wundervoll, wundervoll«, rief Hakuin, »es gibt kein Erwachen, das man suchen muß.«

Wie Mumon in seinem Kommentar rät, muß man den Barbaren von Angesicht zu Angesicht sehen, dann erst kennt man ihn wirklich. Doch wenn wir über das Sehen von Angesicht zu Angesicht auch nur reden, haben wir schon die Klarheit verdunkelt; wann befindet man sich nicht Auge in Auge mit Bodhidharma? Das zu erkennen verlangt echtes Training und echtes Satori, und dann kannst du wirklich zu Wakuan werden.

»Rede nicht vor einem Narren/Über deinen Traum.« Es gibt keinen einfachen Weg durch dieses Koan. Alles logische Denken, alles Suchen nach wörtlicher und vernünftiger Bedeutung muß man fallenlassen; nackt muß man vor Bodhidharma stehen und sich wundern: »Warum hat dieser Kerl keinen Bart?«

5 Kyogens Mann im Baum

Kyogen erklärte: »Es ist wie ein Mann in einem Baum, der mit dem Mund an einem Ast hängt; seine Hände können keinen Zweig ergreifen, seine Füße keinen Ast erreichen. Unter dem Baum steht ein anderer Mann und fragt ihn nach der Bedeutung von Darumas Kommen aus dem Westen. Wenn er nicht antwortet, entzieht er sich seiner Pflicht. Wenn er antwortet, verliert er sein Leben.«

Mumons Kommentar

Auch wenn deine Beredsamkeit daherfließt wie ein Strom, sie nützt dir gar nichts. Auch wenn du alle buddhistischen Sutren erklären kannst, es ist genauso nutzlos. Kannst du auf die Frage richtig antworten, wirst du die Lebenden töten, die Toten zum Leben erwecken. Kannst du aber nicht antworten, mußt du Maitreya fragen, wenn er kommt.

Mumons Vers

Kyogen hat wirklich schlechten Geschmack,
Grenzenlos versprüht er Gift.
Er stopft den Mönchen den Mund;
Wild pressen sie aus ihren toten Augen Tränen.

Kommentar

Kyogen war ein außerordentlich intelligenter Mann und ein großer Leser. Intellektuelle, Menschen, die gerne mit Begriffen und Vorstellungen arbeiten, tun sich im allgemeinen schwer mit der Zen-Übung. Ein intellektuell veranlagter Mensch ist wie ein Gefangener in unendlich dehnbaren Mauern. Die Freiheit, die Gedanken geben, kann berauschend sein. Im Reich der Gedanken ist etwas, das wir uns vorstellen können, auch möglich, und wenn etwas möglich ist, dann ist es, im Reich der Gedanken, auch wirklich.

Der Geist eines Menschen ist etwa so wie ein Weihnachtsbaum mit kleinen Lichtern, die an- und ausgehen. Wenn ein neues Licht angeht, leuchtet im Geist ein neuer Gedanke auf. Am Weihnachtsbaum sind die Lichter alle gleich groß, und sie leuchten jeweils für die gleiche Zeitspanne auf. Im Geist kommen die Lichter jedoch in allen Größen, und einige bleiben für lange Zeit, andere nur kurz.

An der Spitze des Baumes ist oft ein Stern. Im Geist ist das die zentrale Idee – ich und die Welt. Diese zentrale Vorstellung wird häufig *Weltanschauung* genannt. Beim gewöhnlichen Menschen wird dieses Licht von all den anderen Lichtern erhalten und unterstützt. Ein Großteil aller Geistesaktivität wird darauf verwendet, dieses Gleichgewicht zu bewahren. Eine der Funktionen von Wörtern ist es, im Geist oder im Bewußtsein ein Gitter zu schaffen und ihm so eine beständige Struktur zu geben. Jedes der Lichter kann jedoch nur seine eigene Umgebung erhellen. Selbst der Stern kann, obwohl er das wichtigste von allen Lichtern ist, nur die Spitze des Baumes beleuchten.

Wie können wir den ganzen Baum erstrahlen lassen? Am häufigsten wird versucht, sich mit Worten und Vorstellungen ein Bild von dem Baum zu machen. Auf diese Weise können wir eine Ahnung davon bekommen, wie der Baum als Ganzes aussehen würde. Doch in Wirklichkeit wird damit nur ein weiteres Licht auf den Baum gesteckt, das nun seinerseits an- und wieder ausgeht.

Einige Fragen verlangen jedoch eine ganze Sicht des Baumes: Was für einen Sinn hat mein Leben? Warum muß ich sterben? Was war ich, bevor meine Eltern geboren waren? Isan, Kyogens Lehrer, stellte Kyogen solch eine Frage. Er sagte: »Vergiß für einen Moment alles, was du gelesen und gelernt hast. Bevor du aus dem Schoß deiner Mutter kamst, bevor du unterscheiden gelernt hast – sag mir, was ist dein wirkliches Selbst?« Was bin ich? Oder, wenn du willst: Wer bin ich? Isan stellt die Frage so, daß man gezwungen ist, über den Körper und seine Belange hinauszugehen. Er sagt: »Bevor du aus dem Schoß deiner Mutter kamst ...« Manchmal geht man sogar noch weiter zurück und fragt: »Was ist dein wahres Gesicht, bevor deine Eltern geboren waren?« Isan sagt: »Bevor du unterscheiden gelernt hast ...« Anders ausgedrückt: Bevor der unterscheidende Geist entstanden ist, der Weihnachtsbaum-Geist – was ist dein wahres Selbst?

Die meisten Leute werden sich jetzt fragen: »Woher, wenn nicht aus dem Geist, kann eine Antwort auf so eine Frage kommen?« Zweifellos hätte sich auch Kyogen dasselbe gefragt. Der Geist, so scheint es, ist unsere einzige Antwortquelle. Wenn diese Quelle versiegt, wo soll man sich dann hinwenden? Isans Frage kann im Geist geweckt werden, doch wenn wir versuchen, über den Geist hinauszugehen, um eine Antwort zu finden, können wir nur in die Dunkelheit der Verwirrung stürzen.

Der französische Philosoph Descartes beschrieb genau dieses Gefühl, das Kyogen gehabt haben muß, in seinen *Meditationen über die Erste Philosophie*: »[Ich bin] ... von so vielen Zweifeln erfüllt, daß es mir nicht mehr gelingt, sie zu vergessen. Und doch sehe ich nicht, in welcher Weise ich sie auflösen könnte; gerade so, als wäre ich plötzlich in sehr tiefes Wasser gefallen, bin ich so verwirrt, daß ich weder mit den Füßen den Grund berühren noch schwimmen und mich so an der Oberfläche halten kann.«

Es ist eine Grundlehre des Zen, eine Grundlehre des gesamten Buddhismus, daß jeder von uns Buddha ist. Das Wort Buddha hat ähnliche Wurzeln wie *bodhi*, was »Licht des Geistes« oder »wissen« bedeutet. Was manchmal Erleuchtung genannt wird, bedeutet, in das eigene Licht zu treten, zum eigenen *Wissen* zu erwachen. *Wissen* bedeutet in diesem Fall nicht, dies oder jenes zu wissen, sondern reines, unbeflecktes, unreflektiertes *Wissen*. Als Isan seine Frage stellte: »Sag mir, was ist dein wirkliches Selbst?«, wußte Kyogen genau, wovon die Rede war. Jeder von uns weiß es, *weil jeder von uns dieses wirkliche Selbst ist*, und das wirkliche Selbst weiß, daß jeder von uns Buddha ist. Aber trotzdem, wie antwortet man? Was immer ich sage, wird als etwas aufgefaßt werden, das gewußt wird, nicht als reines *Wissen*. Zum Beispiel wirst du dich als Leser oder Leserin höchstwahrscheinlich gerade fragen: »Wie kann ich wissen, was er mit reinem *Wissen* meint?«

In seinem Koan drückt Kyogen genau dieses Dilemma aus: Wenn ich sage, was es ist, dann ist das nicht es. Wenn er nicht antwortet, entzieht er sich seiner Pflicht. Wenn er antwortet, wird er sein Leben verlieren. Wie ein Zen-Meister warnte: »Wenn du einen Schritt vortrittst, verlierst du den Grundsatz aus den Augen. Wenn du einen Schritt zurücktrittst, gelingt es dir nicht, mit den Dingen Schritt zu halten. Wenn du weder vor- noch zurücktrittst, bist du so dumpf wie Stein.« Ein Mönch fragte: »Wie können wir vermeiden, dumpf zu sein?«

»Tritt einen Schritt vor und zugleich einen Schritt zurück«, erwiderte der Meister.

Das Leben stellt uns fortwährend die Frage: »Was bist du?« Früher hatten wir vorgefertigte Antworten: Ich bin ein Mann oder eine Frau, ich bin Seele, ich bin Geist, ich bin Gottes Sohn – oder auch: Ich bin ein Bauer, oder ein Herr, oder ein Krieger. In der quälenden Verwirrung des zwanzigsten Jahrhunderts haben wir jedoch unsere Sicherheit verloren. Sowohl Männer als auch Frauen haben ihr Vertrauen darein verloren, was es heißt, das eine oder das andere zu sein. Aufgrund der ökonomischen Schwankungen können wir nicht länger an der Identität festhalten, die wir einmal daraus bezogen hatten, ein Manager zu sein, eine Sekretärin, ein Bergarbeiter, eine Ärztin, ein Anwalt, eine Mutter, ein Vater. Mit dem Vordringen des Positivismus ist es uns peinlich, wenn Leute solche Worte wie Seele oder Geist gebrauchen. Doch das Leben ist in seinen Forderungen unerbittlich. »Was bist du?« Zweifellos ist das ein wesentlicher Grund für die Welle von Depression und Angst, die unsere Gesellschaft überschwemmt.

Für jeden, der Zen übt, ist jedoch gerade diese Verwirrung von großem Wert, denn das Leben interessiert sich nicht für irgendwelche vorgefertigten Antworten, sondern fragt statt dessen: »Was bist du hinter allen deinen Identitäten?« Aber sei vorsichtig, sagt Kyogen, es ist wie ein Mensch, der sich nur mit dem Mund festhalten kann, und wenn er ihn öffnet, um zu antworten, stürzt er in den Tod; doch antworten muß er. Kyogen stand vor dem grundsätzlichen Dilemma, vor dem wir alle stehen: Ich weiß und ich muß sprechen, aber wenn ich spreche, verliere ich, was ich weiß, und kann es daher nicht sagen.

6 Buddha hält eine Blume hoch

Einmal vor langer Zeit, als der Welt-Erhabene auf dem Geierberg war, um eine Rede zu halten, hob er vor der Versammlung einfach eine Blume hoch. Alle schwiegen und wußten nicht, was sie tun sollten, außer dem ehrwürdigen Kashyapa; er lächelte. Der Welt-Erhabene sagte: »Ich habe das alles durchdringende Auge des wahren Dharma, den wunderbaren Geist des Nirvana, die außerordentliche Lehre der formlosen Form, das subtile Dharma-Tor. Es ist nicht von Buchstaben abhängig und wird außerhalb der Schriften übertragen. Ich gebe es jetzt weiter an Maha Kasho.«

Mumons Kommentar

Der goldgesichtige Gotama ist wirklich unverschämt. Er erniedrigt seine edlen Zuhörer, indem er Hundefleisch verkauft und behauptet, es sei Schafskopf. Doch man muß zugeben, daß er es nicht ohne Geschick tut. Wenn allerdings jeder Anwesende gelächelt hätte, an wen wäre dann das wahre Dharma weitergegeben worden? Oder anders herum, wie wäre das wahre Dharma übertragen worden, wenn Kasho nicht gelächelt hätte? Wenn du sagst, daß das offene Auge des wahren Dharma übertragen werden kann, dann hat der goldgesichtige alte

Mann mit seiner lauten Stimme die einfachen Dorfleute betrogen. Wenn du sagst, daß es nicht übertragen werden kann, warum wurde dann allein Kasho anerkannt?

Mumons Vers

Eine Blume wird hochgehalten,
Das Geheimnis ist enthüllt.
Kasho lächelt.
Wer sonst weiß, was zu tun ist?

Kommentar

Es heißt, daß dieses Koan die Geburt des Zen-Buddhismus markiert. Gelehrte bezweifeln das und debattieren darüber. Aber auch wenn das Koan vielleicht nicht aus historischer Sicht der Anfang des Zen war, so war es das doch in einem ganz fundamentalen Sinn.

Buddha muß ein äußerst charismatischer Mann gewesen sein. Wo immer er hinging, sammelte er eine große Menschenmenge um sich. Umherziehende Redner waren damals so wichtig, wie es heute das Fernsehen ist: Sie gaben Nachrichten und Informationen weiter und sorgten sozusagen für Unterhaltung. Wenn einer von ihnen in eine Stadt kam, dann war es, als wäre der Star der Hitparade da. Du wirst dir also vorstellen können, was für eine Aufregung Buddha hervorrief. Aller Wahrscheinlichkeit nach kamen die Leute von weit her, um ihn reden zu hören. Du kannst sehen, wie die Menge sich versammelt; die Leute sind sehr früh am Morgen aufgebrochen, sie haben sich etwas zu essen mitgebracht, sie suchen sich einen guten Platz, möglichst im Schatten; Familien mit Kindern, Mütter mit Babys auf dem Arm. Stell dir die Aufregung vor, das Stimmengewirr, die allgemeine Spannung, die bei dem Gedanken aufgekommen sein muß, diesem großen Lehrer zu begegnen, dessen Ruhm ihm schon vorausgeeilt war.

Du kannst Buddha sehen, vielleicht sitzt er auf einem hohen Stuhl, den ihm ein Würdenträger des Ortes bereitgestellt hat; er ist umgeben von seinen Begleitern und Schülern; vielleicht bringen die Leute ihm Blumen, um ihm ihre Verehrung zu zeigen. Dann wird es still, alle verstummen, sogar die Hunde hören auf zu bellen. Alle warten, daß dieser große Mann anfängt zu sprechen.

Und er hält einfach eine Blume hoch.

Kannst du es dir vorstellen? Die Leute, wie sie die Blume ansehen, den Buddha ansehen, warten. Wie sie dann verstohlen zu ihren Nachbarn gucken, weil sie wissen wollen, was die anderen machen. Wie sie dann wieder auf die Blume sehen und sich fragen, was passiert hier eigentlich? Alle, außer einem einzigen, Mahakashyapa. Er lächelt.

Am Montreal Zen Center haben wir Anfängerkurse eingerichtet, um Zen-Neulinge bei ihren ersten Erfahrungen zu unterstützen. Die Kurse finden an vier Mittwochabenden statt; am Ende jedes Abends gebe ich den Teilnehmern eine kleine Übung auf, die ihnen helfen soll, in der folgenden Woche achtsam zu bleiben. Beim nächsten Treffen besprechen wir dann zuerst, was ihnen während der Übung aufgefallen ist. Eine der Übungen wird von diesem Koan eingeleitet. Ich erzähle der Gruppe das Koan und sage: »Wenn ihr dieses Koan ergründen wollt, müßt ihr Mahakashyapas Lächeln ergründen. Das kann man einzig und allein, wenn man Mahakashyapa *wird*; daher möchte ich, daß ihr in der nächsten Woche Mahakashyapas Lächeln auf euren Lippen und in euren Herzen erscheinen laßt. Aber ich warne euch, es gibt verschiedene Arten von Lächeln. Es geht nicht darum, mit einem ›Blendax‹-Lächeln durch die Gegend zu laufen. Was für ein Lächeln hat Mahakashyapa gehabt?«

Natürlich sprechen wir auch über die verschiedenen Arten zu lächeln. Es liegt nahe, zuerst zwischen ehrlichem und unehrlichem Lächeln zu unterscheiden, aber es gibt auch noch andere Möglichkeiten. Damit die Teilnehmer ein Gefühl für ein ganz bestimmtes Lächeln bekommen, bitte ich sie, sich die Ankunftshalle eines Flughafens vorzustellen. Leute laufen in kleinen Gruppen herum und warten darauf, ihre Freunde oder Verwandten zu begrüßen. Wir sehen einen Mann unruhig auf und ab gehen; jedesmal, wenn die Tür sich öffnet, sieht er gespannt hoch, runzelt dann die Stirn und tigert mit gesenktem Blick weiter. Auf einmal geht die Tür auf, der Mann hebt den Kopf. Er fängt an zu lächeln, er strahlt; mit ausgebreiteten Armen eilt er den Ankömmlingen entgegen und umarmt und küßt sie. Die Umarmungen sind einfach eine Verlängerung des Lächelns; sie geben ihm eine andere Dimension. Etwas umarmen heißt eins mit ihm sein. Es ist wie bei einem kleinen Kind, dem man zu Weihnachten ein Spielzeug schenkt: Das Kind nimmt es in die Arme und lächelt und strahlt.

Dieses Einssein ist Einssein mit dem, was außen ist. Bei einer anderen Art zu lächeln ist das Einssein ein inneres Einssein. Du läßt zum Beispiel ein paar Kinder einen Test schreiben. Mit finsterer Miene sitzen sie vor ihren Blättern, werfen sich verstohlene Blicke zu, seufzen – bis eines der Kinder lächelt. Du weißt: Dieses Kind hat die Antwort. Sein Lächeln ist das Lächeln des Verstehens und der Gewißheit. Bis zum Moment des Verstehens war das Kind ängstlich, nervös, zappelig. Dann aber löste sich alles.

Zu der ersten Art des Lächelns – dem Einssein mit dem Außen – gibt es einen Widerpart: das Lächeln des Gebrauchtwagenhändlers. Hamlet sagt: »Ich schreib' mir's auf, daß einer lächeln kann, und immer lächeln, und doch ein Schurke sein!« Wir haben gelernt, das Lächeln zu benutzen, es für uns arbeiten zu lassen. Wir haben es kommerzialisiert. Aber auch die zweite Art des Lächelns – das Lächeln des inneren Einsseins –

hat ihre häßliche Schwester. Es ist das Lächeln der Überlegenheit, das sardonische Lächeln, das einen von den anderen trennt, das Lächeln, das einen zu einer Insel macht.

Wir müssen uns fragen, ob Mahakashyapas Lächeln zur ersten oder zur zweiten Sorte gehört. War es ein Lächeln, mit dem er alle Anwesenden umarmte, ein Lächeln der Verbindung, ein Vereinen mit der Außenwelt? Oder war es ein Lächeln des Verstehens: »Ich hab's!«? Es sieht vielleicht so aus, als hätten wir durch den Blick nach außen und nach innen alle Möglichkeiten abgedeckt. Wenn es das eine nicht ist, muß es das andere sein. Doch es ist noch eine dritte Art des Lächelns möglich: Mahakashyapas Lächeln. Was für ein Lächeln könnte das sein?

Einmal bin ich in Montreal mit der U-Bahn nach Hause gefahren. Der Wagen war ziemlich voll, und es war gerade diese Zeit am Nachmittag, wo jeder müde aussieht; eine dumpfe, schwere, unwirkliche Stimmung hatte sich über uns alle gelegt. Jeder im Abteil stand dicht an dicht mit den anderen, vermied aber beharrlich Augenkontakt, weigerte sich also, die Gegenwart der anderen anzuerkennen.

Im Wagen war auch ein kleiner, schwarzer Junge, ungefähr zwei Jahre alt. Aufrecht saß er in seinem Buggy, den Rücken gerade, den Kopf erhoben. Plötzlich sah er sich mit seinen großen Augen im Abteil um und lächelte. Und dann geschah das Unerwartete, man könnte fast sagen, das Unmögliche. Wir lächelten alle. Nicht nur lächelten wir mit dem Baby mit, nein, wir lächelten einander an! Und das in der U-Bahn von Montreal! Das Lächeln flatterte durch den Wagen wie ein Schmetterling. Die Leute sahen einander an und lächelten. Und das Erstaunliche: Als der Zug an der nächsten Station hielt, lächelten auch die Leute, die neu hinzustiegen, obwohl sie doch kaum geahnt haben konnten, worüber oder weswegen sie lächelten. Man könnte sagen, als das Baby lächelte, lächelte die ganze Welt. Und genauso könnte man sagen, als Mahakashyapa lächelte, lächelte nicht nur auch die Blume, sondern da war die Welt eine einzige lächelnde Blume.

Aus einem Lächeln leuchtet das Licht der Liebe, leuchtet das Eine. Wir sprechen davon, daß ein Gesicht vor Freude leuchtet oder daß ein Gesicht von einem Lächeln erhellt wird; wir sagen, daß jemand strahlt, und meinen, er lächelt. Im zweiten Buch Mose heißt es: Als Mose nach seiner Begegnung mit dem Einen vom Berge Sinai herabstieg, »sahen die Kinder Israel, wie die Haut seines Angesichts glänzte«. In jedem Lächeln ist dieses Licht; allerdings werden das Licht des Einsseins in dem Lächeln, das wir anderen geben, und das Licht des Einsseins in dem Lächeln des Verstehens von der Situation reflektiert, in der sie sich ereignen. Bei Mahakashyapa wurde das Licht nicht reflektiert, es entströmte direkt seiner Quelle. Wie das Baby lächelte er einfach. Wenn wir mit Mahakashyapa lächeln können, dann lächeln wir als Mahakashyapa, dann lächeln wir nicht über oder wegen etwas. Es ist Übertragung von Herz zu Herz. Der wunderbare Geist des Nirvana, die außerordentliche Lehre der formlosen Form, das subtile Dharma-Tor sind alle in diesem Lächeln.

Aber was für ein Lächeln ist das? Das gleiche Lächeln zeigt sich in der Ironie Mumons, wenn er Buddha einen Hochstapler nennt, der »Hundefleisch als Schafskopf anpreist«.[4] Anstatt den Leuten einen schmackhaften Teller voller Wortgewandtheit anzubieten, tischt er ihnen einfach eine Blume auf. Aber welches Essen kann man Leuten auch vorsetzen, die bis zum Platzen voll sind?

Bevor wir dieses Koan verlassen, wollen wir noch einmal fragen, was es genau war, das übertragen wurde. Ein Gouverneur fragte Meister Ungo: »Es heißt, daß der Welt-Erhabene einen geheimen Vortrag gab, als er eine Blume hochhielt, und

4 Im alten China war Schafskopf eine Delikatesse, wohingegen Hunde als niedrigste Wesen angesehen wurden. (Anm. d. Übers.)

daß Kasho ihn durch sein Lächeln nicht geheimhielt. Was bedeutet das?« Ungo rief aus: »Oh, Gouverneur!« »Ja, Meister«, antwortete der Gouverneur. »Versteht Ihr?« fragte Ungo. Als der Gouverneur erwiderte: »Nein«, sagte Ungo zu ihm: »Wenn Ihr nicht versteht, zeigt das, daß der Welt-Erhabene den geheimen Vortrag tatsächlich gab. Wenn Ihr versteht, bedeutet das, daß Kasho ihn nicht geheimhielt.«

Dogen sagte: »Jedes Land hat die wahre Blume: schöne, unbefleckte Wahrheit. Obwohl diese Wahrheit voller Frieden und Stille ist, kann der gewöhnliche Mensch sie nicht verstehen.« Und er sagte: »Die wahre Blume zeigt die Wahrheit zur gleichen Zeit, wie die Wahrheit die wahre Blume zeigt.«

7 Joshu sagt: »Wasch deine Schale«

Ein Mönch sagte einmal zu Joshu: »Ich bin neu hier im Kloster. Würdest du mich bitte in der Lehre unterweisen?« Joshu fragte: »Hast du gefrühstückt?« »Ja«, sagte der Mönch. »Dann wasch deine Schale«, sagte Joshu.

Mumons Kommentar

Joshu öffnete den Mund und zeigte seine Gallenblase, er enthüllte sein Herz und seine Leber. Wenn dieser Mönch nicht begreifen sollte, was er gehört hat, würde er eine Glocke mit einem Topf verwechseln.

Mumons Vers

Weil es so klar ist,
Erfaßt man es nicht gleich.
Wenn du auf der Stelle weißt, daß Kerzenlicht Feuer ist,
Dann ist das Essen längst schon gar.

Kommentar

Es ist wahrscheinlich am besten, dieses Koan als Dharma-Duell zu betrachten. In diesem Fall wäre der Mönch, der Joshu um Belehrung bittet, nicht ein Novize, sondern bereits recht erfahren. Dann wäre in dieser Frage ein Widerhaken verborgen, denn gibt es eine Lehre des Zen? Im *Diamant-Sutra* wird Subhuti von Buddha gefragt: »Habe ich eine Lehre zu verkünden?« Und Subhuti antwortet: »Nein!« Wie würdest du antworten, wenn jemand dich fragt: »Was ist die Lehre des Zen?« Wenn es jemand ist, der gar nichts oder nur wenig weiß, könntest du ihm von der Sitzhaltung beim Zazen erzählen oder von der Notwendigkeit zu erwachen oder davon, wie wichtig es ist, den Tag über achtsam zu sein. Was aber, wenn dich jemand fragt, der in diesen Angelegenheiten schon sehr versiert ist und schon lange Zeit Zen übt? Wie würdest du dann antworten?

Ein ähnliches *Mondo* (Frage und Antwort) fand zwischen Joshu und einem anderen Mönch statt, der eingestand: »Ich bin neu hier im Kloster. Ich weiß nichts über Zen.« Mit anderen Worten: »Lehre mich Zen.« Joshu fragte: »Wie heißt du?« »Enan«, antwortete der Mönch. »Das ist mir ein schönes ›weiß nichts‹«, entgegnete Joshu.

Unterweist Joshu im vorliegenden Koan den Mönch? Eine mögliche Antwort wäre: Er erklärt ihm, daß es in seinem Kloster eine Regel gibt, die besagt, daß jeder nach den Mahlzeiten seine Schale waschen muß. Oder er belehrt ihn vielleicht über den Haushalt, nämlich daß man sauber und ordentlich sein sollte; Ordentlichkeit ist ein Zeichen spiritueller Reife.

Ich erinnere mich daran, wie ich einmal nach dem Schwimmen zum Umkleideraum zurückging. Dort zog sich ein Mann gerade wieder an. Als er fertig war, bückte er sich und wischte da, wo er sich abgetrocknet hatte, das Wasser vom Boden auf. Mein erster Gedanke war: »Der muß einmal Mönch gewesen sein!« Als er sich wieder aufrichtete und gehen wollte, kamen wir ins Gespräch. Es stellte sich heraus, daß er früher tatsächlich ein Mönch gewesen war. Er sah ziemlich überrascht aus, als ich eine Bemerkung zu seinem Aufwischen machte; offensichtlich war ihm so etwas zur zweiten Natur geworden. Ich mußte an die Nonne denken, die auf die Frage, warum das Kloster jeden Tag so gründlich gereinigt würde, antwortete: »Warum denn nicht, waschen Sie sich nicht auch jeden Tag das Gesicht?«

Was ist die Lehre des Zen? Hast du dich abgetrocknet? Dann wisch den Boden auf.

Manchmal wird das Koan auch dahingehend interpretiert, daß Joshu mit seiner Frage, ob der Mönch gegessen habe, in Wirklichkeit meinte: »Bist du zum Erwachen gelangt?« Als der Mönch mit »ja« antwortet, rät ihm Joshu: »Dann mach weiter und beseitige die Verunreinigungen, die noch im Geist sind.« Aber wozu sollte jemand Zeit und Energie darauf verwenden, dieses Koan zu durchdringen, wenn es auf etwas hinweist, das man genausogut auch klar und direkt ausdrücken könnte? Wieso es dann nicht einfach sagen? Wir müssen uns daran erinnern, daß, wie Yasutani Roshi betont hat, jedes Koan als ein Durchbruchskoan benutzt werden kann. »Ist der Reis schon gar?« fragte der fünfte Patriarch seinen Schüler Hui-neng, doch eigentlich erkundigte er sich auf diese Weise nach Hui-nengs innerem Zustand. Dennoch war die Frage kein Koan, das der Patriarch Hui-neng gab.

Keine der genannten Interpretationen würde als Antwort auf ein Koan genügen. Keine hat diesen bestimmten Biß, der ein Koan kennzeichnet. Es stimmt, daß in einer Gemeinschaft zum Wohle aller ein paar Regeln in bezug auf Sauberkeit und Ordnung notwendig sind. Es stimmt auch, daß die meisten Klöster die Hausreinigung streng handhaben. Und außerdem hat jeder Schüler nach dem ersten Erwachen tatsächlich eine lange und schwere Zeit vor sich, in der alle Verunreinigungen aus vielen Jahren geklärt werden müssen. Aber um solche Dinge zu lehren, ist kein Koan nötig.

Mumon sagt in seinem Kommentar: »Joshu öffnete den Mund und zeigte seine Gallenblase, er enthüllte sein Herz und seine Leber.« Alles wurde enthüllt in diesem »Wasch deine Schale.« Was ist mit dieser Behauptung gemeint? Es gibt nichts Verborgenes in Joshus Zen, nichts, das herausgelockt, verstanden, gelernt und erinnert werden müßte. Ein Zen-Leben zu leben hieß für Joshu nicht, *zen-gemäß* zu leben; das Leben so zu leben, wie es ist, ist Zen.

Noch einmal: Um zum Herzen dieses Koans vorzudringen, müssen wir vorläufig davon ausgehen, daß der Mönch, der Joshu solch eine harmlose Frage zu stellen scheint, tief erwacht ist. Er fragt: »Was ist Joshus Lehre, was ist Joshus Zen?« Verborgen in seiner Frage ist ein Double-Bind, eine Situation, in der es einem zum Verhängnis wird, wenn man das eine tut, und in der es einem zum Verhängnis wird, wenn man das andere tut.

Wie wir wissen, lehrt weder ein Koan noch ein Zen-Meister irgend etwas. Im *Hekigan-roku* schimpft Obaku mit seinen Mönchen, weil sie herumreisen und sich verschiedene Zen-Lehrer anhören. Er nennt sie »Trester-Lecker«, weil sie sich gierig auf das stürzen, was übrigbleibt, nachdem das Wesentliche herausgeholt worden ist.[5] »Wißt ihr nicht«, fragt er nachdrücklich, »daß es in ganz China keine Zen-Lehrer gibt?« Was mußt du denn unbedingt wissen? Es gibt keinen »Weg« zum Erwachen außer durch das Erwachen selbst.

Aber nimm einmal an, Joshu hätte geantwortet: »Ich? Ich habe keine Lehre!« Zweifellos hätte der Mönch auf der Stelle kehrtgemacht und wäre weggegangen, vielleicht nicht ohne noch über die Schulter zurückzurufen: »Was tust du dann

5 Trester nennt man in der Weinherstellung die ausgepreßten Beerenreste. (Anm. d. Übers.)

überhaupt als Oberhaupt eines Klosters?« Die Aussage, Koans hätten keine Lehre, führt unweigerlich zu der Frage: »Warum hast du dann zwanzig Jahre damit verbracht, an ihnen zu arbeiten?«

Was ist deine Lehre? Mit dieser Frage treffen wir genau den Kern der Schwierigkeit der Zen-Übung. Zu sagen, sie sei dies oder jenes oder noch etwas anderes, führt den Anfänger nur in die Irre und läßt denjenigen, der *weiß*, lachen. Wissen ist eine Zugabe, ein Extra. Im Zen heißt es: Was zur Vordertür hereinkommt, ist nicht der Schatz des Hauses. Ein Meister sagte: »Laß dich vom Wort Tao nicht täuschen. Werde dir bewußt, daß es nichts anderes ist als das, was du jeden Morgen und jeden Abend tust.« Und so erwidert Joshu: »Hast du schon gefrühstückt? Dann wasch deine Schale.«

Statt zu fragen: »Was ist deine Lehre?«, hätte der Mönch genausogut sagen können: »Was ist das Tiefgründigste, das du sagen kannst?« oder »Was ist es, das, wenn man es weiß, einen alles im Universum wissen läßt?« Wie ist dann Joshus Antwort das Tiefgründigste, das er sagen konnte? Vielleicht meinen manche, Joshu wolle darauf hinweisen, daß der Mönch, wenn er seine Schale wasche, vollkommen gegenwärtig sein sollte. Das trifft in der Tat auch zu, und eine Antwort wie diese könnte sehr wohl mehr wert sein als all die anderen möglichen Antworten, die vorgeschlagen wurden. Doch was ist mit dem Wort »sollte«? Wir sagen *sollte*, wenn wir die Wahrheit verstehen, aber sie nicht leben können. Tatsächlich liegt in Joshus Antwort die absolute Ausschaltung des *sollte*, die Ausschaltung der Kluft zwischen Verstehen und Handeln. Das ist die Tiefgründigkeit von Joshus Erwiderung, die uns auffordert, die Wahrheit nicht einfach zu wissen, sondern sie zu leben.

Joshu war auf die Frage nicht vorbereitet. Vielleicht half er gerade im Garten oder genoß auf einem Spaziergang die frühe Morgensonne. Der Mönch sieht den bedeutenden Mann und erkennt ihn sofort. »Mal sehen, ob er sich in die Falle locken läßt«, ist vielleicht die Idee, und so kommt aus dem Nichts heraus seine Frage; Joshu antwortet, ohne zu zögern. Mumon sagte: »Wenn du auf der Stelle weißt, daß Kerzenlicht Feuer ist, dann ist das Essen längst schon gar.« Der Reis ist längst schon gar: Von Anbeginn sind alle Wesen Buddha.

8 Keichus Rad

Zen-Meister Gettan sagte zu einem Mönch: »Keichu hat hundert Karren gebaut. Wenn wir die Räder herunternähmen und die Achse entfernten, was bliebe dann übrig?«

Mumons Kommentar

Um das zu klären, sollte dein Auge wie eine Sternschnuppe sein, deine Antwort ein Blitz.

Mumons Vers

Wenn das Rad der Geistestätigkeit surrt,
Weiß selbst ein Meister sich nicht zu retten.
Es bewegt sich in alle Richtungen, im Himmel und auf der Erde,
Nach Norden, Süden, Osten und Westen.

Kommentar

Keichu war ein Meister-Wagenbauer, und die von ihm hergestellten Karren waren sicherlich vollkommen. Aber das ist hier nicht wichtig. Es könnte auch irgendein alter Karren sein; das Koan fragt jedenfalls: Wenn du ihn auseinandernimmst und die Einzelteile wegwirfst, was bleibt dann übrig? Auf den ersten Blick ist die Antwort ganz klar: nichts! Aber diese Antwort genügt nicht. So harmlos, wie es vielleicht aussieht – dieses Koan dringt mitten in den Kern menschlichen Entsetzens. Wenn man dir Arme, Beine und Kopf wegnimmt, was bleibt dann übrig? Auch hier graut vielen Menschen vor der Antwort, die, wie sie meinen, wieder so naheliegend ist – *nichts*.

Wir sehen uns um und sehen eine Welt. Dinge sind im Raum, in der Zeit. Sie kommen und sie gehen, und wenn sie verschwinden, hinterlassen sie, glauben wir, nichts. Andere Leute kommen und gehen. Auch sie hinterlassen: nichts. Doch wann bist du jemals dem Nichts begegnet? Jemand fragt dich: »Was ist dort in der Schublade?« Du siehst nach, sie ist leer. »Nichts«, sagst du, »in der Schublade ist nichts.« Aber hast du das Nichts gesehen? Die Abwesenheit, das Nichts, ist nicht in der Schublade. Es ist in deinem eigenen Geist.

Und nicht nur das – sind denn Dinge da draußen in Raum und Zeit? Hast du je richtig hingesehen oder hast du es einfach für selbstverständlich gehalten? Das Problem ist natürlich: Wenn man dann wirklich richtig hinsieht, tut man es vollkommen künstlich, auf eine Weise, die bereits davon ausgeht, daß die Dinge tatsächlich da draußen sind. Aber wenn du auf der Autobahn fährst, um dich herum jede Menge anderer Autos, die überholen, verlangsamen, beschleunigen, sich von der Auffahrt her einfädeln – siehst du dann Autos? Schilder fliegen vorbei, Überführungen, Unterführungen; sind sie nicht alle Teil eines einzigen komplizierten, ständig sich verändernden Musters? Man reagiert auf *Muster* und Ereignisse, nicht auf

Dinge, nicht auf Autos. Wenn man sich auf etwas Bestimmtes fixiert, ein Auto oder ein Schild, kann einem schwindlig werden, verliert man eher die Kontrolle, fühlt sich unsicherer. Weil die Muster sich ständig verändern, fällt einem unweigerlich der Vergleich mit einem Kaleidoskop ein. Wenn man nur sehen könnte, ohne hinzusehen, dann wüßte man, daß die Welt wie ein Traum ist, in dem es kein Ich und Du, kein Ich und die Welt gibt, sondern nur ein einziges nahtloses Ganzes. Wie Huang-po es ausdrückte: »Es gibt nur Einen Geist und nicht ein kleinstes Teilchen von etwas anderem, das du ergreifen könntest.«

Die Frage des Koans wird auf andere Art auch im *Shuranga-ma-Sutra* gestellt, in dem es heißt: »Wenn die Glocke aufhört zu klingen, hört dann das Ohr auf zu hören?« Wenn nichts zu hören ist, hörst du dann auf zu hören oder hörst du nichts? Wieder kommt einem sofort eine fertige Antwort in den Sinn: »Wenn die Glocke aufhört zu klingen, höre ich eben nichts mehr.« Doch was ist dieses »nichts hören«? Stille? Aber *hören* wir nicht auch Stille? Jenseits von Klang und Stille, was dann?

Wenn das Rad der Geistestätigkeit surrt,
Weiß selbst ein Meister sich nicht zu retten.
Es bewegt sich in alle Richtungen, im Himmel und auf der Erde,
Nach Norden, Süden, Osten und Westen.

Die Geistestätigkeit produziert am laufenden Band Gedanken, Träume, Erwartungen, Vorurteile und Meinungen. Myriaden von Welten erscheinen, wenn der Geist sich bewegt. Die ganze Geschichte, alle Künste und Wissenschaften, die ganze Literatur, alle Philosophien, Theologien, alle Regeln und Gesetze all der unzähligen Gesellschaften in Vergangenheit, Gegenwart und Zukunft – sie alle kommen aus Einem Geist, der von all dem unbewegt bleibt. Um noch einmal Huang-po zu zitieren: »Geist ist wie weiter Raum, in dem es weder Verwirrung noch

Böses gibt, ebenso wie die Sonne durch ihn kreist und auf die vier Ecken der Welt scheint. Denn wenn die Sonne aufgeht und die ganze Erde erhellt, gewinnt der Raum nicht an Licht; und wenn die Sonne untergeht, wird der Raum nicht dunkel. Die Erscheinungen von Licht und Dunkelheit wechseln einander ab, aber die Natur der Leere bleibt sich gleich. Genauso ist es mit dem Geist des Buddha und der fühlenden Wesen.«

»Die Erscheinungen von Licht und Dunkelheit wechseln einander ab«, aber die Natur der Leere bleibt sich gleich. Karren erscheinen und verschwinden, Teile werden hinzugefügt und weggenommen, aber die Natur der Leere bleibt sich gleich. Was ist diese Leere? Sie ist nicht nichts. Um das zu ergründen, sollte, sagt Mumon, »dein Auge wie eine Sternschnuppe sein, deine Antwort ein Blitz«, nicht vermittelt durch Gedanken, nicht blockiert durch das, was du glaubst.

9 *Daitsu Chisho Buddha*

Ein Mönch fragte Koyo Seijo: »Daitsu Chisho Buddha saß äonenlang in Zazen und konnte nicht die Buddhaschaft erringen. Warum war das so?« Seijo sagte: »Das ist eine gute Frage.« Der Mönch blieb hartnäckig: »Er meditierte so lange; warum wurde er nicht Buddha?« Seijo warnte: »Treib es nicht zu weit.«

Mumons Kommentar

Die Erkenntnis des Barbaren kann ich gelten lassen, sein Verständnis aber kann ich nicht gelten lassen. Wenn ein gewöhnlicher Mensch es begreift, ist er ein Weiser. Wenn ein Weiser es versteht, ist er einfach ein gewöhnlicher Mensch.

Mumons Vers

Es ist besser, deinen Geist zu befreien als deinen Körper;
Wenn der Geist befreit ist, ist auch der Körper befreit.
Wenn sowohl Körper als auch Geist befreit sind,
Was gibt es dann noch zu erreichen?

Kommentar

Rinzai nannte Daitsu Chisho Buddha den »Buddha der höchsten Durchdringung und alles übertreffenden Weisheit« und sagte: »›Höchste Durchdringung‹ bedeutet, daß man persönlich in die vollständige Abwesenheit von Form und Selbstnatur in den zehntausend Dharmas schaut. ›Alles übertreffende Weisheit‹ bedeutet, keinen einzigen Zweifel zu haben und vollkommen klar zu sein, ohne das kleinste Staubkörnchen. ›Buddha‹ bedeutet Reinheit des Geistes, dessen strahlendes Licht die zehn Richtungen durchdringt. ›Zehn Kalpas lang zu sitzen‹ bedeutet, die zehn Paramitas auszuüben. ›Das Buddha-Dharma hat sich nicht offenbart‹ bedeutet, daß Buddha vom Wesen her geburtlos ist und Dharmas vom Wesen her ohne Ende sind. Weshalb sollte das Buddha-Dharma sich dann offenbaren? ›Er errang nicht die Buddhaschaft‹ bedeutet, daß Buddha nicht Buddha werden kann.«

Wenn man diesem Koan zum ersten Mal begegnet, macht man sich ein Bild von Daitsu Chisho Buddha, wie er Jahr um Jahr vergeblich darum ringt, Buddha zu werden. Und man neigt zu der schnellen Antwort: Buddha kann nicht Buddha werden. Aber als der Mönch fragt, warum Chisho Buddha nach Äonen des Zazen nicht die Buddhaschaft erringen konnte, nickt Koyo Seijo: »Das ist eine gute Frage.« Man könnte wohl sagen, das Koan dreht sich um diese Bemerkung des Meisters. Warum sagt der Meister, das sei eine gute Frage, wenn die Antwort einfach lautet, es sei Zeitverschwendung, wenn Buddha versuche Buddha zu werden? Es ist offensichtlich, daß der Meister es ernst meint, denn als der Mönch aus seiner Frage Nutzen zu ziehen versucht, bringt der Meister ihn zum Schweigen. Warum ist die Frage des Mönchs eine gute Frage? Was meint sie wirklich?

›Wie kann Buddha Buddha werden?‹ besagt, daß Daitsu Chisho Buddha all seine Anstrengungen aufgeben und einfach erkennen sollte, daß er Buddha ist. Im Zen-Buddhismus bildeten sich zwei Schulen heraus, die beide noch existieren: Rinzai und Soto. Das Ringen darum, die eigene Buddhaschaft zu erkennen, könnte als Weg der Rinzai-Schule betrachtet werden. All seine Anstrengungen aufzugeben und zu erkennen, daß man Buddha ist, ist der Weg der Soto-Schule. Beide sind nur die halbe Antwort; wie fügst du sie zusammen, um daraus einen ganzen Weg zu machen? Davon handelt dieses Koan.

Und außerdem handelt das Koan von Daitsu Chisho Buddha und davon, was es bedeutet, erwacht zu sein. Ein weit verbreiteter Glaube ist, daß Erwachen das Ende aller Handlung, das Ende aller Probleme und aller Sorgen bedeute. Manchmal fragen Leute mich ganz ernsthaft: »Was macht man, wenn man zum Erwachen gekommen ist?« Wenn wir aber Koan 2, »Hyakujos Fuchs«, ergründet haben, erkennen wir, daß dieser Glaube sehr naiv ist. Im Kommentar zu jenem Koan zitierten wir einen Mahayana-Text: »Und so geht der Bodhisattva, wenn er die Dharmas versteht, wie er es sollte, nicht in selige Ruhe ein. Er verweilt dann in Weisheit.« Es wurde gesagt, daß selige Ruhe oder *nivṛti* das Nirvana ist, das die Welt des Leidens ausschließt.

Was ist das Wesen von Daitsu Chisho Buddha? In *The Butterfly's Dream* habe ich die Geschichte von zehn Leuten erzählt, die einen reißenden Fluß durchqueren mußten. Als die Gruppe am anderen Ufer war, schlug einer von ihnen vor, einmal durchzuzählen, um sicherzugehen, daß auch alle hinüber gekommen waren. Er stellte sich vor die anderen und zählte: 1 2 3 4 5 6 7 8 9. Beunruhigt rief er aus: »Einer hat es nicht geschafft!« Ein anderer fing an zu zählen und kam auf dasselbe Ergebnis. Die Gruppe beklagte schon den Verlust einer ihrer Leute, als ein Fremder vorbeikam. Man erzählte ihm alles; daraufhin sagte der Fremde, jetzt würde er zählen: 1 2 3 4 5 6 7 8 9 10. Aber auch er hat sich geirrt, und wenn du meinst, er hätte 11 zählen sollen, irrst du dich ebenfalls.

Wie zählst du den, der nicht gezählt werden kann? Wie zählst du den, der zählt?

Von der Logik her verstehen wir, worum es in dieser Geschichte geht; können wir es aber auch wirklich erkennen? Das gleiche gilt in bezug auf Daitsu Chisho Buddha. Wir verstehen, daß Buddha nicht Buddha werden kann, aber erkennen wir wirklich, was das bedeutet? Das ist der Grund, weshalb der Meister diese Frage eine gute Frage nennt.

Vielleicht hilft an dieser Stelle der folgende Dialog aus dem *Vimalakirti-Sutra*, einem von Zen-Buddhisten sehr hoch geschätzten Sutra des Mahayana. Shariputra, ein erfahrener Schüler des Buddha, fragt darin eine Göttin, wie lange es dauern werde, bis sie volles Erwachen erreiche. Die Göttin erwidert: »Es ist unmöglich, daß ich das volle Erwachen der Buddhaschaft erreiche!« Sie erklärt dann, daß volles Erwachen nicht etwas sei, das erreicht werden könne. Weil das unmöglich sei, erreiche niemand das vollkommene Erwachen der Buddhaschaft. Shariputra wendet ein, daß die Buddhas der Vergangenheit, Gegenwart und Zukunft alle vollkommenes Erwachen erreicht hätten, doch die Göttin weist ihn zurecht: »›Die Buddhas der Vergangenheit, Gegenwart und Zukunft‹ ist ein feststehender Ausdruck, der aus einer bestimmten Anzahl Silben besteht. Die Buddhas sind weder gegenwärtig noch vergangen, noch zukünftig. Ihr Erwachen transzendiert die drei Zeiten.« Dann fragt sie Shariputra: »Hast du das Erwachen erreicht?« Shariputra sagt, es sei erreicht, weil es kein Erreichen gebe. Die Göttin erwidert: »So ist es, es gibt vollkommenes Erwachen, weil es kein Erreichen des vollkommenen Erwachens gibt.«

Die Logik ist unschlagbar, doch erinnern wir uns an Mumons Kommentar: »Die Erkenntnis des Barbaren kann ich gelten lassen, sein Verständnis aber kann ich nicht gelten lassen. Wenn ein gewöhnlicher Mensch es begreift, ist er ein Weiser. Wenn ein Weiser es versteht, ist er einfach ein gewöhnlicher Mensch.« Was ist der Unterschied zwischen Erkenntnis und Verständnis?

10 *Der arme Seizei*

Seizei beklagte sich bei Sozan: »Seizei ist ganz arm. Willst du ihm zu essen geben?« Sozan rief aus: »Seizei!« Seizei erwiderte: »Ja, Herr!« Sozan schimpfte: »Du hast drei Becher vom besten Wein in China getrunken und behauptest immer noch, du hättest dir nicht einmal die Lippen naß gemacht!«

Mumons Kommentar

Seizei täuschte den Rückzug vor. Was war sein Plan? Sozan hatte das Auge des Buddha und durchschaute das Motiv seines Gegners. Ich möchte dich nun fragen: Wann genau hat Seizei Wein getrunken?

Mumons Vers

Armut wie die von Hantan,
Geist wie der von Kou;
Ohne Mittel zum Lebensunterhalt
Wagt er es, sich mit dem Reichsten zu messen.

Kommentar

Alle Koans sind eine Einladung, zu unserem wahren Geist zu erwachen; daher gibt es immer nur eine einzige Antwort, und diese Antwort heißt: Erwachen. Das macht Koans schwierig, denn der Zustand des Erwachtseins ist völlig frei, ohne alle Zwänge und Beschränkungen, unbelastet selbst von einem Staubkörnchen, wie ein Zen-Meister es einmal ausdrückte. Der unerwachte Geist hingegen hortet Erfahrungen, Erinnerungen, Meinungen und Vorurteile. Das alles zusammen halten die Leute für ihren Geist, ihr Leben. Sie suchen also ein reiches Leben, ein Leben voller Erfahrungen, voller schöner Erinnerungen, reich an Bildung und erworbenem Wissen, mit vielen Freunden und viel Besitz. Doch wenn wir älter werden, verschwindet häufig der Reichtum aus unserem Leben. Manche Leute suchen dann den Kitzel, das Außergewöhnliche, das Exotische, das Absonderliche, das Gefährliche oder das Verbotene und hoffen, damit ihren Geist noch einmal wachzurütteln. Andere grübeln darüber, was hätte sein können, sehnen sich nach dem, was nicht ist, und verbittern.

Doch manchmal, wenn wir »von der Ablenkung abgelenkt« werden, fragen wir uns, wie wir den verlorenen Zauber der Kindheit zurückholen könnten: Vielleicht haben wir im Sommer gerade einen Vogel so wunderbar klar singen hören; oder vielleicht haben wir eben die Welt der Bäume, der Wiesen, der wilden Blumen und Flüsse wie zum ersten Mal gesehen. Wir sehnen uns danach, daß solche Unschuld zurückkehrt.

Jedes Jahr fahren die Leute in den Urlaub, und jedes Jahr kommen sie erholt und mit neuen Kräften zurück. Was an den Ferien war es, das sie in das Leben zurückgebracht hat? War es die Sonne, der Sand, der Geruch des Meeres? Ja, es war all das. War es die Tatsache, daß sie weit weg waren vom Telefon, von anderen Leuten mit ihren Forderungen, von den Problemen des Alltags? Ja, das auch. Doch was war es darüber hinaus, was sie so erfrischt hat? Was war es, das dem Meer, der Sonne und dem Sand solche Macht gab?

Wenn wir in den Ferien am Strand entlanglaufen, entschlossen, vorerst alle Probleme auszublenden – dann *fühlen* wir den Sand, dann *fühlen* wir den Wellenschlag des Wassers an den Füßen, dann *riechen* wir das Salz und das Meer. Wir *sehen* die Möwe, wie sie im Sturzflug niederstößt. Wir *hören* das gleichmäßige Tosen der Brandung an den Felsen, wir *schmecken* das Essen. Kurz: *Wir sind gegenwärtig*. Viele Leute essen, während sie die Zeitung lesen oder fernsehen; dann machen sie sich Gedanken über eine Auseinandersetzung, die sie gerade hatten, oder über ein Problem bei der Arbeit. Sie hören zwar, was andere Leute reden, aber nur durch einen Schleier von Kritik und Konkurrenzdenken. Sie sind nicht gegenwärtig, und so hat das Leben seinen Zauber verloren.

Dieses Koan handelt vom Zauber des Geistes, vom Zauber, gegenwärtig zu sein, vom Zauber, der aus jedem Tag einen guten Tag macht.

Die Armut von Seizei ist keine gewöhnliche Armut, sondern die der Armen im Geiste, welche, wie Jesus sagte, selig sind, »denn ihrer ist das Himmelreich«. Seizei war also kein gewöhnlicher Mönch, sondern im Gegenteil ein Mönch, der tief erwacht war.

Eine Geschichte aus Tibet erzählt von einem Mann, der einen Meister aufsuchte und ihn um Unterweisung bat. Der Meister sagte: »Erst mußt du mir alles bringen, was du besitzt.« Der Mann ging zurück nach Hause, packte alle seine weltlichen Besitztümer zusammen und machte sich wieder auf den Weg zum Meister.

Als er ein kurzes Stück gegangen war, fiel ihm eine lahme Ziege ein, die er nicht mitgenommen hatte. »Der Meister wird ganz bestimmt nicht diese Ziege wollen«, dachte er. Als er wieder beim Meister war, fragte der ihn: »Ist das auch alles, was du besitzt?« Der Mann sagte: »Ja, außer einer alten, lahmen

Ziege, die Ihr sicherlich nicht haben wollt.« »Geh und hol die Ziege«, sagte der Meister.

T. S. Eliot beschrieb den spirituellen Zustand so:

Ein Zustand vollendeter Einfalt
(Der nicht weniger kostet als alles)[6]

Ein Zen-Meister entreißt auch einem Hungernden noch den letzten Brotkanten, denn, so mahnt Meister Ummon: »Selbst ein gutes Ding ist nicht so gut wie gar kein Ding.«

Ein Gespräch zwischen dem zeitgenössischen Hindu-Meister Nisargadatta und einem Besucher zeigt uns, was mit dieser Armut gemeint ist. Der Besucher möchte von Nisargadatta mehr über die *Yogis* wissen, die anderen helfen, und Nisargadatta antwortet ihm: »Es gibt keine anderen, denen man helfen könnte. Wenn ein reicher Mann sein ganzes Vermögen seiner Familie aushändigt, hat er nicht eine Münze übrig, um sie einem Bettler zu geben. Ebenso ist der Weise aller seiner Macht und allen seines Besitzes entledigt. Nichts, buchstäblich nichts kann über ihn gesagt werden. Er kann niemandem helfen, denn er ist jeder. Er ist der Arme und auch dessen Armut, er ist der Dieb und dessen Diebesbeute. Wie kann man von ihm sagen, daß er anderen helfe, wenn er von nichts getrennt ist? Wer sich für getrennt von der Welt hält, der mag der Welt helfen.«

Mumon vergleicht in seinem Gedicht die Armut von Seizei mit der von Hantan. Hantan war ein berühmter chinesischer Gelehrter, der auf den hohen Posten eines Gouverneurs berufen wurde. Er nahm den Posten jedoch nicht an, sondern kümmerte sich statt dessen um seine kränkelnde Mutter. Die Zufriedenheit, mit der Hantan in rechtschaffener Armut lebte, und die Aufopferung, mit der er seine Mutter pflegte, machten sei-

6 *Vier Quartette*. In: T. S. Eliot: *Gesammelte Gedichte*; übers. v. Nora Wydenbruck (Frankfurt/M.: Suhrkamp 1988).

nen Namen berühmt. Das ist die Armut von Hantan, die nicht nur angenommen, sondern frei gewählt wird, die nicht nur frei gewählt, sondern vergessen wird.

Kou, auf den sich Mumon ebenfalls bezieht, war ein legendärer Held der chinesischen Geschichte. Er befehligte das Heer im Kampf gegen einen Feind und gewann alle Schlachten außer der letzten. Auch als er schon von der feindlichen Armee umzingelt war, blieb er im Angesicht des Todes unerschrocken und verbrachte den Abend in Muße mit seiner Mätresse Gu, die er aufrichtig liebte. Er sang ein Lied, das berühmt wurde:

Selbst mit der Kraft, Berge zu versetzen
Und Kühnheit genug für die ganze Welt –
Es ist alles verloren;
Sui, mein Pferd, noch nicht tot.
Gu! Ach, Gu! Was steht dir bevor?

Kous Geist war unerschütterlich und fest. Es ist solcher unerschütterliche und feste Geist, in dem Seizei sich in seiner Armut zu Hause fühlen kann.

Unsere erste Frage lautet: »Was ist Seizeis Armut?«, und um das zu erfahren, müssen wir in diese Armut hineingehen, müssen wir der arme Seizei *sein*. Dann müssen wir Sozans Ausruf verstehen und seine Bemerkung, daß Seizei vom besten Wein in China getrunken habe. Was ist dieser Wein? Ein Mönch schrieb, als er zum Erwachen gelangte:

Im Mondlicht einer Frühlingsnacht
Quakt ein Frosch.
Das ganze Weltall wird zu einer einzigen Familie.
Das zu ergründen heißt, wirklich zu erkennen:
Jeder Tag ist ein guter Tag.

11 *Joshus Eremiten*

Joshu ging zu der Hütte eines Eremiten und rief: »Ist jemand da? Ist jemand da?« Der Eremit stieß eine Faust hoch. Joshu sagte: »Das Wasser ist zu seicht, um hier zu ankern«, und ging fort. Er ging zu der Hütte eines anderen Eremiten und rief: »Ist jemand da? Ist jemand da?« Der Eremit stieß eine Faust hoch. Joshu sagte: »In Freiheit gibst du, in Freiheit nimmst du. In Freiheit schenkst du Leben, in Freiheit bringst du Zerstörung«, und verbeugte sich tief.

Mumons Kommentar

Beide stießen eine Faust hoch; warum wurde der eine angenommen, der andere zurückgewiesen? Sag, wo liegt der Ursprung der Verwirrung zwischen den beiden? Wenn du dazu ein Wort des Verstehens sagen kannst, wirst du erkennen, daß Joshus Zunge keine Knochen hat. Mal erhebt er, mal zerschmettert er, in vollkommener Freiheit. Und trotzdem, bedenke, daß die zwei Einsiedler auch Joshu durchschauten. Wenn du sagst, einer der beiden Einsiedler sei besser oder schlechter, ist dein Auge nicht offen. Dein Auge ist aber auch nicht offen, wenn du glaubst, daß es zwischen den beiden Einsiedlern keinen Unterschied gibt.

Mumons Vers

Sein Auge eine Sternschnuppe,
Bewegt er sich wie der Blitz.
Ein Todesbringer,
Ein lebensspendendes Schwert.

Kommentar

Es ist angebracht, zu diesem Koan ein paar Hintergrundinformationen zu geben. Joshu war unter anderem berühmt dafür, daß er häufig die Verse des dritten Patriarchen vom *Vertrauen in den Einen Geist* zitierte. Es handelt sich dabei um ein recht langes Gedicht, das den Übenden ermahnt, über Urteile von gut und schlecht hinauszugehen. Zum Beispiel beginnt es mit den Zeilen:

Der Große Weg, er ist nicht schwer
Für den, der aufhört auszuwähl'n.

Wirfst Neigungen du gänzlich weg,
Dann steht der Weg klar, unverdeckt.

Weichst du um Haaresbreite ab,
Sind Erd' und Himmel schon getrennt.[7]

Im *Hekigan-roku* gibt es mehrere Koans, in denen die Mönche Joshu wegen seines Festhaltens an den Versen vom *Vertrauen in den Einen Geist* herausfordern. Ein Mönch sagte: »Du zitierst häufig ›Der Große Weg, er ist nicht schwer / Für den, der aufhört auszuwähl'n‹, doch ist es etwas anderes als Auswäh-

7 Rezitationsversion der Berliner Zen-Gruppe des Rochester Zen Center.

len, was du da machst?« Diese im Zen so grundlegende Mahnung, über gut und schlecht hinauszugehen, wird oft mißverstanden. Manche Leute meinen zum Beispiel, man solle nun überhaupt keine Urteile mehr fällen. Ich wurde einmal in ein Gespräch über einen Zen-Lehrer verwickelt, dem ein sehr teures Auto geschenkt worden war. Das Gespräch mündete in die Frage, ob der Lehrer das Geschenk hätte annehmen sollen oder nicht, und ich wurde um meine Meinung gebeten. Ich sagte, daß er meiner Ansicht nach das Geschenk unter diesen bestimmten Umständen nicht hätte annehmen sollen und daß er damit einen Fehler gemacht habe. Später kam ein Mitglied des Zen-Centers zu mir und gestand, daß er sich über meine Antwort ziemlich geärgert und sich gefragt habe, was ich als Lehrer denn wert sei, wenn ich solche Urteile abgebe, wo ich doch zugleich den Leuten immer nahelegen würde, über gut und schlecht hinauszugehen.

Aber es ist unmöglich, das Leben zu leben, ohne zu urteilen. Man fragt sich ständig, ob es besser wäre, das eine zu tun oder eher das andere. Dieser Lehrer hatte die Wahl, das Auto anzunehmen oder nicht anzunehmen; als mir die Frage gestellt wurde, mußte ich urteilen, ob es besser wäre, zu antworten oder nicht zu antworten. Das Problem liegt darin, daß wir dazu neigen, unsere Urteile in den Stand des Absoluten zu erheben. Es ist ein Unterschied, ob man urteilt, daß jemand sich irrt, oder ob man urteilt, daß jemand moralisch falsch handelt. ›Moralisch falsch‹ geht von etwas Absolutem aus, und es ist genau dieses Absolute, das in Frage steht. Dahinter steckt die Auffassung, daß gut und schlecht unabhängig voneinander existieren.

Andere wieder mißverstehen die Aufforderung, über gut und schlecht hinauszugehen, in der Weise, daß sie glauben, sie könnten die Regeln des normalen Anstands ignorieren. Diese Haltung haben wir schon in »Hyakujos Fuchs« thematisiert und brauchen sie hier nicht zu wiederholen.

Dieses Koan handelt also davon, was es bedeutet, über gut und schlecht hinauszugehen. Und nicht nur das – es ist auch ein Koan darüber, was es bedeutet, über alle Gegensätze hinauszugehen. Aber nochmals: Es geht darum, *über* die Gegenpole *hinauszugehen*, und nicht darum, sie einfach aufzugeben. Und über etwas hinausgehen bedeutet nicht das Betreten irgendwelcher höheren, erhabeneren Sphären.

Wenn wir eine Vase betrachten, können wir ihre Schönheit bewundern, uns fragen, was sie wohl kosten mag, uns ausdenken, wozu wir sie benutzen würden und uns überlegen, wie wir sie erwerben könnten. Wir können auch über die Form der Vase hinausgehen und uns statt dessen für das Material, für den Ton interessieren, aus dem sie hergestellt wurde; die Überlegungen zu Schönheit, Verwendung, Kosten und Erwerb rücken in den Hintergrund, und neue Überlegungen geraten ins Blickfeld.

In diesen Zusammenhang paßt ein Mondo, in dem jemand Joshu fragt: »Ist derjenige, der über gut und schlecht hinaus ist, befreit oder nicht befreit?« Joshu antwortet: »Er ist nicht befreit.« Der andere fragt weiter: »Warum nicht?« Joshu erwidert: »Weil er innerhalb von gut und böse ist!« Ist es nicht genau das, worauf das Koan hinweist?

Ein Koan im *Hekigan-roku* ist das Gegenstück zu dem, mit dem wir uns hier befassen. Ein Mönch namens Mayoku kommt mit seinem Stab in der Hand zu Meister Shokei. Er geht dreimal um den Meister herum, schüttelt seinen Stab, stößt ihn auf den Boden und richtet sich kerzengerade auf. Shokei sagt: »Richtig!« Mayoku geht dann zu Zen-Meister Nansen, geht dreimal um ihn herum, schüttelt seinen Stab, stößt ihn auf den Boden und richtet sich kerzengerade auf. Nansen sagt: »Falsch!« Mayoku fragt daraufhin: »Shokei sagte: ›Richtig‹, warum sagst du: ›Falsch‹?« Nansen antwortet: »Shokei liegt richtig, du liegst falsch. Du wirst vom Wind umhergeweht. Das führt zur Zerstörung.«

Man denkt leicht, die zwei Meister wollten den Mönch irgendwie auf die Probe stellen, um zu sehen, wie er reagiert. Wird er sich durch diese rauhe Behandlung durcheinanderbringen lassen? Wenn ja, ist dann seine Übungspraxis wirklich gereift? Zu dieser Interpretation gibt es zwei Einwände. Der erste ist, daß man kein Koan braucht, um so etwas begreiflich zu machen. Wenn, wie wir sagen, alle Koans einen »Biß« haben, wo in dem Koan wäre dann der Biß bei einer solchen Interpretation? Der zweite Einwand lautet, daß so eine Deutung sowieso nicht stichhaltig ist, denn Menschen reagieren auf Situationen nicht so sehr nach ihrer spirituellen Reife als vielmehr nach ihrem Temperament. Von Natur aus phlegmatische Menschen sind schwer zu erregen, während Menschen mit Feuer im Inneren schnell und manchmal dramatisch reagieren. Außerdem ist es ein Fehler zu glauben, Zen-Training bringe Leute hervor, die niemals hitzig reagieren. Harada Roshi war ein leidenschaftlicher, energischer Mann und konnte, wie uns Roshi Kapleau erzählte, auch viele Jahre nach seinem Erwachen immer noch zornig werden. Harada Roshi sagte oft, der Zorn eines erwachten Menschen sei wie Schneeflocken, die auf einen heißen Ofen fallen. Erinnern wir uns daran, daß Jesus einen Wutanfall bekam über die Händler, die den Tempel entweihten, weil sie ihre Waren dort verkauften. Und Hakuins Schriften legen oft mehr Launenhaftigkeit an den Tag, als manche Leute bei einem Zen-Meister gerne sehen würden.

Können wir das Koan aus dem *Hekigan-roku* als das Gegenstück zu »Joshus Eremiten« erkennen und beide im Zusammenhang mit den Versen vom *Vertrauen in den Einen Geist* sehen, wird offensichtlich, daß sie davon handeln, was es bedeutet, über gut und schlecht hinauszugehen. In Joshus Koan ist Joshu der Richter, und beurteilt werden die zwei Eremiten. Das Koan aus dem *Hekigan-roku* hat zwei Richter: Shokei und Nansen, und einen, der beurteilt wird: Mayoku. Fügen wir einmal beide Koans zusammen, dann kommt heraus: Joshu geht zu einem Eremiten und ruft: »Ist da jemand?« Der Eremit hebt seine Faust, und Joshu sagt: »Gut«, zwei Minuten später sagt er: »Schlecht«. Nein, lassen wir die zwei Minuten weg; er sagt: »Gut-schlecht.«

Um zum Koan, so wie es ist, zurückzukehren – sein Biß kommt von der Frage: Wenn »der Große Weg« nicht schwer ist »für den, der aufhört auszuwähl'n«, wieso wählt Joshu dann demonstrativ aus? Und außerdem, warum sagt er »gut« im ersten Fall und »schlecht« im zweiten, obwohl es eine einzige Situation ist, die beurteilt wird, nämlich das Heben einer Faust?

Im Mittelalter beschäftigten sich Theologen viel mit der Frage: »Wenn Gott gut und allmächtig ist, woher kommt dann das Böse in der Welt?« Oder wenn die jüdische Religion betont: »Der Herr unser Gott, der Herr ist Eins« – woher kam dann der Teufel? Wie ich in *The Iron Cow of Zen* gezeigt habe, sieht man sich entweder einer ontologischen Einheit (Gott ist eins) gegenüber und damit einer ethischen Dualität (Gott ist gut und böse), oder aber einer ethischen Einheit (Gott ist gut) und damit einer ontologischen Dualität von zwei Göttern, einem guten und einem bösen. So knapp wie möglich formuliert, lautet das Problem: Wie kann eins zwei sein? Wie kann jemand gut-schlecht sein?

Wir müssen das Dilemma hinter dem Koan erkennen. Joshu ruft: »Ist da jemand?« Der Eremit stößt eine Faust hoch. Das ist die erste Schranke. Überwinde sie, und der Rest des Koans wird klar. Was liegt in diesem Heben der Hand? Es ist mit Sicherheit nicht wie in der Schule, wenn der Lehrer uns aufrief und wir die Hand hoben und sagten: »Hier.« Die Hand wurde auch nicht zum Gruß erhoben. Man muß es tun, um es zu wissen. Mit anderen Worten, man muß die hochgestoßene Faust aus dem Inneren heraus kennen, nicht von außen.

Huang-po schrieb: »Die Erscheinungen von Licht und Dunkelheit wechseln einander ab, aber die Natur der Leere bleibt sich gleich. Genauso ist es mit dem Geist des Buddha und der fühlenden Wesen.« Man muß aufpassen, daß man nicht aus der Leere einen getrennten Seinszustand macht.

Ein anderer Meister sagte: »Himmel und Erde, die ganze Welt ist einfach man selbst; wenn es kalt ist, ist es überall in Himmel und Erde kalt; wenn es heiß ist, ist es überall in Himmel und Erde heiß. Wenn es existiert, existiert überall in Himmel und Erde alles; wenn es nicht existiert, existieren Himmel und Erde nicht. Wenn es bestätigt wird, ist in Himmel und Erde alles; wenn es geleugnet wird, ist in Himmel und Erde alles nicht.«

Und wieder ein anderer bemerkte: »Die bittere Melone ist durch und durch bitter; die süße Melone ist durch und durch süß.«

Wenn Mumon sagt: »Er ist ein Todesbringer, ein lebensspendendes Schwert«, meint er Joshu, der, wie Mumon ebenfalls erkennen läßt, von den Mönchen durchschaut wird.

12 *Zuigan ruft: »Meister!«*

Jeden Tag rief Meister Zuigan sich selbst laut zu: »He, Meister!« und antwortete sich: »Ja?« »Wach auf, wach auf!« rief er dann und antwortete: »Ja! Ja!« »Laß dich nicht von anderen täuschen, zu keiner Zeit, weder Tag noch Nacht.« »Nein, das werde ich nicht.«

Mumons Kommentar

Der alte Zuigan kauft selbst und verkauft selbst. Er hat Unmengen von Kobolds- und Teufelsmasken, um damit zu spielen. Wieso? Sieh selbst! Eine, die ruft; eine, die antwortet; eine, die wach ist; und eine, die sich von anderen nicht täuschen lassen wird. Wenn du glaubst, daß diese verschiedenen Erscheinungen wirklich existieren, bist du völlig auf dem Holzweg. Zuigan einfach nachzuahmen hieße, das Verständnis eines Fuchses zu haben.

Mumons Vers

Diejenigen, die nach einem Weg suchen,
kennen die wahre Natur des Selbst nicht;
Sie kennen nur ihren alten unterscheidenden Geist.
Dieser Geist ist die Ursache des endlosen Kreislaufs
von Tod und Geburt,
Unwissende aber halten das für den ursprünglichen
Menschen.

Kommentar

Wer ist der Meister? Ist es derjenige, der ausruft: »He, Meister!« oder derjenige, der ausruft: »Ja?« Und wenn Zuigan warnt: »Laß dich nicht von anderen täuschen«, meint er dann, laß dich nicht davon täuschen, was andere sagen oder tun? Oder meint er noch etwas anderes?

Jean Paul Sartre schrieb in seinem Stück *Bei geschlossenen Türen:* »Die Hölle, das sind die anderen.« Er hat sich, um mit Zuigan zu sprechen, von anderen täuschen lassen. Dem christlichen Glauben zufolge sind wir alle Kinder eines gemeinsamen Gottes, eines gemeinsamen Vaters. Dem Buddhismus zufolge sind wir uns noch näher als das, noch näher, als miteinander verwandt zu sein. John Donne, ein britischer Dichter des siebzehnten Jahrhunderts, schrieb: »... Frage niemals, wem die Stunde schlägt, sie schlägt für dich.« Er hat sich, so könnte man sagen, nicht von anderen täuschen lassen.

In den letzten Jahren ist bei uns ein ungewöhnliches Phänomen bekannt geworden, das der multiplen Persönlichkeit: In ein und demselben Körper leben mehrere, manchmal sehr viele, verschiedene Persönlichkeiten, die sich alle als »ich« bezeichnen. In Männern kommen auch weibliche, in Frauen auch männliche Persönlichkeiten vor. Oft wissen die einzelnen Persönlichkeiten nichts von der Existenz der anderen. Jede hat ihre eigenen Erinnerungen, ihre eigenen Vorlieben und Abneigungen, ihre eigene Art zu gehen und zu sprechen. Manche reden sogar in einer anderen Sprache als die anderen im selben Körper.

Eine Möglichkeit, einen Menschen mit multipler Persönlichkeit zu heilen, besteht darin, die verschiedenen Persönlichkeiten zu einer einzigen zu vereinen. Für die einzelnen Persönlichkeiten aber kommt das Vereintwerden dem Sterben gleich, und manche von ihnen haben vor dem Vereintwerden genausoviel Angst, wie Menschen vor dem Sterben haben. Ein Fall ist bekannt, in dem die Persönlichkeit, die integriert werden sollte, auf dem Beisein eines Priesters bestand, um sicherzugehen, daß ihre Seele nicht Schaden nehmen würde. Von Natur aus wehren sich viele Leute, auch viele Psychologen, gegen die Vorstellung von multiplen Persönlichkeiten, weil sie unsere gesamte Auffassung von der Integrität des Individuums in Frage stellt. Doch wäre es nicht möglich, daß wir alle eine Persönlichkeit einer multiplen Persönlichkeit sind? Ist Buddha eine multiple Persönlichkeit? Der Meister, dem Zuigan zuruft, ist er eine multiple Persönlichkeit?

Wir sind uns so sicher in unserem Wissen vom Ich, dem einen, das die Kontrolle hat – oder zumindest stellen wir es uns gerne so vor. Aber hat dieses Ich wirklich die Kontrolle? Was passiert, wenn Ich schlafen geht oder in Ohnmacht fällt? Man kann fragen: Wer ist es, der spricht; wer ist es, der hört und sieht? Wir antworten: »ich«, aber wer ist der Meister?

Der jüdische Philosoph Martin Buber meinte, daß Ich für sich genommen eine Abstraktion sei; die eigentliche Wirklichkeit sei *Ich-Du* oder *Ich-Es*. Ich ist mit anderen Worten nur ein Element einer komplexen Situation. Aber gibt es zwei Ichs, das Ich von Ich-Es und das Ich von Ich-Du? Vielleicht ist unsere Sicherheit in das, was wir Ich nennen, fehl am Platz; vielleicht entgeht uns wegen dieser unangebrachten Sicherheit etwas sehr

Wichtiges. Und dieses wichtige Etwas hat nicht nur einen philosophischen Wert, sondern einen Wert, der den Unterschied zwischen Leben und Tod ausmacht. Angenommen zum Beispiel, alle diese Ichs, oder Kobolds- und Teufelsmasken, existierten: Welche, wenn überhaupt eine, wird den Tod überleben?

Ein Zen-Master kam zum Erwachen, als er sein Spiegelbild im Wasser sah. Er schrieb einen Vers, der folgende Zeilen enthielt:

Ich begegne ihm, wo immer ich hingehe.
Er ist derselbe wie ich,
Doch ich bin nicht er!
Erst wenn du das verstehst,
Wirst du im Einklang sein mit dem, was du bist.

Ein Sufi-Lehrer hat etwas Ähnliches über Allah gesagt. Er zitierte Allah mit den Worten: »Ich war ein verborgener Schatz und sehnte mich danach, erkannt zu werden. So erschuf ich Geschöpfe, um von ihnen erkannt zu werden.« Es sieht so aus, als ob Zuigan dasselbe tut. Mumon konstatierte »viele Kobolds- und Teufelsmasken ... eine, die ruft; eine, die antwortet; eine, die wach ist; und eine, die sich von anderen nicht täuschen lassen wird«. Das lateinische Wort für »Maske« ist *persona*, aus dem wir »Persönlichkeit« ableiten. Wenn ich keine Persönlichkeit hätte, was wäre ich dann? Aber bin ich einfach eine Persönlichkeit? Wieder erklärt Mumon nachdrücklich: »Wenn du glaubst, daß diese verschiedenen Erscheinungen wirklich existieren, bist du völlig auf dem Holzweg.«

13 Tokusan trägt seine Schalen

Eines Tages kam Tokusan mit seinen Schalen in der Hand in die Speisehalle. Seppo, der Erste Koch, fragte: »Was machst du hier mit deinen Schalen? Die Glocke hat nicht geläutet, und die Trommel ist nicht geschlagen worden.« Tokusan drehte sich um und ging zurück in sein Zimmer. Seppo erzählte das Ganto, und Ganto stellte fest: »Tokusan ist als großer Lehrer bekannt, aber dennoch kennt er nicht das letzte Wort des Zen.« Tokusan hörte von dieser Bemerkung und schickte seinen Diener, Ganto zu holen. »Hältst du nichts von meiner Lehre?« fragte er. Ganto flüsterte Tokusan etwas zu. Tokusan schwieg.

Am nächsten Tag stieg Tokusan auf das Rednerpult wie sonst auch, doch sein Teisho war diesmal ganz anders. Ganto ging nach vorne, klatschte in die Hände, lachte und sagte: »Glückwunsch! Der alte Mann hat das letzte Wort begriffen! Von jetzt an wird ihm niemand mehr etwas anhaben können!«

Mumons Kommentar

Was das letzte Wort angeht: Weder Ganto noch Tokusan hatten es jemals im Sinn! Wenn du genauer hinsiehst, wirst du feststellen: Beide sind wie Marionetten auf einem Regal.

Mumons Vers

Das erste Wort zu wissen
Heißt, das letzte Wort zu wissen;
Doch weder das erste noch das letzte
Ist ein Wort.

Kommentar

Um mit diesem Koan arbeiten zu können, muß man ein bißchen über die beteiligten Personen wissen. Bevor Tokusan Zen-Buddhist wurde, erläuterte er als Gelehrter das *Diamant-Sutra*. Ein Bericht über sein Erwachen wird in Koan 28 gegeben. Tokusan war ein tief erwachter Mann und Zeit seines Lebens ein temperamentvoller Lehrer, der seine Mönche gerne mit dem Stock zu größeren Anstrengungen trieb. Zu der Zeit dieses Koans war er alt und vollständig gereift.

Über Seppo und Ganto läßt sich sagen, daß sie wie ein jüngerer und ein älterer Bruder zueinander standen. Zur Zeit des Koans war Seppos Verständnis weit entwickelt, aber einen tieferen Durchbruch hatte er noch nicht erfahren. Ein bißchen Wissen ist gefährlich, und ein bißchen Weisheit ist manchmal nicht weniger gefährlich. Ganto war älter und weiser und übernahm bei Gelegenheit für Seppo die Rolle eines Lehrers, wie die folgende Geschichte von Seppos vollständigem Erwachen zeigt.

Nach Tokusans Tod waren Seppo und Ganto auf einer Reise in einen schweren Schneesturm geraten und mußten für mehrere Tage in einer Herberge Schutz suchen. Ganto ruhte sich die ganze Zeit aus oder schlief, während Seppo Tag um Tag und Nacht um Nacht im Zazen mit sich rang. Eines Abends wurde Seppo so wütend, daß er Ganto anschrie: »Raus aus dem Bett! Steh endlich auf!« Ganto seufzte: »Wieso sollte ich?« Seppo rief heftig: »Warum muß ich mit einer solchen Last geschlagen sein! Er ist nichts als ein Klotz am Bein. Das einzige, wozu er fähig ist, ist schlafen.« Ganto schrie zurück: »Willst du wohl endlich still sein und schlafen gehen! Es vergeht kein Tag, ohne daß du da rumsitzt wie eine Buddha-Figur!« Seppo deutete auf sein Herz und sagte: »Ich habe keinen Frieden hier. Ich kann nicht so tun, als ob es anders wäre.« Ganto zeigte sich überrascht und bat Seppo, ihm von seiner Übung zu erzählen. Als Seppo das getan hatte, rief Ganto aus: »Hast du nicht gehört, daß das, was durch die Tür hereinkommt, nicht der Schatz des Hauses ist? Allein was aus der Tiefe deines Herzens kommt, kann Himmel und Erde erschüttern.« Bei diesen Worten gelangte Seppo zu tiefem Erwachen.

»Was durch die Vordertür hereinkommt, ist nicht der Schatz des Hauses.« Das ist eigentlich der Schlüssel zum Koan. Man kann das Koan als Drama in drei Akten ansehen, wobei jeder Akt mehrere drängende Fragen enthält. Wesentlich für das Koan ist, was Ganto Tokusan zuflüstert, nachdem dieser ihn gefragt hat: »Hältst du nichts von meiner Lehre?« Wenn man hier einen Zugang findet, wird das ganze Koan klar. Aber dazu muß man wissen, was Tokusan im Sinn hat, als er in sein Zimmer zurückgeht. Und um die ganze Bedeutung dieses Koans zu erkennen, muß man wissen, was Tokusans Rede am nächsten Tag so anders machte.

Tokusan war relativ jung zum Erwachen gelangt, und lange Zeit reifte sein ganzes Wesen wie feiner Wein. Man muß ihn sich dann als alten Mann vorstellen, wie er hinunter in den Eßraum schlurft, wie ihn Seppo zur Rede stellt und wie Tokusan sich ohne ein Wort umdreht und zurück in sein Zimmer trottet. Wenn wir uns diesen Akt ausmalen können, tauchen mehrere Fragen auf. Was macht Seppo da? Verhält er sich einfach nur egoistisch und grob? Ist er gedankenlos oder fordert er Tokusan heraus: »He, zeig mir dein Zen«?

Auch der nächste Akt gibt uns Fragen auf. Seppo erzählt

Ganto, was passiert ist. Wollte er angeben und Ganto weismachen, daß er den alten Mann im Dharma-Gefecht überlistet habe? Ganto scheint ihm zu glauben und kommentiert, Tokusan kenne nicht das letzte Wort des Zen. Ganto war damals wahrscheinlich voll erwacht, daher fallen einem noch andere Fragen ein: Warum ergreift er Partei für Seppo? Was ist das letzte Wort des Zen? Wie kommt es, daß ein so berühmter Lehrer wie Tokusan es nicht kennt?

Im Schlußakt dann hält Tokusan eine einzigartige Rede, und Ganto erklärt, er habe das letzte Wort des Zen wirklich erfaßt.

Kehren wir zum ersten Akt zurück und fragen wir uns, was Tokusan im Sinn hatte, als er in sein Zimmer zurückging. Die meisten von uns hätten sich, wenn sie von einer jüngeren und zudem niedrigergestellten Person zurechtgewiesen worden wären, voller Groll zurückgezogen: »Was fällt ihm ein, so mit mir zu reden; ich hätte ihn niemals zum Ersten Koch machen sollen; er ist einfach zu frech. Ich sollte schließlich Essen bekommen, wann ich will.« War das auch bei Tokusan so? Oder hat Tokusan vielleicht solche Gedanken gezügelt, ihnen nicht nachgegeben und sich von Seppo nicht aus der Ruhe bringen lassen? Oder womöglich hat er Seppo mit Liebe und Mitgefühl überströmt und gehofft, ihm auf diese Weise zu helfen, seine Unwissenheit zu überwinden. Was hättest du getan?

Wer *ist* Tokusan oder, wichtiger noch, wer bist du? Im *Diamant-Sutra* heißt es:

> *Alle lebenden Wesen werden durch mich zu Vollem Erwachen gebracht. Und doch ist, wenn eine unermeßliche Zahl von Wesen befreit worden ist, kein einziges Wesen befreit worden. Warum ist das so? Das ist so, weil kein Bodhisattva, der ein wahrer Bodhisattva ist, an der Vorstellung eines »Ich«, eines Ich-Daseins, einer Persönlichkeit, eines Wesens oder einer gesonderten Individualität festhält.*

Das Studium des Buddhismus, erklärte Dogen, ist das Studium des Selbst. Um das Selbst zu studieren, muß man das Selbst vergessen. Aber wie soll man das Selbst vergessen, das so allgegenwärtig ist? Wie viele Male am Tag benutzen wir das Wort »ich«, wie oft denken wir es? Alle unsere Werte haben ihren Ursprung im Ich. Alles wird nach den Maßstäben des Ich beurteilt. Bei der Nachricht, daß in China 100.000 Menschen getötet wurden, wären wir erschüttert; bei der Nachricht, daß in Europa 10.000 Menschen oder im benachbarten Bundesland 1.000 Menschen getötet wurden, wären wir nicht minder erschüttert. Wie schockiert wären wir erst, wenn hundert Menschen in der Stadt, in der wir leben, oder zehn Menschen in unserer Straße getötet worden wären. Aber das alles wäre nicht zu vergleichen mit der furchtbaren Wirkung, die es auf uns hätte, wenn ein Mensch in unserem eigenen Haus getötet worden wäre. Das Ich zu vergessen scheint unmöglich, bis wir erkennen, daß Ich im Grunde nicht etwas ist.

Ein japanisches Haiku lautet:

Diesen Weg
geht niemand
an diesem Herbstabend.[8]

Niemand ging zurück in Tokusans Zimmer. Wer, oder was, ist dieser Niemand? Was meint Buddha, wenn er sagt: »Kein Bodhisattva, der ein wahrer Bodhisattva ist, hält an der Vorstellung eines ›Ich‹ fest«? Die Antwort hierauf unmittelbar, ohne Gedanken oder Worte, zu wissen heißt, das Selbst zu vergessen, niemand zu sein. Das heißt auch, Tokusan zu werden, wie er zurück in sein Zimmer geht. Darüber nachzudenken, um es zu verstehen, hat keinen Zweck, genausowenig wie das Essen einer Speisekarte den Hunger stillt.

8 *Haiku. Japanische Gedichte*, übers. v. Dietrich Krusche (München: dtv, 3. Aufl. 1995). (Anm. d. Übers.)

Ganto sagt, Tokusan wisse das letzte Zen-Wort nicht. Was ist dieses Wort, was ist jedes Wort? Manche denken, es sei ein Etikett, das auf die Dinge geklebt würde, und unsere Übung bedeute einfach, die Etiketten wieder abzulösen. Doch Worte sind magisch. In der Schöpfungsgeschichte heißt es: »Und Gott sprach: Es werde Licht!« Gott *sprach* das oder, wie Leonard Bernstein einmal notierte: »Gott sang es.« Wie auch immer, der schöpferische Akt war das Aussprechen des Wortes. Im Neuen Testament heißt es: »Im Anfang war das Wort«. Die jüdische Kabbala sagt, daß die Welt durch zehn Aussprüche erschaffen worden sei. Wieder: das Wort. Leider werden wir durch Zeitungen, Zeitschriften, Bücher, Anzeigen, Filme und Vorträge mit Worten überschwemmt; sie sind jetzt so billig, daß wir sie millionenfach vergeuden. Und trotzdem haben wir das echte Wort verloren, das lebendige Wort, und leben daher in einer Schattenwelt.

Wenn Worte Welten erschaffen, was erschafft dann Worte? Wie könnten wir das benennen? Dogen ermunterte seine Mönche, das Undenkbare zu denken. Es ist das Undenkbare, was denkt, und das Unaussprechliche, was spricht. Man muß das letzte Wort sagen, ohne den Mund zu öffnen, und um dieses Wort zu wissen, muß man schon über alles hinausgegangen sein.

Ein Mönch sagte zu einem anderen Mönch: »Mit nichts ging ich zu meinem Lehrer und mit nichts kam ich zurück.« Der zweite Mönch fragte: »Warum bist du dann zu deinem Lehrer gegangen?« Der erste erwiderte: »Wie würde ich sonst wissen, daß ich mit nichts hinging und mit nichts zurückkam?«

»Hältst du nichts von meiner Lehre?« fragte Tokusan, und Ganto flüsterte ihm etwas zu. Tokusan wird wohl das *Diamant-Sutra* gelehrt haben. Ist es möglich, daß Ganto das mißbilligt hat? Das *Diamant-Sutra* ist einer der wichtigsten Texte der Zen-Buddhisten. Aber was lehrt es wirklich, und wie soll man es verstehen?

Kaiser Wu, derjenige, der Bodhidharma zu Gast gehabt hatte, lud einmal den berühmten Zen-Laien Fu Daishi dazu ein, einen Vortrag über das *Diamant-Sutra* zu halten. Auch die wichtigsten Personen der Region wurden zu diesem Ereignis eingeladen. Im 67. Koan des *Hekigan-roku* schildert Setcho, was geschah: »Fu Daishi näherte sich dem Pult und gab ihm mit seinem Stock einen Hieb. Dann drehte er sich um und ging. Der Kaiser war sprachlos.«

Im *Diamant-Sutra* heißt es auch:

> *Daher, Subhuti, sollte der Bodhisattva, das große Wesen, einen Gedanken der vollständigen, rechten und vollkommenen Erleuchtung erzeugen. Nicht auf Form gestützt sollte ein Gedanke erzeugt werden, nicht auf Klang, Geruch, Geschmack oder Geistesobjekte gestützt sollte ein Gedanke erzeugt werden, nicht auf Dharmas gestützt sollte ein Gedanke erzeugt werden, auf gar nichts gestützt sollte ein Gedanke erzeugt werden. Ein Bodhisattva sollte den Geist wecken, ohne ihn bei etwas verweilen zu lassen.*

Was war das für eine Rede, die Tokusan seinen Mönchen hielt und die Ganto so gefiel? Vielleicht kann der folgende Dialog weiterhelfen, den Hyakujo mit einigen Dharma-Meistern, den Universitätsprofessoren seiner Zeit, führte.

Die Dharma-Meister fragten ihn: »Meister, was für ein Dharma lehrst du, um andere zu befreien?« Hyakujo erwiderte: »Dieser arme Mönch hat keine Lehre, durch die andere befreit werden könnten.« Die Dharma-Meister riefen aus: »Es ist doch mit allen Zen-Meistern immer das gleiche!« Hyakujo fragte sie nun seinerseits: »Was für ein Dharma lehrt ihr Tugendhaften denn, um andere zu befreien?« Die Dharma-Meister erwiderten: »Das *Diamant-Sutra*.« Hyakujo fragte sie daraufhin, wie oft sie es gelehrt hätten, und sie antworteten: »Oh, mehr als zwanzigmal.« »Wessen Worte sind das im *Dia-*

mant-Sutra?« fragte Hyakujo. Die Meister waren darüber ziemlich entsetzt und sagten: »Meister, das ist ja wohl nicht dein Ernst! Jeder weiß, daß es der Buddha war, der es darlegte.« Hyakujo gab daraufhin zurück: »Also, dieses Sutra sagt: ›Wenn jemand behauptet, der Tathagata lege das Dharma dar, verleumdet er damit den Buddha! Solch ein Mensch wird niemals verstehen, was ich meine.‹ Wenn ihr nun sagt, es wäre nicht vom Buddha dargelegt worden, setzt ihr das Sutra herab. Würdet ihr Tugendhaften mich bitte wissen lassen, was ihr dazu zu sagen habt?«

Hat Tokusan eine Rede gehalten?

Wenn kein Vogel singt,
Ist der Berg noch stiller.

– Aus: *A Zen Forest*, übersetzt von Sōiku Shigematsu

14 *Nansen schneidet die Katze entzwei*

Die Mönche der östlichen Zen-Halle stritten sich einmal mit den Mönchen der westlichen Zen-Halle um eine Katze. Nansen hielt die Katze hoch und sagte: »Mönche, wenn ihr ein Zen-Wort sagen könnt, werde ich die Katze verschonen. Wenn nicht, werde ich sie zweiteilen.« Niemand konnte antworten, also schnitt Nansen die Katze entzwei.

Als Joshu am Abend zurückkehrte, berichtete ihm Nansen, was geschehen war. Joshu zog sich auf der Stelle die Sandale aus, legte sie sich auf den Kopf und ging fort. Nansen sagte: »Wenn du dabeigewesen wärst, hätte ich die Katze verschont.«

Mumons Kommentar

Sag mir, was meinte Joshu, als er sich die Sandale auf den Kopf legte? Wenn du mir hierzu ein Kehrwort geben kannst, wirst du sehen, daß Nansen seinen Beschluß mit vollem Recht ausführte. Kannst du es nicht, dann nimm dich in acht!

Mumons Vers

Wäre Joshu dabeigewesen,
Hätte er das Gegenteil getan;
Wenn das Schwert entrissen wird,
Fleht selbst Nansen um sein Leben.

Kommentar

Dem Zen-Wort sind wir schon in früheren Koans begegnet. Gutei wurde von einer Nonne aufgefordert, ein Zen-Wort zu sagen, und Tokusan wurde beschuldigt, es nicht zu kennen. Ein Zen-Wort ist ein Wort, das man ausspricht, ohne den Mund zu öffnen. Dieses Wort war es, das Joshu sagte, nachdem Nansen ihm die Geschichte von der zweigeteilten Katze erzählt hatte.

Die Mönche stritten sich um eine Katze. Wahrscheinlich behaupteten einige, die Katze gehöre ihnen, während andere darauf bestanden, daß es ihre sei. Nansen fordert ein Zen-Wort.

Was ist ein Streit? Manche Leute streiten sich um eine Katze, andere um Land, wieder andere um einen Gegenstand, doch im wesentlichen dreht sich ein Streit immer um eine Ansicht, und eine Ansicht ist im Grunde eine Art, etwas zu sehen, manchmal eine Art, die Welt zu sehen, oder *Weltanschauung*. Mit dieser Weltanschauung trenne ich *meine* Welt von *der* Welt ab. Was nach der Trennung draußen bleibt, halte ich für unwichtig. Auf alten Landkarten wurde früher das, was unbekannt war, als Reich von Dämonen und Ungeheuern dargestellt, das man am besten vermied oder, was auf das gleiche hinausläuft, ignorierte.

Ein Problem entsteht, wenn ich dich treffe: Statt einer einzigen und ganzen Welt stehen sich zwei Welten gegenüber. Die Geschichte der Menschheit und der Aufstieg und Fall der Kulturen gehen auf dieses Problem zurück. Was eigentlich ein le-

bendiges, leuchtendes Ganzes ist, spalten wir zwischen uns in zwei Teile und behaupten von jedem, er sei *die* Welt. Mit Gesetzen, Sittenkodexen, Regeln, Zeremonien und Ritualen wird versucht, die verlorene Einheit wiederzufinden, indem sie meine Welt in unsere Welt verwandeln. Das verschiebt das Problem, löst es aber nicht. Statt meiner Welt, die deiner Welt gegenübersteht, gibt es jetzt unsere Welt, die eurer Welt gegenübersteht: unsere Familie, unsere Gemeinschaft, unser Volk, unsere Nation, unsere Denkweise, unsere Welt versus deren Welt.

Es ist unsere Welt, weil es meine ist, und du bist, so nehme ich an, bereit zu akzeptieren, daß es meine ist. Aber soweit es dich betrifft, ist es unsere, weil es deine ist, und ich bin, so nimmst du an, bereit zu akzeptieren, daß es deine ist. Beziehungen sind so unbeständig, weil sie sowohl von meiner Art, die Dinge zu sehen, abhängen als auch von deiner Art, die Dinge zu sehen. Das heißt, daß Beziehungen an einem so trivialen Streit wie darüber, wem eine Katze gehört, zerbrechen können. Ihre Brüchigkeit zeigt sich auch in der Tatsache, daß sie von einer so banalen Sache wie einem Tischtennisspiel wieder ins Lot gebracht werden können, wie das zur Zeit Nixons beim Konflikt zwischen den Vereinigten Staaten und China der Fall war.

Eine beständige Welt gibt es nur durch Vertrauen. Was kann Vertrauen ersetzen, wenn es verloren ist? Armeen, Polizei, Nationalgarden und Geheimdienste – nichts, was kein Vertrauen mehr als Grundlage hat, kann die Einheit zurückbringen. Doch was ist Vertrauen? Was bedeutet es, wenn ich zu jemandem sage: »Ich vertraue dir«? Einfach die Worte auszutauschen gegen »jemandem glauben« oder »sich auf jemanden verlassen können« beantwortet die Frage nicht, sondern steckt sie nur in ein anderes Kleid. Was ist Vertrauen oder Glaube?

Dieses Koan erscheint auch im *Hekigan-roku*. Genauer gesagt, es erscheint dort als zwei Koans. Das erste hört da auf, wo Nansen die Katze zweiteilt; das zweite erzählt von Joshus Reaktion, oder vielleicht besser: seiner Aktion. In seiner Einführung zu ersterem Koan sagt Engo: »Wo der Weg der Vorstellungen nicht weiterführt, dorthin mußt du deine Aufmerksamkeit richten; wo Erklärung scheitert, dorthin mußt du deinen Blick lenken.« Ich glaube, es war Paulus, der sinngemäß gesagt hat, Vertrauen sei das Wesen der ungesehenen Dinge. Das ist wirklich so. Vertrauen ist das Wesen aller Dinge, der gesehenen und der ungesehenen, denn *Vertrauen ist im Sehen, im Wissen*. Wir können sogar sagen, Vertrauen *ist* Wissen. Vertrauen erstarrt zu Glaube, und wir verlieren unser Leben, wenn wir Vertrauen *zu* Gott oder Buddha oder der Meinung der Gruppe haben. Doch wenn wir sagen, Vertrauen sei Wissen, begehen wir leider genau den Fehler, den Nansen bei den Mönchen richtigstellen möchte. Wir können nicht sagen, was Vertrauen ist, aber das läßt sich sagen: Wenn ich mir meine oder unsere Welt gegen die Welt eines anderen errichte, töte ich die Welt. Ein Zen-Wort wird die Spaltung heilen, indem es die der

Welt zugrundeliegende Wirklichkeit zeigt, die die Mönche durch ihr Streiten in zwei Teile zerreißen. Deshalb fordert Nansen ein Zen-Wort, und als er es von den Mönchen nicht bekommen konnte, gab er es ihnen selbst.

Aber wozu muß die Katze umgebracht werden? Es handelt sich hier um eines der Koans, die nicht verstanden werden, wenn man den Geist von Koans nicht erfaßt. Ich erinnere mich, wie ich einen Mönch sagen hörte: »Zen ist kein Spiel; du mußt bereit sein, dein Leben zu riskieren.« Das Leben, das wir riskieren, ist das Leben des Ego, das Leben, das auf Kosten von anderen geführt wird.

Jesus sagte: »Ich bin nicht gekommen, Frieden zu bringen, sondern das Schwert.« Es war das Schwert des Todes und der Auferstehung. Hat er nicht auch gesagt: »Wahrlich, wahrlich, ich sage euch: Wenn das Weizenkorn nicht in die Erde fällt und erstirbt, so bleibt's allein; wenn es aber erstirbt, so bringt es viel Frucht. Wer sein Leben lieb hat, der wird's verlieren«? Mumon sagt in seinem Kommentar zu Joshus »Mu!«, was geschehen wird, wenn du in das Koan geschaut hast: »Triffst du den Buddha, wirst du ihn töten; begegnest du den Patriarchen und Meistern, wirst du sie töten.« Der Buddha und die Patriarchen sind das, was wir wertschätzen; sie sind das Leben, das wir verlieren müssen, und sind die vielen Hindernisse auf unserem Weg.

Wer das liest, könnte jetzt sagen: »Ich kann ja verstehen, weshalb Jesus gesagt hat, wir müßten sterben, um das ewige Leben zu erlangen, aber was ist mit der Katze? Warum muß die Katze umgebracht werden? Die Katze ist ja schließlich nicht ich.« Genau in diesem Moment wird die Katze getötet. Es heißt, daß das Prajna-Schwert, das Schwert, mit dem Nansen die Katze tötete, ein Schwert ist, das nicht entzwei-, sondern in-eins-schneidet. Den Buddha am Leben zu lassen heißt, zwei Welten zu haben: Buddhas Welt und meine Welt. Die Katze am Leben zu lassen heißt, die eine Hälfte der Katze in der Welt der

Mönche des Ostflügels zu haben und die andere Hälfte in der Welt des Westflügels.

Im *Hekigan-roku* sagt Setcho:

Verloren in Gedanken,
führten die Mönche beider Hallen
Einen zermürbenden Krieg.
Zum Glück war Nansen da;
Seine Worte und Taten waren eins.
Jenseits von richtig und falsch
Schnitt er die Katze entzwei.

15 Tozans sechzig Schläge

Tozan kam zu Ummon, um von ihm zu lernen. Ummon fragte ihn: »Woher kommst du?« »Aus Sato«, erwiderte Tozan. »Wo hast du den Sommer verbracht?« »Ich war im Kloster von Hozu, südlich des Sees.« Ummon fragte weiter: »Wann bist du von dort abgereist?« Tozan erwiderte: »Am 25. August.« »Dir werde ich keine sechzig Schläge geben«, sagte Ummon.

Am nächsten Tag kam Tozan zu Ummon und fragte nach: »Gestern hast du gesagt, du würdest mir keine sechzig Schläge geben. Bitte, ich möchte dich fragen: Was habe ich falsch gemacht?« »Oh du nichtsnutziger Taugenichts!« rief Ummon. »Was bringt dich dazu, ständig herumzuziehen, mal westlich des Flusses, mal südlich des Sees?« Bei diesen Worten kam Tozan zu großem Erwachen.

Mumons Kommentar

Die ganze Nacht lang wälzte sich Tozan im Meer von ja und nein und konnte nirgendwohin gelangen. Er befand sich in einer ausweglosen Situation. Als endlich der Morgen anbrach, ging er zu Ummon zurück, und Ummon gab ihm wieder ein Bilderbuch des Zen. Obwohl Tozan zum Erwachen gebracht wurde, könnte man ihn nicht hervorragend nennen.

Nun, ich möchte dich fragen: Hätte Tozan geschlagen werden sollen oder nicht? Sagst du ja, dann sagst du damit, daß die ganze Welt geschlagen werden sollte. Sagst du nein, sagst du dann damit, daß Ummon ein Dummkopf ist und ein Tyrann? Wenn du das Geheimnis wirklich erfahren kannst, wirst du den Zen-Geist durch den Mund von Tozan atmen können.

Mumons Vers

Die Löwin lehrt ihre Jungen auf Umwegen:[9]
Um sie anzuspornen, stößt sie sie weg.
Schnell wissen sie sich zu helfen und rennen zurück.
Achtlos kam er erneut zu Ummon, wurde aber
matt gesetzt;
Der erste Pfeil war nur ein Kratzer,
doch der zweite ging tief.

Kommentar

Woher kommst du? Das ist eine harmlose Frage. Sehr wahrscheinlich war sie üblich. In China wanderten damals viele Mönche von Kloster zu Kloster; einige waren wirklich auf der Suche nach einem Lehrer, mit dem sie sich verbunden fühlen konnten, bei dem sie bleiben und mit dem sie arbeiten konnten; andere wanderten um des Wanderns willen oder weil sie nicht zur Ruhe kommen konnten oder weil sie vor etwas wegliefen. »Woher kommst du?« wird eine ganz selbstverständliche Frage gewesen sein, ähnlich wie wir heute oft fragen: »Was machst

9 Es heißt, daß eine Löwin ihre geliebten Jungen, wenn sie drei Tage alt sind, von den Felsen in einen tiefen Abgrund stürzt. Sie kümmert sich nur um die vielversprechenden Kleinen, welche die Felsen wieder erklettern, und läßt die anderen im Stich, die den Mut dazu nicht haben.

du?« Die Antwort hilft uns, den Betreffenden einzuordnen. Nimm einmal an, jemand würde antworten: »Nichts.« Wie würdest du reagieren? Wahrscheinlich würdest du an Arbeitslosigkeit, Ruhestand oder Faulheit denken.

Auch Tozans Antwort war ganz selbstverständlich: »Ich war im Kloster von Hozu, südlich des Sees.« Genauso selbstverständlich war seine nächste Antwort als Erwiderung auf die Frage, wann er von dort abgereist sei. Warum war Ummon dann so aufgebracht, daß er, im Grunde, sagte: »Du bist es nicht einmal wert, daß man dich schlägt«?

Versetze dich einmal in Tozans Lage. Stell dir vor, du hörst von einem Zen-Zentrum mit einem hervorragenden Lehrer und beschließt, dorthin zu reisen, nicht per Flugzeug und Taxi, sondern zu Fuß. Nach gewaltigen Anstrengungen und nicht ganz ungefährlichen Erlebnissen kommst du endlich an, klopfst an die Tür, vielleicht ein bißchen nervös, sicherlich müde, aber doch voller Eifer und Hoffnung. Du wirst nicht hereingebeten, statt dessen fragt man dich, noch bevor du dich richtig vorstellen kannst: »Woher kommst du?« Du antwortest, vielleicht mit einem höflichen Lächeln. »Wann bist du von dort abgereist?« »Vor zwei Wochen.« Urplötzlich fällt dieser Kerl vor dir über dich her wie eine Lawine nassen Schnees, schreit dich an, zu verschwinden und seine Zeit gefälligst nicht zu verschwenden, beschimpft dich, und so weiter. Wie würdest du reagieren? Ärgerlich? Erstaunt? Verwirrt? Ängstlich, was er als nächstes tun wird? Tief enttäuscht? Schuldbewußt? Wahrscheinlich wärst du alles auf einmal und noch mehr.

Das Koan fährt einfach damit fort, wie Tozan am nächsten Tag zu Ummon geht und ihn fragt, worin sein Fehler bestand. Ausgelassen wird das, was zwischen Tozans Weggang von Ummon und seiner Rückkehr geschah. Geben wir es ruhig zu, die meisten von uns hätten auf dem Absatz kehrtgemacht und wären auf Nimmerwiedersehen verschwunden, wahrscheinlich nicht ohne Ummon als rücksichtslosen, ignoranten Idioten zu verfluchen und ihm alles an den Kopf zu werfen, was uns gerade einfällt. Tozan hat das nicht getan. Warum nicht? Das ist der Zugang zum Koan. Unter der ganzen Schimpfkanonade muß etwas zu Tozan durchgedrungen sein. Aber was?

In der folgenden Geschichte entfaltet sich eine ähnliche Situation. Ein Mönch fragte Rinzai: »Was ist eine Person ohne Rang?« Rinzai erhob sich von seinem Meditationssitz, packte den Mönch am Kragen, schlug ihm ein paarmal ins Gesicht, stieß ihn fort und schrie: »Was für ein wertloses Stück Müll ist dieser Mann ohne Rang!« Dann sagte jemand zu dem Mönch: »Warum verneigst du dich nicht?« Der Mönch kam zum Erwachen.

Verwirrt, erstaunt, ratlos – doch inmitten dieses Durcheinanders kommt er zum Erwachen. Als Joshu gefragt wurde: »Wenn von allen Seiten, aus allen vier Richtungen, langsam und unaufhaltsam das Gebirge auf dich zukommt, was dann?«, antwortete er: »Gerade das Ausweglose ist Joshu!« Wenn man verwirrt, bedrückt und ratlos ist, was dann? Gerade das Ausweglose ist Joshu.

Mumon faßt die Große Arbeit in wenigen Worten zusammen. Er sagt: »Die ganze Nacht lang wälzte sich Tozan im Meer von ja und nein und konnte nirgendwohin gelangen. Er befand sich in einer ausweglosen Situation.« Wenn man verstehen kann, weshalb Tozan von Ummon nicht fortging, wird man auch verstehen, was Mumon mit dem langen nächtlichen Kampf im Meer von Ja und Nein meint.

Der britische Philosoph F. H. Bradley drückte sich weitschweifiger, aber vielleicht anschaulicher aus, als er schrieb:

> *Die Schatten sprechen nirgends ohne Blut, und die Geister der Metaphysik geben sich nicht mit Ersatz zufrieden. Sie offenbaren sich nur jenem Opfer, dessen Leben sie ausgesaugt haben, und um sich mit Schatten zu unterhalten, muß es selbst ein Schatten werden.*

> *Der Mensch, dessen Natur derart ist, daß seine Sehnsucht auf einem Weg allein Erfüllung findet, wird versuchen, sie auf diesem Weg zu erreichen, was immer dieser Weg ist und was immer die Welt davon halten mag; tut er es nicht, ist er verachtenswert. Selbstaufopferung ist zu oft das »große« Opfer als Tauschgeschäft, das billige Weggeben von Wertlosem. Zu wissen, was man möchte und keinesfalls daran zu zweifeln, daß man es erreichen wird, mag ein härterer Selbstverzicht sein.*[10]

Tozan ging durch die dunkle Nacht der Seele, eine dunkle Nacht, durch die jeder Anwärter auf die Wahrheit gehen muß. Ohne nach der Gerechtigkeit gehungert und gedürstet zu haben, wie Jesus sagen würde, ohne sich selbst von allem entleert zu haben, ohne den Grund berührt zu haben, wird man nicht erfüllt werden. Ein Zitat von Nisargadatta sagt es kurz und bündig: »Wie auch immer du es nennst: Wille oder feste Entschlossenheit oder Einsgerichtetheit des Geistes – du kommst immer wieder auf Ernsthaftigkeit, Aufrichtigkeit, Ehrlichkeit zurück. Wenn es dir absolut ernst ist, beugst du jedes Ereignis, jede Sekunde deines Lebens deinem Ziel. Du verschwendest keine Zeit und Energie mit anderen Dingen, du gibst dich völlig hin, nenne es Wille oder Liebe oder reine Ehrlichkeit. Wir sind komplizierte Geschöpfe, die nach innen und außen Krieg führen. Wir sind ständig mit uns im Widerspruch und machen heute zunichte, was wir gestern getan haben. Kein Wunder, daß wir feststecken. Ein wenig Integrität würde einen großen Unterschied machen.«[11]

Eine der inspirierendsten Geschichten, wie jemand zum Erwachen gekommen ist, wird von Hsü-yün in seiner Autobiographie erzählt. Hsü-yün starb 1959 im Alter von etwa hun-

10 Zitiert nach Sushil Kumar Saxena: *Studies in the Metaphysics of Bradley* (New York: Allen and Unwin 1967).

11 Aus: *I Am That.*

dertzwanzig Jahren. Er war einige Zeit zuvor von der Roten Garde in China schwer mißhandelt worden und hatte sich von den Schlägen nie ganz erholt. Sein Erwachen ereignete sich, als er schon weit über fünfzig Jahre alt war.

Hsü-yün befand sich auf dem Weg zu einem *Sesshin* (d. s. intensive zen-buddhistische Übungstage). Er lief am Ufer eines nach Regenfällen reißenden Flusses entlang, als er plötzlich ausrutschte und ins Wasser fiel. Er erzählt, daß er »einen Tag und eine Nacht lang auf dem Wasser schaukelte, bis ich an den Landesteg von Ts'ai Shih getrieben wurde, wo ein Fischer mich in seinem Netz fing.« Hsü-yün blutete heftig aus allen Körperöffnungen, doch als er sich einigermaßen erholt hatte, setzte er seinen Weg zum Kloster fort. Der Abt des Klosters bat ihn, einige vorbereitende Arbeiten für das Sesshin zu übernehmen, aber Hsü-yün war so erschöpft, daß er ablehnen mußte. Dem Abt eine Bitte abzuschlagen galt nach den Klosterregeln als Affront gegen die ganze Gemeinschaft; Hsü-yün wurde dieses Vergehens beschuldigt und mit einem hölzernen Stock bestraft. Das verschlimmerte seinen Zustand; er blutete unaufhörlich. »Auf mein Ende gefaßt, saß ich Tag und Nacht unerschütterlich und mit wachsender Hingabe in der Meditationshalle. In der klaren Unbeirrbarkeit meines Geistes vergaß ich meinen Körper.« Zwanzig Tage später waren alle seine Gebrechen völlig verschwunden. Eines Nachts, das Sesshin war schon weit vorgerückt, wurde Tee serviert; ungeschickt vergoß der Diener heißes Wasser über Hsü-yüns Hand und verbrühte sie. Vor Schreck ließ Hsü-yün die Tasse fallen, und sie zerbrach. In diesem Augenblick kam er zu tiefem Erwachen.

Der Mut und die Entschlossenheit, deren es bedurfte, um mit dem scheinbar sicheren Tod vor Augen zu sitzen, waren gewaltig. Weiterzumachen, nachdem er von der Gemeinschaft praktisch zurückgewiesen worden war; sich nicht zu rechtfertigen oder zu erklären und so seine Kräfte sinnlos zu vergeuden – dazu waren Ernsthaftigkeit, Aufrichtigkeit, Ehrlichkeit erforderlich. Kierkegaard, der dänische Philosoph, sagte: »Reinheit des Herzens heißt, eines zu wollen.« In Hsü-yüns Fall wie auch in dem von Tozan hätte es bedeutet, *nicht eines* zu wollen. Tozan wäre gar nicht fähig gewesen, eines zu wollen, weil er nicht wußte, was er wollte.

Wie Mumon bemerkt, befand sich Tozan in einer ausweglosen Situation. Er war wie eine Ratte in einem Bambusrohr, um Hakuins Ausdruck zu gebrauchen. Er konnte weder vor noch zurück. Aber er konnte auch nicht bleiben, wo er war. Er ging erneut zu Ummon und wurde wieder beschimpft. Doch dieses Mal zersprang die Burg aus Eis, Tozan brauchte nirgendwo mehr hinzugehen. Sein geistiger Zustand in diesem Moment könnte so ausgedrückt werden:

> *Jahrelang litt ich in Schnee und Eis;*
> *Nun überraschen mich fallende Weidenkätzchen.*

Wie würdest du die Frage beantworten: »Woher kommst du?« In seinem Kommentar gibt Mumon einen wertvollen Hinweis, wenn er fragt, ob Tozan hätte geschlagen werden sollen oder nicht. »Sagst du ja, dann sagst du damit, daß die ganze Welt geschlagen werden sollte. Sagst du nein, sagst du dann damit, daß Ummon ein Dummkopf ist und ein Tyrann?« Warum sollte die ganze Welt geschlagen werden, wenn Tozan geschlagen werden sollte, und was hat das mit der Frage zu tun?

Der Bericht einer Frau, die wahrscheinlich keinerlei Zen-Erfahrung hatte und nichts über Zen wußte, gibt einen Fingerzeig: »Ich stand allein am Rande einer niedrigen Klippe; vor mir öffnete sich ein kleines Tal bis zum Meer. Es war später Nachmittag oder früher Abend, und der Himmel war voller Vögel, vielleicht Schwalben. Plötzlich war mir so, als hätte mein Geist einen anderen Gang eingelegt oder auf eine andere Sicht der Dinge umgeschaltet. Ich sah immer noch die Vögel und alles um mich herum, doch anstatt sie von meinem Platz aus anzusehen, war ich sie, und sie waren ich. Ich war auch das Meer und der Klang des Meeres und das Gras und der Himmel. Alle Dinge und ich waren dasselbe, alle eins ... Ich war erfüllt, durchströmt von Glück und Frieden. Alles war *richtig*. Ich weiß nicht, wie lange es gedauert hat, wahrscheinlich eine Sekunde oder zwei. Ich habe dann gehört, daß es sich um eine frühe Phase von Bewußtheit eines verzweifelten Bedürfnisses nach Einssein handelt, einem Einssein, nach dem jene, die sich mit diesen Dingen beschäftigen, mit all ihrer Kraft streben.«

Als Zen-Meister Bunan zum Erwachen gelangte, schrieb er folgendes Gedicht:

Der Mond ist derselbe alte Mond
Die Blumen sind genau wie immer
Aber jetzt bin ich
Die Dingheit der Dinge.

16 Ummons »Die Welt ist unermeßlich und weit«

Ummon sagte: »Die Welt ist unermeßlich und weit; warum ziehst du beim Klang der Glocke deine siebenteilige Robe an?«

Mumons Kommentar

Den WEG zu lernen und Zen zu üben bedeutet allgemein, das Anhaften an Klänge und Formen zu vermeiden. Auch wenn man beim Hören eines Klanges zum Erwachen kommen oder der Geist durch das Wahrnehmen der Form eines Gegenstandes erleuchtet werden kann, so ist das trotzdem nur der gewöhnliche Weg der Dinge. Besonders ihr Zen-Mönche versteht nicht, wie ihr den Klang lenken, die Form benutzen, wie ihr den Wert einer jeden Sache, einer jeden Geistestätigkeit klar erkennen könnt. Aber auch wenn dem so ist, sag mir: Kommt der Klang zum Ohr oder geht das Ohr zum Klang? Doch wenn sowohl Klang als auch Stille vergessen sind, was kannst du über diesen Zustand sagen? Wenn du mit deinem Ohr hörst, ist es wirklich schwer, aber wenn du mit deinem Auge hörst, dann fängst du an, richtig zu hören.

Mumons Vers

Wenn du erleuchtet bist, sind alle Dinge wie aus einer Familie,
Aber wenn nicht, ist alles gesondert und getrennt.
Wenn du nicht erleuchtet bist, [macht es keinen Unterschied, denn es] sind alle Dinge wie aus einer Familie.
Und wenn du erleuchtet bist, [macht es auch keinen Unterschied, denn es] ist jedes einzelne Ding verschieden von allen anderen.

Kommentar

Stell dir ein Kloster ganz früh bei Tagesanbruch vor. Aus der Ferne klingt eine Glocke durch den Morgennebel. Ein Mönch steigt aus dem Bett und zieht sich, wie gewohnt, seine Robe an. Jemand fragt: »Die Welt ist unermeßlich und weit. Warum ziehst du dir die Robe an?«

Mir werden oft ähnliche Fragen gestellt: Warum rezitiert ihr und verbeugt euch vor Buddha? Warum verbringt ihr soviel Zeit mit Meditation? Sind Zen-Übungen nicht jenseits aller Form?

Am Montreal Zen Center gibt es nur ganz wenige Rituale und Zeremonien, weil wir der Meinung sind, sie sollten sich aus dem Augenblick ergeben und nicht von außen aufgezwungen sein. Japanische Rituale sind wunderschön anzuschauen, ebenso die Roben und Utensilien der Mönche und Priester. All dieses ist in Japan aus Jahrhunderten der Übung und aus dem Erwachen vieler Menschen erwachsen. Diese Rituale hier im Westen für uns selbst zu übernehmen, ohne daß wir bisher ihren Preis bezahlt haben, wäre wie kultureller Diebstahl. Aber nun überhaupt kein Ritual zu haben, erscheint zu nackt, zu kahl, und es lauert immer die Gefahr, daß sich ein Personenkult um den Lehrer entwickelt. Daher haben wir ein paar Zeremonien und Rezitationen beibehalten: die vier Gelöbnisse, den Lobgesang auf Zazen, die Rezitation der *Prajnaparamita Hridaya* und die drei Niederwerfungen. Wir tragen auch Roben, aber eher aus praktischen als aus zeremoniellen Gründen. Doch obwohl wir nur so wenige Rituale haben, fragen die Leute immer noch: Wozu überhaupt Rituale?

Im Koan liegt allerdings eine schwerwiegendere Frage verborgen, auf der auch die Frage nach den Ritualen beruht: »Wozu Zazen üben? Wozu sich überhaupt irgendeiner Disziplin unterwerfen? Ist nicht Zen der Weg der Großen Befreiung?«

Vor vielen Jahren war ich einmal bei dem Vortrag eines Mannes aus dem Westen, der ein paar Monate in einem buddhistischen Kloster im Fernen Osten verbracht hatte. Weil er es in diesen wenigen Monaten nicht besser gelernt hatte, verwechselte er immer noch willkürliches Verhalten mit Freiheit. Während seiner Rede stand er hinter einem kleinen Tisch, auf den jemand aufmerksam ein kleines Holztablett mit einem Krug Wasser und einem Glas gestellt hatte. Auf dem Tisch lag ein Tuch; es war offensichtlich, daß alles mit viel Achtung hergerichtet worden war. Irgendwann während seines Vortrags verkündete der Mann plötzlich: »Sehen Sie, ich bin frei! Uneingeschränkt frei!«, packte zur Betonung den Tisch und schleuderte mit einer einzigen Handbewegung Tisch, Tuch, Krug, Wasser und Glas durch die Luft. Es gibt wohl kaum ein besseres Beispiel dafür, was Zen mit Freiheit *nicht* meint. Leider hat das *scheinbar* anarchistische, das verrückte Verhalten einiger Zen-Mönche zusammen mit der *scheinbaren* Anti-Intellektualität, Anti-Vernunft des Zen im Westen sehr viel Anklang gefunden. Das Wort *scheinbar* ist aus gutem Grund hervorgehoben. Dennoch ist dieses »verrückte« Zen ein Verkaufsschlager geworden, und einige Leute aus Asien waren schnell dabei, es kommerziell zu nutzen – ganz zu schweigen von den Ausschweifungen, die manchmal in seinem Namen praktiziert werden.

Dieselbe Freiheitsmanie gibt es auch in der modernen Kunst. Der Glaube, der Künstler sei frei, wenn er keine Einschränkungen habe, ist ein Trugschluß. Hubert Benoit sagt es in seinem Buch *La Doctrine Suprême* deutlich: »Freiheit ist absoluter Determinismus«.

Wozu überhaupt irgend etwas tun? Manche Leute läßt diese Frage in einer anderen Weise nicht los. Sie finden alles, was sie tun, unbestimmt sinnlos. Sie sehen den Zweck, aber nicht den *Sinn*, und ohne diesen Sinn wird die Welt zu einer Wüste.

Ummons Frage beginnt mit: »Die Welt ist unermeßlich und weit.« Das erinnert an Bodhidharmas »weite Leere und nichts, was heilig genannt werden kann«. Oder auch, in unserem Zusammenhang: weite Leere mit nichts, was letztlich bedeutungsvoll genannt werden kann. Wozu dann die Robe anziehen, wozu auf der Meditationsmatte sitzen? Was ist der *Sinn*? Um das zu beantworten, müssen wir weite Leere ergründen.

Mumon scheint etwas Ähnliches wie Bodhidharma zu sagen, wenn er bemerkt: »Den WEG zu lernen und Zen zu üben bedeutet allgemein, das Anhaften an Klänge und Formen zu vermeiden.« Ist nicht Rezitieren ein Anhaften an Klang, ist nicht Zazen Anhaften an Form? Mumon fährt fort: »Ihr Zen-Mönche versteht nicht, wie ihr den Klang lenken, die Form benutzen, wie ihr den Wert einer jeden Sache, einer jeden Geistestätigkeit klar erkennen könnt ... Kommt der Klang zum Ohr oder geht das Ohr zum Klang?«

Höre einem Vogel zu, wie er singt. Der Vogel ist da drüben, in dem Baum da; er öffnet seinen Schnabel und legt los. Ohne den Vogel kein Singen. Du bist hier und hörst zu. Ohne dein Zuhören *für dich* kein Klang. Höre jetzt ganz aufmerksam zu, und stell dir Mumons Frage, die auch so formuliert werden kann: Wo fängt das Hören an und hört der Klang auf? Wo fängt der Klang an und hört das Hören auf? Bitte *denke* nicht darüber *nach*, sondern wende dich direkt dem Klang zu.

Denselben Versuch kannst du mit einer Berührung machen. Betaste die Buchseite; wieder treffen, so scheint es, zwei Dinge zusammen: die Seite, die »da draußen« ist, und das Gefühl, das »hier drinnen« ist. Anders ausgedrückt: Scheinbar treffen Selbst und Anderes zusammen. Um die Seite wirklich fühlen zu können, ist es am besten, die Augen zu schließen und die Hand einfach über das Papier streichen zu lassen. Wo hört das Fühlen auf und fängt das Papier an?

Buddha sagte: »Der Klang der Glocke dauert eine Zeitlang an; wie werden wir uns seiner bewußt? Kommt der Klang zum Ohr oder geht das Ohr zum Klang? Geht es nicht zum Klang, dann gibt es [so oder so] kein Hören. Deshalb muß man daraus schließen, *daß weder Hören noch Klang gesondert sind.* Irrtümlicherweise setzen wir Hören und Klang an zwei verschiedene Orte. *Ursprünglich handelt es sich nicht um eine Sache von Ursache und Wirkung.«*[12]

In der gleichen Weise setzen wir den Klang der Glocke und das Anziehen der siebenteiligen Robe an zwei verschiedene Orte; eins ist die Ursache, sagen wir, das andere die Wirkung. Kannst du erkennen, was das bedeutet? Wenn nicht, versuche noch einmal die Seite zu fühlen, und vergiß diesmal nicht, daß es wichtig ist, alle Gedanken loszulassen. Gibt es zwei oder gibt es nur eins? Das *Shurangama-Sutra*, aus dem all dies stammt, sagt uns: »Selbst in Träumen, wenn alles Denken still geworden ist, ist das Hörende noch wachsam.«

Dieser Versuch kann dir aber nur ein Bild geben. Wenn du durch das Fenster sehen willst, mußt du dich fragen, was »Die Welt ist unermeßlich und weit« bedeutet. Ergründe das, und du wirst erkennen, daß alle Dinge wie eine einzige Familie sind. Ergründest du es nicht, wirst du etwas in einer Welt von vielen

12 Hervorhebungen vom Verfasser.

»etwas« sein, einer zersplitterten Welt ohne Zusammenhang und Sinn. Selbst wenn du es nicht ergründest, ist die Welt immer noch ein zusammenhängendes Ganzes, aber es ist »meine« Welt, die von Angst und Aggression begrenzt wird, die von Gier und Verlangen gegen die Kräfte des »Unbekannten« und »Unbewußten« verteidigt wird. Doch wenn du es ergründest, ist alles, wie es ist. Im Zen heißt es: »Hoher Bambus ist hoch; kurzer Bambus ist kurz.«

Bevor wir dieses Koan verlassen: Wo bist du, wenn ein Vogel singt? Ergründe das, und du wirst wissen, warum du beim Klang der Glocke deine siebenteilige Robe anziehst.

17 *Der Lehrer der Nation ruft dreimal*

Der Lehrer der Nation rief dreimal seinen Diener, und dreimal antwortete der Diener. Der Lehrer der Nation klagte: »Ich habe immer befürchtet, dir nicht gerecht zu werden, doch eigentlich warst du es, der mir nicht gerecht geworden ist.«

Mumons Kommentar

Der Lehrer der Nation rief dreimal, und seine Zunge fiel auf den Boden. Der Diener antwortete dreimal hervorragend. Der Lehrer der Nation war alt und einsam; er hielt den Kopf der Kuh und versuchte, sie Gras fressen zu lassen. Den Diener ließ das gleichgültig; selbst herrliches Essen reizt den nicht, der satt ist.

Sag mir, wer ist wem nicht gerecht geworden und wann? Wenn das Land blüht, wird Begabung geschätzt. Wenn das Haus wohlhabend ist, sind die Kinder stolz.

Mumons Vers

Er trug ein eisernes Joch ohne Loch
Und hinterließ einen Fluch, um seine Nachkommen zu belästigen.
Wenn du das Tor und die Türen stützen willst,
Mußt du mit bloßen Füßen einen Schwerterberg erklettern.

Kommentar

Dieses Koan ist das dritte einer Dreiergruppe, zu der als erstes »Wakuans Bart« und als zweites »Zuigan ruft den Meister« gehören. Alle Koans sind Fenster zur wahren Natur, die ihrem Wesen nach ganz ist, Eins ist. Meistens denken wir uns Eins als passiv oder sogar als abstrakt. Als Abstraktion ist Eins das, was übrigbleibt, nachdem alle anderen Eigenschaften abgezogen worden sind. Wir verkennen, daß Eins ganz und gar nicht passiv ist, sondern höchst aktiv, höchst dynamisch. Man sollte Eins nicht als Substantiv, sondern als Verb sehen; Eins geht unaufhaltsam auf Eins zu, und zwar durch Eins. Vielleicht sollten wir statt von Eins besser von *dynamischer Einheit* sprechen.

Diese dynamische Natur der Einheit wird im Zen dadurch ausgedrückt, daß die Wahrheit *demonstriert* werden muß und es nicht reicht, einfach darüber zu reden. In der Einleitung haben wir die zwei Aspekte von Koans genannt, den wesensmäßigen und den funktionellen. Wir erwähnten das Koan, in dem ein Meister und ein Schüler zusammen ein Feld hacken, und der Schüler fragt den Meister: »Was ist es?« Der Meister hört einfach auf zu hacken, und der Schüler sagt: »Du hast das Wesen, aber nicht die Funktion.« Der Meister sagt: »Gut. Was ist es?«, und der Schüler hackt weiter. Ehe wir nicht diesen dynamischen, wesensmäßigen Aspekt von Einheit ergründet haben, können wir niemals das Schreien, Schubsen und Schlagen der Zen-Meister »verstehen«. Das »Kwatz!«, das Rinzai ausstößt, ist pure Dynamik.

Aber wenn Eins die Grundlage ist, wo kommt dann das Andere her? Oder noch direkter, auf diese drei Koans bezogen: Wenn es ist, wie Buddha sagte: »In Himmel und Erde bin ich allein der Erhabene«, welche Rolle spielst *du* dann dabei? Es handelt sich hier um ein Problem, das Legionen von Philosophen beschäftigt hat. Eine der Antworten: Die Welt ist nichts als ein Traum, den ich träume, und der ist schön für mich, aber nicht so toll für dich. Um dich in das Bild zu bringen, führen manche Lehrer das »Über-Selbst« oder »kosmische Bewußtsein« ein: Wir seien alle Teil eines einzigen großen Bewußtseins. Doch wenn wir ein kosmisches Bewußtsein erfinden, verkomplizieren wir nur die Frage, denn jetzt haben wir drei Elemente in der Gleichung: mich, dich und das kosmische Bewußtsein.

Beide Antworten – die Welt als Traum und die Idee eines »Über-Selbst« – schleichen sich unter dem Namen Buddha-Natur oder Selbst-Natur in viele Zen-Vorträge und -Texte ein. Aber vergessen wir nicht, daß Joshu auf die Frage des Mönches, ob ein Hund die Buddha-Natur habe, antwortete: »Nein!«

Diese drei Koans widmen sich, jedes auf seine Weise, der Frage: »Wie paßt du ins Bild?« oder »Wenn ich dynamische Einheit bin, welche Rolle spielt dann das Andere?«

Der Lehrer der Nation ruft seinen Diener. Jemanden zu rufen bedeutet von Natur aus: »Ich bin hier, du bist da drüben.« Der Diener hielt sich vielleicht gerade in seinem Zimmer auf; er meditierte oder las oder tat, was immer Mönche in ihren freien Stunden gerne tun. Der Meister möchte etwas und ruft: »Diener!« Der Diener steht auf und läuft zum Zimmer des Meisters: »Ja? Was möchtest du?« Das muß ein alltägliches Ereignis gewesen sein. Aber eines Tages ruft der Meister *drei*

Mal. Was zwischen den Antworten des Dieners und den erneuten Rufen des Meisters nach ihm geschieht, sagt das Koan nicht. Oder war überhaupt etwas dazwischen?

Seien wir einmal der Diener. Der Meister ruft einmal; das ist normal. Er ruft zweimal; na ja, vielleicht möchte er Gesellschaft. Aber dreimal! Das ist seltsam, was ist mit dem alten Kerl los? Mumon stellt eine ähnliche Frage: »Wer wird wem nicht gerecht und wann?« Aber bevor wir das beantworten können, müssen wir fragen: Wer ist der Meister und wer der Diener? Das ist genau dieselbe Frage, die wir offen bei Zuigan und unausgesprochen bei Wakuan gestellt haben.

Frage dich: »Wer bin ich?« oder »Was bin ich?« Um sich auf diese Frage einzulassen, muß man sie sich in ihrer ganzen Gegenständlichkeit stellen, in ihrer ganzen Daheit, oder Hierheit. Bist du etwas? Bist du eine Wahrnehmung, ein Gefühl, ein Gedanke? Offensichtlich nicht; das alles kommt und geht, aber es kommt und geht in bezug auf *dich*. Du wirst dich nicht einmal im Bewußtsein finden, denn jede Nacht legst du dein Bewußtsein beiseite und gehst schlafen. Was also bist du? Du bist nicht Nichts; Nichts ist eine reine Abstraktion. Diese Frage haben wir schon in »Keichus Rad« behandelt. Wer oder was also bist du? Einzig und allein durch die Tür deines Selbst wirst du zu dem Anderen gelangen, aber das soll nicht heißen, daß das Andere eine Projektion oder ein Traum ist; und es bedeutet auch nicht, daß du ein Träumer bist.

Der Meister sagte: »Ich dachte, ich wäre dir nicht gerecht geworden.« Diese Furcht hat ein Lehrer immer, wenn er andere im Zen anleitet. Je mehr man sagt, um so mehr verkompliziert man die Sache, und das zu sagen verkompliziert sie nur noch mehr. Harada Roshi meinte, daß er während seiner Zeit als Lehrer Wasser am Flußufer verkauft habe. Das Problem ist: Wenn man es aus dem Fluß nimmt und in einen Behälter schöpft, hat man es schon verunreinigt. Alles, was ein Lehrer tun kann, ist, den Schüler zu rufen. Aber selbst das ist zuviel;

schon hat man Wellen aufgeworfen, wo kein Wind ist. Wenn ich dich rufe, habe ich etwas aus dir gemacht. Es braucht nichts getan zu werden.

Die meisten Schülerinnen und Schüler versuchen den Ruf des Meisters zu *verstehen*. Sie fragen sich, warum der Lehrer ruft, was der Lehrer meint, warum er laut oder leise ruft, und so weiter. Und so ist der Lehrer gezwungen, noch einmal zu rufen, die Wunde zu vertiefen, wo sonst gesundes Fleisch wäre. Aber der gute Schüler läßt den Meister einfach reden, läßt ihn rufen. Er braucht nichts, nicht einmal dem Lehrer zu sagen, daß er nichts braucht. Nicht mehr ruft der Meister den Schüler, sondern der Schüler den Meister. Und schließlich, wie schon gefragt: Wer ist der Lehrer, wer der Schüler?

Ein Mönch fragte Hogen zu diesem Koan: »Was bedeutet es, daß der Lehrer der Nation den Diener ruft?« Hogen erwiderte: »Frag mich ein anderes Mal.« Doch wann wäre ein geeignetes Mal?

Joshu sagte als Antwort auf die gleiche Frage: »Es ist, wie wenn ein Mann in der Dunkelheit schreibt; die Buchstaben sind nicht ganz richtig, aber sie sind lesbar.« Selbst wenn der Meister dem Schüler nicht gerecht wird, ist das, was der Meister meint, immer noch da.

18 Tozans »Drei Pfund Flachs«

Ein Mönch fragte Tozan:
»Was ist Buddha?« Er antwortete:
»Drei Pfund Flachs.«

Mumons Kommentar

Der alte Tozan ist fast wie eine Muschel; kaum öffnet sie ihre beiden Schalen, zeigt sie schon ihre Leber und Eingeweide. Doch selbst wenn das so ist, sag mir: Wo können wir Tozan sehen?

Mumons Vers

»Drei Pfund Flachs« – ohne zu überlegen, spontan
kommt es heraus.
Die Worte und Bedeutung sind unteilbar eins.
Wer dies und das erklärt, ja und nein, das Relative
und das Absolute,
Ist selbst nur ein relativer Mensch.

Kommentar

Ein Mönch fragte Tozan: »Was ist Buddha?« Aber was für ein Mönch? Es ist unbedingt nötig, diese Frage zu stellen, denn ohne uns darüber im klaren zu sein, daß es kein gewöhnlicher Mönch war, können wir nicht erkennen, daß Tozans Antwort keine gewöhnliche Antwort war. Was ist Buddha?

Die »Ursünde« im Buddhismus ist Unwissenheit. Eigentlich handelt es sich dabei mehr um ein *Klesha* als um eine Sünde. Ein Klesha ist das, was uns selbst und anderen Leiden bringt, und der Boden aller Kleshas ist Unwissenheit. Sünde wiederum heißt, die Regeln zu brechen, Gottes Gebote zu mißachten. Sieht man sich die Gebote genau an, kann man erkennen, wie sie uns als Hilfe gedacht sind, daß wir nicht anderen und so letztlich auch uns selbst Schmerz zufügen.

Zwei weitere Kleshas gehen unmittelbar auf Unwissenheit zurück: Das erste ist Ärger, Aggression oder Haß; das zweite ist Gier, Neid oder Eifersucht.

Was ist Unwissenheit? Es ist nicht Mangel an Kenntnissen oder Bildung. Tatsächlich können zusätzliche Kenntnisse, noch mehr Bildung häufig nur das Klesha der Unwissenheit vertiefen. Das Geheimnis der Unwissenheit liegt im sinnverwandten Wort »Ignoranz«, denn es enthält das Verb »ignorieren«. Wir müssen uns fragen, was es ist, das wir ignorieren. Ignorieren bedeutet meiden, sich abwenden, den Rücken zukehren. In tieferem Sinne bedeutet es »nicht-wissen«.

Es ist eine Grundwahrheit im Buddhismus, daß wir ganz und vollkommen sind. Uns fehlt nichts. Unsere wahre Natur ist *wissen*. Buddha ist eng verbunden mit Bodhi, was Licht oder *wissen* bedeutet. Warum leiden wir dann aber, oder, in unserem Zusammenhang gefragt: Woher kommt Unwissenheit? Es ist dies wirklich die grundsätzlichste Frage, die wir in der Zen-Übung stellen können. Es war diese Frage, mit der Dogen tiefer und immer tiefer in sich drang.

Wenn ich Übungsseminare abhalte und über die erste der Vier Edlen Wahrheiten spreche, nämlich daß allem Leben Leiden zugrunde liegt, protestiert normalerweise immer jemand und sagt, das sei pessimistisch, das Leben sei wunderbar und schön, glücklich zu sein sei die wahre Natur des menschlichen Daseins. Diese Leute haben natürlich recht – Buddha hat recht, und die Leute, die protestieren, haben recht. Das Leben ist grundsätzlich Leiden, und doch ist es grundsätzlich Freude. Es gibt eine Geschichte über einen Gerichtsprozeß: Der Staatsanwalt brachte seine Argumente vor, und der Richter sagte: »Sie haben recht!« Der Verteidiger brachte seine Argumente vor, und der Richter sagte: »Sie haben recht!« Da stand etwas gereizt der Gerichtsprotokollant auf und sagte: »Euer Ehren, sie können doch nicht beide recht haben!« Und der Richter sagte: »Sie haben recht!«

Unwissenheit entsteht, wenn wir uns vom Ganzen abwenden zugunsten eines Teils und dann behaupten, dieser Teil sei das Ganze. Im Westen nennen wir das Götzendienst. Wir geben *alles-wissen*, unsere wahre Natur, preis, um *etwas* zu wissen, von dem wir behaupten, es sei das Ganze. Geld, Ruhm, Liebe, Bildung und Erfolg sind die Götzen unserer Tage, und auf unserer Suche nach ihnen vergessen wir unsere wahre Heimat.

Langsam erkennen wir jetzt die Falle, in die der Mönch Tozan locken will: Buddha ist Ganzheit oder Vollkommenheit; wie soll Tozan antworten, ohne in das Klesha der Unwissenheit zu fallen, ohne Götzendienst zu begehen? Weil der Mönch wach ist, kann Tozan nicht sagen, Buddha sei dies oder jenes, und kann auch keine Erklärungen abgeben; der Mönch weiß, daß Buddha nicht dies oder jenes ist und daß Erklärungen unzählige Luftblasen sind. Wie Mumon in seinem Vers sagt: »Wer dies und das erklärt, ja und nein, das Relative und das Absolute, ist selbst nur ein relativer Mensch.«

Jedes Mal, wenn die Frage »Was ist Buddha?« gestellt wird, wird diese Falle ausgelegt, und jedes Mal, wenn ein Meister antwortet, sagt er etwas Wesentliches über Buddha, ohne in die Falle zu geraten. Wie gelingt das Tozan?

Man muß sich die Situation vorstellen: Tozan arbeitet zusammen mit seinen Mönchen. Er wiegt Flachs in Drei-Pfund-Bündel aus, und die Mönche binden sie zusammen und lagern sie. Er ist mit seiner Arbeit völlig eins. Da taucht ein neuer Mönch aus dem Nichts auf und wirft Tozan diese Frage an den Kopf, und Tozan sagt: »Drei Pfund Flachs.«

Zu sagen, drei Pfund Flachs sei Buddha, und somit, alles andere nicht, ist zweifellos Götzendienst. Ein Meister spuckte einmal auf eine Buddha-Figur. Der Tempelvorsteher war entsetzt und kam schreiend angerannt: »Was macht Ihr da, das ist der Buddha, auf den Ihr spuckt!« Der Meister sah sich um und sagte: »Gut, zeig mir, was nicht der Buddha ist, und ich spucke dorthin.«

Das ist genau die Falle, die Tozan umging. Aber *wie* hat er gesagt: »Drei Pfund Flachs«? Das ist der springende Punkt an der Sache. Hat er drei Pfund Flachs vor sich hingestreckt und gesagt »Drei Pfund Flachs!«? Mumon gibt in seinem Kommentar einen Hinweis: »Der alte Tozan ist fast wie eine Muschel; kaum öffnet sie ihre beiden Schalen, zeigt sie schon ihre Leber und Eingeweide.« Ein Zen-Zweizeiler faßt die ganze Situation zusammen:

Sie geht in den See, ohne daß sich eine Welle regt,
Sie geht in den Wald, ohne daß ein Grashalm
sich bewegt.

19 Alltagsgeist ist der Weg

Joshu fragte Nansen: »Was ist der Weg?« Nansen antwortete: »Alltagsgeist ist der Weg.« »Wie findet man ihn?« »Je mehr du versuchst, ihn zu finden, desto mehr stößt du ihn weg.« »Woher weiß man, daß man auf dem Weg ist?« »Der Weg hat nichts mit Wissen zu tun, aber er ist nicht Nicht-Wissen. Wissen ist trügerisch, Nicht-Wissen mangelnde Unterscheidung. Es ist wie weiter Raum. Wo gibt es da Platz für dies und jenes, ist und ist nicht?«

Hierbei kam Joshu zu plötzlichem Erwachen.

Mumons Kommentar

Joshu kam auf einmal mit dieser Frage zu Nansen, der es erklärte; aber wenngleich das Eis schmilzt, ist der Abfluß trotzdem verstopft. Obwohl Joshu zum Erwachen gekommen ist, muß er noch weitere dreißig Jahre daran arbeiten, bevor er es vollständig erfassen kann.

Mumons Vers

Im Frühling die Blumen;
Im Sommer leichter Wind;
Im Herbst der Mond;
Der Schnee im Winter.
Wenn der Geist nicht getrübt ist von unnützen Dingen,
Ist dieser Tag im Menschenleben ein glücklicher Tag.

Kommentar

Am Montreal Zen Center betonen wir immer wieder, daß man keinen besonderen Geisteszustand braucht, um Zen zu üben. Wir müssen immer dort anfangen, wo wir sind. Manche Leute, die die Erleuchtungserlebnisse von anderen gelesen haben, strengen sich ungeheuer an, in ihre Übung »hineinzukommen«, sie arbeiten schwer, spannen den Körper an und quetschen das letzte aus ihrem Geist. Doch das einzige, in was man so hineinkommt, ist die Anstrengung, in die Übung hineinzukommen. Viel von dieser Anstrengung ist Drama, und man könnte sagen, je weniger Vertrauen man hat, um so mehr Drama wird nötig sein.

An manchen Zentren wird der Stock in einer unbarmherzigen Weise eingesetzt; an anderen ist es den Teilnehmern einer Meditationswoche verboten, während dieser Woche zu schlafen – die Absicht dabei ist, die Leute in einen Zustand der Verzweiflung zu treiben, so daß sie ihre ersten Koans durchbrechen. Für manche Leute mag dies tatsächlich Einsicht herbeiführen, doch selbst für sie ist ein solcher Weg häufig unergiebig, wenn man im Auge hat, eine Wandlung des ganzen Menschen zu bewirken. Ich habe mit Leuten gearbeitet, die solche Behandlung durchgemacht hatten; es stellte sich heraus, daß die meisten von ihnen in reflexartigen, konditionierten

Antworten auf Koans feststeckten, und manchmal hat es Jahre gedauert, erlittene Schäden wiedergutzumachen.

Spirituelle Arbeit kommt aus einem Bedürfnis nach der Wahrheit. Wir alle kennen die Wahrheit, denn wir sind die Wahrheit. Tatsächlich suchen wir die Wahrheit, eben weil wir die Wahrheit sind; tatsächlich suchen wir Einheit, eben weil wir eins und vollkommen sind. Der Heilige Augustinus soll gesagt haben: »Wenn du mich nicht schon gefunden hättest, würdest du mich nicht suchen.« Wir leiden, gerade weil wir vollkommen sind.

Unser Problem ist, daß wir der Wahrheit den Rücken gekehrt haben, um ihr Spiegelbild in der Erfahrung zu suchen. Hakuin hat ein Bild gemalt von einem kleinen Affen, der versucht, die Spiegelung des Mondes aus dem Wasser zu fischen – ein sehr schönes Bild unserer ganzen Misere.

Wir suchen die Einheit in dem, was wir Glück, Erfolg, Besitz, Macht und so weiter nennen, doch sie scheint sich uns immer zu entziehen – was sie in der Tat auch muß, denn niemals können wir Wahrheit in Spiegelungen finden. Aber selbst wenn wir der Wahrheit den Rücken zugewandt haben: Sie ist immer da. Um sie zu finden, müssen wir die Spiegelungen loslassen und uns umdrehen. Tun wir das, wird es uns so vorkommen, als ließen wir alles los, was uns lieb und teuer ist: unsere Werte, Hoffnungen und Leistungen. Sogar Bedeutung selbst wird geopfert werden müssen. Es wird uns so vorkommen, als begingen wir spirituellen Selbstmord. Wo können wir die Kraft dazu finden?

Wir finden sie im Ehrlich-Sein, im Anerkennen, daß sich hinter unseren Hoffnungen, Träumen und dergleichen der tiefe Schmerz verbirgt, verloren zu sein, fern der Heimat zu sein. Es ist der Schmerz, der daher rührt, zu leben. Übung bedeutet den Mut haben, eins mit ihm zu sein. Wie es in der *Hymne am Vorabend der Kreuzigung Jesu* heißt: »Wenn du zu leiden wüßtest, hättest du die Kraft, nicht zu leiden.«

Vielleicht ist »leiden« ein zu gewichtiges Wort. Gemeint ist hier jenes Gefühl, daß das Leben irgendwie nicht ganz stimmt, daß etwas Entscheidendes in unserem Leben einfach versickert, einfach schwindet. Es ist ein Leiden aus dem Wissen heraus, daß wir gerufen werden, ohne daß es uns jedoch gelingt, dem, was uns ruft, ein Gesicht oder eine Form zu geben. Gurdjieff spricht von dem »großen bösen inneren Gott Selbstberuhigung«, und es ist genau dieser Gott, der zwischen uns und der Welt Puffer errichtet, Puffer aus herrlichen Träumen und Hoffnungen auf das Unmögliche. Nach Erwachen streben, sich in der Übung anstrengen, zu einer spirituellen Gruppe gehören, die es wirklich weit bringt – das alles errichtet wunderbare Puffer. Der Weg ist, diese Puffer als das zu sehen, was sie sind. Der Weg ist, im Augenblick zu leben, zu sein, wo man ist, und sich nicht von dort weg zu wünschen. Das ist, in den Worten der Hymne, zu wissen, wie man leidet.

Spirituelle Übung läßt sich mit einer Situation beim Zelten vergleichen, wenn man mit einem einzigen Streichholz Feuer machen möchte, aber alles verfügbare Brennmaterial ein bißchen feucht ist: Zuerst sucht man sich ein paar von den trockeneren Blättern und zündet sie an; dann legt man vorsichtig einige andere Blätter darauf, dann noch ein paar mehr; dann nimmt man Zweige dazu, erst kleinere, dann größere. Schließlich kann man ganze Äste, zunächst kleinere, dann die dickeren, aufschichten, und bevor du weißt, wie dir geschieht, lodert ein kräftiges Feuer auf, groß genug, einen ganzen Wald niederzubrennen.

Versucht man, gleich die großen Äste anzuzünden, um auf der Stelle ein loderndes Feuer zu haben, geht bloß das Streichholz aus. Im Neuen Testament gibt es eine Geschichte über die zwei Scherflein einer Witwe. Zwei Scherflein waren etwa einen Pfennig wert. Das war alles, was sie hatte, und sie gab es. Diese Scherflein waren genauso wertvoll wie das Vermögen, das ein reicherer Mensch geben konnte. Der Schlüssel zur Übung ist *Ehrlichkeit*, aber wenn man ehrlich ist, weiß man, wie schwer es ist, ehrlich zu sein. Und wenn man ehrlich ist, weiß man, wie sehr man danach strebt, einzigartig und etwas Besonderes zu sein, und wie sehr man unbedingt den Alltagsgeist übertreffen, über ihn hinausgehen, sich über ihn erheben will. Das Leiden in der Übung besteht darin, diesen Wunsch aufzugeben und sich dem zu stellen, was der Wunsch verborgen hat.

Eine meiner Lieblingsgeschichten im Zen handelt vom Boten eines chinesischen Kaisers; der Bote suchte nach einem ganz bestimmten Zen-Meister. Er hatte schon überall erfolglos gesucht, als er eines Tages zu einem Dorf kam und einer der Dorfleute sagte: »Ja, ich kenne ihn. Er lebt mit den Bettlern unter der Brücke.« »Mit den Bettlern!« rief der Bote aus, »wie soll ich ihn erkennen?« »Ach, das ist leicht, er liebt Melonen. Nimm eine Melone mit; wer als erster danach greift, ist der Meister, den du suchst.«

Alltagsgeist ist der Weg. Jemand hat in einem Kommentar zu diesem Koan gesagt, Alltagsgeist bedeute den von all seinen Widersprüchen befreiten Geist. Aber dann hätte Joshu fragen müssen: »Wie wird man seine Widersprüche los?« Alltagsgeist ist der Geist von Ehrgeiz, Gier und Neid, von Liebe und Angst, von Haß und Aggression, Mitgefühl und Dankbarkeit, alles durcheinander und alles vermischt. Selbstvertrauen und Überheblichkeit vermischt mit Bescheidenheit und Selbstabwertung, das eine vom anderen nicht zu unterscheiden. Man denkt an den Heiligen Paulus, der gesagt hat: »Denn ich tue nicht, was ich will; sondern was ich hasse, das tue ich.« Das könnte gut die Hymne des Alltagsgeistes sein.

Aber, fragt Joshu, wie finden wir den Weg? Sobald wir Alltagsgeist als den Weg betrachten, ist es höchstwahrscheinlich nicht mehr Alltagsgeist und nicht mehr der Weg. Um Alltagsgeist als den Weg zu sehen, muß man sein wie ein Dieb in der Nacht: Nichts aufstören, wenn man sich anschleicht. Woher sollen wir also wissen, daß wir auf dem Weg sind, wenn jede Bewegung, die wir machen, uns von ihm wegführt? Wissen heißt ergreifen, ergreifen heißt erstarren lassen. Aber nun einfach alles zu vergessen und glücklich nicht-wissend dazusitzen, ist auch nicht sinnvoll. Das ist das grundlegende Double-Bind.

Ummon hielt einmal einen Vortrag, in dem er sagte: »Diese Arbeit, die ihr im Zendo macht, ist die allerwichtigste Arbeit, doch wenn ihr zu einigem Erwachen kommen solltet, ist das nur dem zu verdanken, was ihr schon seid. Wenn ihr von Zen hört, geht ihr auf und davon und sucht es überall, aber dadurch entfernt ihr euch immer weiter von der Wahrheit. Heißt das, man sollte nicht nach der Wahrheit suchen? Nun, welchen anderen Weg gibt es noch außer diesen beiden? Den Weg der Wahrheit, der uns von unseren Vorfahren überliefert wurde? Seid vorsichtig!«

In dem Koan schwenkt Nansen plötzlich um: »Es ist wie weiter Raum.« Das ist der Angelpunkt des Koans. Hier liegt sein Biß. Auf der einen Seite sagt Nansen, Alltagsgeist sei der Weg, Alltagsgeist in seiner ganzen Dunkelheit und Verwirrung, seiner ganzen klaustrophobischen Enge. Auf der anderen Seite sagt er: »Es ist wie weiter Raum. Wo gibt es da Platz für dies und jenes, ist und ist nicht?« Widerspricht er sich jetzt selbst? Sagt er jetzt doch, daß der Weg nicht Alltagsgeist, sondern weiter Raum ist? Das würde das Koan und Nansens Aussage unsinnig machen. Wie sollen wir diesen plötzlichen Richtungswechsel von Nansen verstehen? Mumon faßt das alles wunderbar in seinem Vers zusammen:

Im Frühling die Blumen;
Im Sommer leichter Wind;
Im Herbst der Mond;
Der Schnee im Winter.
Wenn der Geist nicht getrübt ist von unnützen Dingen,
Ist dieser Tag im Menschenleben ein glücklicher Tag.

Joshu sagte später in seinem Leben, als er die Wahrheit, über die er gestolpert war, gründlich verdaut hatte: »Wenn ich hungrig bin, esse ich; wenn ich müde bin, schlafe ich.«

Mumon sagt: »Obwohl Joshu zum Erwachen gekommen ist, muß er noch weitere dreißig Jahre daran arbeiten, bevor er es vollständig erfassen kann.« Dieser Kommentar ist zu wichtig für uns, um sich ihm nicht zu widmen. Sagen zu können:

»Wenn ich hungrig bin, esse ich, und wenn ich müde bin, schlafe ich«, das verlangt jahrelange Übung, um es zu ergründen, und weitere jahrelange Übung, um es auch zu tun. Die wirkliche Bedeutung des Erwachens wird oft mißverstanden; viele Leute denken entweder, daß man mit dem Erwachen zwangsläufig wie Buddha ist, mit all der Weisheit, dem Mitgefühl und der Selbstbeherrschung von Buddha, oder daß es einfach eine weitere Erfahrung ist, die, wie alle Erfahrungen, kommt und geht. Keine von beiden Ansichten ist richtig.

Zen-Meister Isan gibt uns einen Einblick in die dreißig Jahre, die Joshu nach seinem Erwachen gearbeitet hat. Er sagt: »Wenn man wirklich erwacht ist und die wahre Natur erkannt hat, wenn man sie für sich erfahren hat, dann ist man in einem solchen Fall tatsächlich nicht mehr an die Pole der Übung gebunden. Aber normalerweise bleibt, auch wenn der ursprüngliche Geist durch Übung geweckt worden ist und man in wissender Einsicht plötzlich zum Erwachen kommt, doch immer noch die Trägheit der Gewohnheit, geformt seit Anbeginn der Zeit, so daß man sie nicht mit einem Schlag völlig loswerden kann. Ein solcher Mensch muß gelehrt werden, den Strom gewohnheitsmäßiger Vorstellungen und Ansichten, der vom immer noch wirksamen Karma verursacht wird, vollständig abzuschneiden. Dieser Reinigungsprozeß ist die Übung. Ich sage nicht, daß man sich einer besonderen, strengen Disziplin unterziehen muß. Alles, was man zu wissen braucht, ist die allgemeine Richtung, die die Übung nehmen muß. Was dir gesagt wird, muß zuerst von deiner Einsicht angenommen werden; aber wenn dein Geist tiefgründiger geworden ist und sich auf unbeschreibliche Weise verfeinert, wird er spontan aus sich heraus verstehend und hell werden und niemals in den Zustand von Zweifel und Verblendung zurückfallen.«

20 *Ein Mensch von großer Kraft*

Shogen Osho fragte: »Wie kommt es, daß ein Mensch von großer Kraft seine Beine nicht hebt?« Und er sagte auch: »Er spricht nicht mit seiner Zunge.«

Mumons Kommentar

Es muß gesagt werden, daß Shogen uns seinen Magen und seine ganzen Eingeweide zeigt. Aber leider weiß niemand ihn zu schätzen! Und selbst wenn jemand ihn zu schätzen weiß – laß ihn zu mir kommen, und ich werde ihn kräftig verprügeln. Warum? Wenn du reines Gold finden willst, mußt du es durch Feuer sehen.

Mumons Vers

Wenn er sein Bein hebt, wirbelt er den
duftenden Ozean auf;
Wenn er den Kopf senkt, sieht er hinunter
auf den höchsten Himmel.
Sein Körper ist so groß, daß es nirgendwo
Platz für ihn gibt –
Und nun schreibe jemand die letzte Zeile hier.

Kommentar

Wer ist der Mann von großer Kraft oder die Frau von großer Kraft? Die *Prajnaparamita* spricht vom:

> *Bodhisattva,*
> *der an nichts gebunden,*
> *befreit ist von hindernder Verblendung,*
> *frei von der Angst, Frucht der Verblendung.*

Wir benehmen uns wie mächtige, starke Riesen – mit aller Kraft drücken wir mit unserer linken Hand die rechte nach unten, während wir zugleich, und ebenfalls mit aller Kraft, mit unserer rechten Hand die linke nach oben drücken. Das ist der Grund, weshalb wir so lange brauchen, um zum Erwachen zu kommen. Man fordert uns auf, loszulassen, und wir denken, das bedeute, noch stärker nach unten zu drücken oder noch mehr nach oben; wir glauben, etwas müsse den Sieg davontragen, und sei es nur eine Geste des Nachgebens. Der Meister ermahnt uns, die Felswand, an die wir uns klammern, loszulassen und uns »an nichts zu binden«, was immer es sei. Aber unser Festhalten ist nicht irgendeine harmlose Handlung; es geht um Leben und Tod.

In der Einleitung zitierten wir:

> *Mit leeren Händen trage ich die Hacke.*
> *Im Gehen reite ich den Wasserbüffel.*
> *Die Brücke, über die ich gehe, fließt,*
> *Der Fluß steht still.*

Das ist das Gedicht eines Menschen von großer Kraft.

Einmal war ich auf dem Weg zum Flughafen, um in allerletzter Minute noch mein Flugzeug zu bekommen. Das war vor ziemlich vielen Jahren, als ich noch ganz ein Mann der Welt war. Damals hielt ich es für ein Kennzeichen eines solchen Mannes, daß er nicht auf Flughäfen herumsitzt und wartet, sondern im letzten Moment kommt und dann lässig in das Flugzeug spaziert. Leider hatte der Mann von Welt sich diesmal etwas zu lange Zeit gelassen, und es stand auf Messers Schneide, ob ich es noch rechtzeitig schaffen würde oder nicht.

Ich fuhr auf einer zweispurigen Landstraße und gab angesichts der knappen Zeit kräftig Gas. Vor mir fuhr anscheinend ein anderer Mann von Welt, denn er raste nicht weniger schnell dahin als ich. Plötzlich scherte mein Vordermann aus, um zwei Autos zu überholen, die mit kaum fünfzig Stundenkilometern fuhren. Ich hatte keine andere Möglichkeit, als ebenfalls auszuscheren. Gerade als ich auf die linke Spur gewechselt war, schwenkte der Mann von Welt vor mir seinen Wagen abrupt zur rechten Spur zurück und zwängte sich in die ganz kleine Lücke zwischen den beiden langsamen Autos. Und vor mir sah ich einen anderen Wagen, der mit derselben Geschwindigkeit auf mich zuschoß wie ich auf ihn, und es schien nicht die geringste Möglichkeit für mich zu geben, ihm auszuweichen.

Aber es ging. Ich habe mich nicht bewegt, ich war erstarrt vor Schreck.

Als es vorbei war, raste mein Herz wie wild, ich hatte die Zähne aufeinandergepreßt, und meine Arme waren wie Wasser. Aber irgendwie war zur richtigen Zeit ohne mein Zutun alles Nötige getan worden. Und es war bemerkenswert, daß es ohne Hast und äußerst präzise getan worden war. Ich hatte nicht einen Finger gerührt, um mich zu retten.

Meister Ummon erklärte einmal: »Wenn ein Mann des Ch'an[13] spricht, ist es, als stünde er unversehrt mitten im Feuer. Er mag den ganzen Tag sprechen und führt doch kein Wort im Mund. Jeden Tag ißt er und zieht sich an, und doch ist

13 Chinesisch für: Zen. (Anm. d. Übers.)

es so, als hätte er weder ein Reiskorn angerührt noch sich auch nur mit einem Faden bedeckt.«

Shogen Osho kam zum Erwachen, als er hörte, wie sein Meister einen Mönch anschrie: »Es ist nicht Buddha, es ist nicht Geist, es ist nicht ein Ding!« Genau deshalb bemerkt Mumon: »Es muß gesagt werden, daß Shogen uns seinen Magen und seine ganzen Eingeweide zeigt. Aber leider weiß niemand ihn zu schätzen! Und selbst wenn jemand ihn zu schätzen weiß – laß ihn zu mir kommen, und ich werde ihn kräftig verprügeln.« Wo nur würdest du Shogen finden, um ihn zu schätzen?

Es nützt dir nichts, sagt Mumon, wenn du versuchst, dieses Koan zu verstehen; verstehen ist nicht genug. Im Gegenteil, man muß wieder und wieder durch das Feuer gehen. Shibayama sagt in seinen Kommentaren zum *Mumonkan*: »Das Koan wirft den Schüler in einen abschüssigen und zerklüfteten Irrgarten, in dem er jedes Gefühl für die Richtung verliert. Es wird von ihm erwartet, daß er alle Schwierigkeiten überwindet und selbst den Weg nach draußen findet.«[14] Mit anderen Worten: Das Koan ist die schwierigste und stürmischste Reise, die der Schüler auf sich nehmen muß. Wirf es alles in die Flammen, sagt Mumon. Wenn es brennt, ist es nicht Gold. Wenn es Gold ist, wird es nicht brennen.

14 Zenkei Shibayama: *Zu den Quellen des Zen*; übers. v. Margret Meilwes (Bern u. a.: Barth 1976). Die Übersetzung wurde leicht abgeändert. (Anm. d. Übers.)

21 *Ummons »Scheißstock«*

Ein Mönch fragte Ummon:
»Was ist Buddha?« Ummon erwiderte:
»Kan-Shiketsu!« (Ein Scheißstock.)

Mumons Kommentar

Ummon war zu arm, um einfaches Essen vorzubereiten, zu beschäftigt, um nach Vorlage zu sprechen. Eilig nahm er den Scheißstock, um für den Weg einzutreten. Der Niedergang des Buddhismus warf so seine Schatten voraus.

Mumons Vers

Blitze zucken,
Funken sprühen;
Ein Blinzeln,
»Für immer versäumt.«

Kommentar

Für die meisten Menschen aus dem Westen bedeutet die Frage »Was ist Buddha?« nicht allzuviel. Wir dürfen aber nicht vergessen, wie bedeutungsgeladen das Wort Buddha im Osten war. Die Frage hatte den gleichen Stellenwert wie »Was ist Gott?« oder »Was ist der Sinn unseres Lebens?«

Dieses Koan beschwört unweigerlich folgende Szene herauf: Ein überkorrekter Mönch mit idealisierten Vorstellungen über Buddha und Buddhismus kommt überschwenglich zu Ummon und fragt: »Was *ist* Buddha?« Ummon, der seine Verärgerung kaum zurückhalten kann, ruft aus: »Getrocknete Scheiße!«

Wenn man darüber etwas nachdenkt, sieht man allerdings, daß diese Antwort so nicht genügt. In diesem Zusammenhang wäre sie zu beleidigend und hätte außerdem nicht den für ein Koan erforderlichen Biß. Mit einer solchen Antwort würde man Buddha einfach auf das Niveau von getrockneter Scheiße herabsetzen, und abgesehen von allem anderen wäre das blasphemisch.

Es gibt eine Aufzeichnung über ein Gespräch, das ein Sufi-Meister mit seinem Schüler führte und das man als Kommentar zu diesem Koan betrachten könnte. Der Schüler fragte den Meister: »Angenommen, wir sehen Abfall oder Aas [oder eben ein Stück getrockneter Scheiße] – würdest du sagen, dies ist Gott?« Der Meister erwiderte: »Gott in seiner Erhabenheit hat verboten, daß er so etwas sein sollte! Unser Gespräch handelt von ihm, der Abfall nicht als Abfall sieht und Aas nicht als Aas; unser Gespräch handelt von ihm, der Einsicht hat und ganz und gar nicht blind ist.«

Ta-hui, ein bekannter Zen-Meister im China des zwölften Jahrhunderts, mochte dieses Koan über Ummon am liebsten. Er gebrauchte eher die Worte »getrocknete Scheiße« als »Scheißstock«; und wahrscheinlich würde uns das mehr sagen. Ein Scheißstock wurde von den Chinesen anstelle von Toilettenpapier benutzt. Ta-hui ermunterte seine Anhänger, die Antwort »getrocknete Scheiße« etwa so wie Mu einzusetzen und alle Konzentrationskraft darauf zu richten. Einmal sagte er: »Bring einfach diesen Spruch vor: ›getrocknete Scheiße!‹ Wenn alle deine Machenschaften plötzlich ein Ende nehmen, dann wirst du erwachen. Versuche nicht, Erkenntnis aus den Worten zu erlangen oder in deiner Verwirrung zu werten und zu erklären.«

Mumons Kommentar betont die Bedeutung von Ummons Spontaneität. Ummons großer Schatz war seine Armut; wegen ihr war er bekannt für seine Ein-Wort-Antworten. Zum Beispiel fragte ihn jemand: »Was ist Buddha?« und er erwiderte: »Grütze!« Ein anderes Mal breitete er seine Arme aus und sagte: »Schranke« und gab so zu verstehen, daß die ganze Welt eine Schranke sei. Nur aus extremer Armut kann solche Klarheit kommen. Nur aus einem Geist, der völlig im Augenblick lebt, nur aus einem Geist, der, wie Mumon sagen würde, zu beschäftigt ist, konnte die Wahrheit von getrockneter Scheiße hervorbrechen. Wir sind so stolz auf unsere Ansichten über Religion, Politik und aktuelle Fragen – Ansichten, die wir für ein Kennzeichen einer reichen Persönlichkeit halten –, daß wir Urteile fällen müssen, daß wir Rangordnungen und Klassen, Abstufungen und Hierarchien aufstellen müssen. Fege das alles in einer einzigen Sekunde beiseite und dann: »Was ist getrocknete Scheiße?« Jemand sagte einmal: »Gott ist so allgegenwärtig, daß Gott ein Engel in einem Engel ist, ein Stein in einem Stein und ein Strohhalm in einem Strohhalm.«

Leider hat das alles die Sache furchtbar verkompliziert, was eine Schande ist, denn das Wesen dieses Koans ist Einfachheit, äußerste Einfachheit. Ta-hui fordert uns auf, unseren verwirrten und unglücklichen Geist auf »getrocknete Scheiße!« zu richten. Wenn uns das einmal gelingt, dann wird der Geist, der sich vor dem Tod fürchtet, der sich aufregt und der deprimiert ist, der immer alles einordnen muß, der so schlau ist – dann wird dieser Geist nicht mehr wirksam sein. »Während die Tage und Monate kommen und gehen, wird dein Potential aus sich selbst heraus geläutert.«

Und dann werden eines Tages

Blitze zucken,
Funken sprühen;
Ohne ein Blinzeln
Wird es sich enthüllen!

Getrocknete Scheiße.

22 *Ananda und der Fahnenmast*

Ananda fragte Kashyapa: »Der Welt-Erhabene übertrug dir die Robe und Schale; hat er dir sonst noch etwas übertragen?« Kashyapa rief: »Ananda!« »Ja?« »Reiße den Fahnenmast am Tor nieder.«

Mumons Kommentar

Wenn du hierzu ein Kehrwort sagen kannst, wirst du sehen, daß das Treffen auf dem Geierberg noch andauert. Wenn nicht, dann ist es das, was Vipashyin Buddha seit Vorzeiten beunruhigte; bis jetzt hat er den Kern noch nicht erfaßt.

Mumons Vers

Die Frage – wie lahm! Die Antwort – wie vertraut!
Wie viele Leute es gibt mit Schleiern vor Augen!
Der ältere Bruder ruft, der jüngere Bruder antwortet –
die Familienschande!
Dies ist ein Frühling, der nicht Yin und Yang angehört.

Kommentar

Du erinnerst dich vielleicht an den Bericht vom Treffen auf dem Geierberg in Koan 6. Dieses Treffen, sagt Mumon, ist noch im Gange. Buddha hielt eine Blume hoch, statt eine Rede zu halten, und niemand wußte so recht, was er tun sollte, außer Mahakashyapa. Er lächelte. Deshalb übertrug Buddha ihm das Dharma mit den Worten: »Ich habe das alles durchdringende Auge des wahren Dharma, den wunderbaren Geist des Nirvana, die außerordentliche Lehre der formlosen Form, das subtile Dharma-Tor. Es ist nicht von Buchstaben abhängig und wird außerhalb der Schriften übertragen. Ich gebe es jetzt weiter an Maha Kasho.«

Ananda, möglicherweise ein Neffe von Buddha, war über viele Jahre sein persönlicher Diener. Er muß ein außergewöhnliches Gedächtnis gehabt haben, denn es heißt, daß er verantwortlich dafür war, die Sutren Buddhas festzuhalten. Aber obwohl er dem Buddha ungefähr fünfundzwanzig Jahre lang nahestand, kam er zu dessen Lebenszeit nicht zum Erwachen. Dieses Koan dokumentiert, wie Ananda zu einem späteren Zeitpunkt erwachte.

Anandas Frage an Mahakashyapa ist eine Frage, wie sie viele Leute stellen. Was ist Übertragung, was gab Buddha an Mahakashyapa weiter? Einerseits müssen wir Übertragung als die allereinfachste Angelegenheit ansehen, andererseits als etwas überaus Kompliziertes. Die Kompliziertheit hat ihren Grund darin, daß Zen seinen Platz in einer sehr unvollkommenen Welt einnimmt.

Wir hören von Erwachen und versuchen uns vorzustellen, wie das wohl sein mag. Aber das gelingt uns nicht, und wir erkennen schließlich, daß unser unterscheidender Geist, auf den wir uns als Lotsen durch den Irrgarten des Lebens verlassen, die eigentliche Bedeutung von Erwachen gar nicht begreifen kann. Daher sind wir einem Menschen, der erwacht ist und den wir brauchen, damit er uns in unserer Blindheit hilft, bis zu einem gewissen Grade ausgeliefert. Das gibt diesem Menschen Macht über uns. Und das ist verhängnisvoll, denn, so drückte es der britische Historiker Lord Acton aus: »Macht verdirbt den Menschen, und absolute Macht verdirbt ihn absolut.«

Übertragung ist daher ein Weg, der in beiden Richtungen befahren wird. Wer sie empfängt, erhält die Erlaubnis zu lehren; wer sie gibt, gibt Autorität weiter. Wer lehrt, schaut flußaufwärts und beruft sich auf die Übertragung von seinem Lehrer, der seinerseits wieder von seinem Lehrer ermächtigt wurde, und so weiter die ganze Linie hoch. Im Zen besagt die Vorgängerlinie, daß sich die Übertragung den ganzen Weg bis zu Shakyamuni Buddha zurückverfolgen läßt und noch weiter zurück bis zu den sieben legendären Buddhas, von denen Vipashyin Buddha der erste ist.

Die Diplomzeugnisse und Urkunden, die in den Büros und Praxen von Ärzten, Anwälten, Architekten usw. hängen, sind die moderne Entsprechung von Robe und Schale. Sie sollen die Berufsstände vor dem verderblichen Einfluß von Scharlatanen bewahren und schützen so das Vertrauen der Patienten oder Klienten. Im Falle etwa von Ärzten ist ziemlich klar, was übertragen wird. Es existiert ein Studiengang, der abgeschlossen werden muß, und man muß nachweisen, daß man tatsächlich die Anforderungen des Lehrplans erfüllt hat. Ein Zeugnis bestätigt, daß diesen Anforderungen entsprochen wurde. Doch was ist Mahakashyapa und seinen Nachkommen übertragen worden?

Das Spirituelle ist eine Dimension für sich, und kein Kriterium der weltlichen Ebene reicht aus, es zu beurteilen. Jemand fragte einmal Nisargadatta, ob er einen Lehrer nicht prüfen sollte, bevor er sich völlig in seine Hände begäbe. Nisargadatta antwortete: »Prüfe ihn unbedingt! Aber was kannst du schon herausfinden? Doch einzig und allein, wie er dir auf deiner eigenen Ebene erscheint.« Der Fragesteller fuhr fort, er würde, um sicherzugehen, daß der Lehrer konsequent sei, beobachten, ob seine Lehren mit seinem Leben übereinstimmten. Nisargadatta entgegnete: »Du findest vielleicht vieles, was nicht übereinstimmt – na und? Das beweist gar nichts. Es kommt nur auf die Motive an. Woher willst du seine Motive wissen?« Der Fragesteller blieb hartnäckig: »Ich sollte zumindest von ihm erwarten können, daß er Selbstkontrolle besitzt und ein rechtschaffenes Leben führt.« Nisargadatta daraufhin: »Solche Leute wirst du viele finden; sie nützen dir gar nichts. Ein Lehrer kann dir den Weg zurück nach Hause zeigen, zu deinem wirklichen Selbst. Was hat das mit dem Charakter oder dem Temperament der Person zu tun, die er zu sein scheint? Sagt er dir denn nicht ganz deutlich, daß er nicht die Person ist?«

Das ist eigentlich der springende Punkt des Ganzen. Das ist das Thema des Koans. Wenn du den Weg zurück nach Hause finden willst, mußt du einen Führer finden, der die Reise schon gemacht hat. Was nützt dir ein Führer, der dich antreibt, auf den höchsten Gipfel zu klettern, der dir einschärft, dich nicht vor den dunklen Schatten auf dem Weg zu fürchten, der dich drängt, deinen letzten Funken Energie zu nutzen, wenn dieser Mensch nicht dieselbe Erfahrung hinter sich hat? Übertragung sollte der Beweis dafür sein, daß der Nachfolger diese Reise gemacht hat und kompetent ist, anderen zu helfen. Leider beweist Übertragung das nicht immer. Obwohl das Erwachen eine Grundvoraussetzung für Lehrer ist und obwohl nur kompetente Lehrer bestätigen können, daß dieses Erwachen echt ist, so sollte man dennoch Lehrer meiden, die offen das Vertrauen ihrer Schüler mißbrauchen oder bewußt ihre Macht einsetzen, um sie zu demütigen.

Jemand sagte einmal: Das ganze Universum ist ein Auge, das alles durchdringende Dharma-Auge, das Auge, das niemals schläft. Der wunderbare Geist des Nirvana ist ein Geist, der leergefegt ist von aller Dualität, von allem Dies und Jenes, Hier und Dort, Erwachen und Nicht-Erwachen. Das Tor des subtilen Dharma ist völlig rein, ohne das kleinste Staubkörnchen. Unter diesen Umständen beutet man von Natur aus andere nicht aus, denn das wäre Selbst-Ausbeutung. Ich kann einen anderen nicht verletzen oder demütigen, ohne mir selbst weh zu tun.

Bodhidharma charakterisierte Zen so:

Keine Abhängigkeit von Worten und Schriften;
Direktes Zeigen auf das Herz des menschlichen Wesens;
In die eigene Natur schauen;
Das Erreichen der Buddhaschaft.

Erreichen der Buddhaschaft ist, wie Mumon bemerkt, ein Frühling, der nicht in den Zyklus der Jahreszeiten paßt. Es folgt nicht den Gesetzen von Ursache und Wirkung, wie wir sie kennen. Es ist die Familienschande, der dunkle Punkt in der Familiengeschichte, weil selbst Vipashyin Buddha, der erste in der Vorgängerlinie, immer noch nicht den Kern erfaßt hat, wie Mumon sagt. Zum Erwachen zu kommen heißt, wirklich zu sehen, daß kein Erwachen möglich ist. Aber man muß es wirklich sehen, und dieses Sehen ist für Mumon eine Schande.

Ananda fragt Kashyapa, ob der Welt-Erhabene ihm außer der Robe und Schale noch etwas anderes übertragen habe. Die Robe und Schale waren Symbole der Übertragung, und Ananda erkundigte sich, was Übertragung wirklich bedeutet. Was bedeutet das: »Ich gebe dir das alles durchdringende Dharma-Auge, den wunderbaren Geist des Nirvana und das Tor des subtilen Dharma«?

Ein Gouverneur stellte Meister Ungo eine ähnliche Frage. »Es heißt, daß der Welt-Erhabene einen geheimen Vortrag gab, als er eine Blume hochhielt, und daß Kasho ihn durch sein Lächeln nicht geheimhielt. Was bedeutet das?« Ungo rief aus: »Oh, Gouverneur!« »Ja, Meister«, antwortete der Gouverneur. »Versteht Ihr?« fragte Ungo. Als der Gouverneur erwiderte:

»Nein«, sagte Ungo zu ihm: »Wenn Ihr nicht versteht, zeigt das, daß der Welt-Erhabene den geheimen Vortrag tatsächlich gab. Wenn Ihr versteht, bedeutet das, daß Kasho ihn nicht geheimhielt.«

Auch Kashyapa rief aus: »Ananda!«, doch während der Gouverneur nicht begriff, worum es ging, schoß Ananda zurück: »Ja?« Es war wie zwei Spiegel, die dasselbe Licht reflektieren. Es war, wie eine Glocke anzuschlagen: der Schlag und der Klang unterscheiden sich nicht. Spontaneität ist jedoch keine Frage von schneller Reaktion. Spontanes Reagieren ist immer ursprünglich, es wird nicht von einer anderen Oberfläche zurückgeworfen. Im Zen heißt es: Wenn du laufen willst, mußt du laufen und nicht wanken!

Zu der Zeit des Koans wurde, wenn ein Lehrer einen Vortrag hielt, eine Flagge am Fahnenmast gehißt. Wenn der Vortrag vorbei war, wurde die Flagge heruntergenommen. Mahakashyapa zeigt die Vollständigkeit der Frage und Antwort, indem er nicht sagt: Nimm die Flagge herunter, sondern: *Reiße* den Fahnenmast *nieder*. Welchen Sinn hat danach noch ein weiterer Vortrag?

Man wundert sich, weshalb Ananda nach all den Jahren, in denen ihn Buddha sowohl direkt als auch indirekt lehrte, erst jetzt mit Mahakashyapas Ruf zum Erwachen kommt. Man fragt sich oft selbst: »Wann werde ich zum Erwachen kommen?« Als Antwort auf eine solche Frage kann man nur Shakespeare zitieren:

Ists jetzt, so ists nicht später;
ists nicht später, so wird es jetzt sein;
wird es nicht jetzt sein, kommts doch einmal später.
Bereitsein ist alles.[15]

15 William Shakespeare: *Hamlet*; übers. v. Erich Fried (Frankfurt: Zweitausendeins, 4. Aufl. 1995). (Anm. d. Übers.)

23 Hui-neng – jenseits von Gut und Böse

Der sechste Patriarch wurde von dem Mönch Myo bis nach Daiyurei verfolgt. Als der Patriarch Myo kommen sah, legte er die Robe und die Schale auf einen Felsen und sagte zu ihm: »Diese Robe verkörpert den Glauben; soll man dafür kämpfen? Ich erlaube dir, sie mitzunehmen.« Myo versuchte, die Robe hochzuheben, aber er konnte es nicht. Sie war so fest und unbeweglich wie ein Berg. Zögernd und zitternd wagte er zu sagen: »Ich kam wegen der Lehre, nicht wegen der Robe. Ich bitte dich, lehre deinen Diener.« Der Patriarch sagte: »Denke nicht: ›Dies ist gut, jenes ist schlecht!‹ Wo ist in einem solchen Augenblick dein ursprüngliches Gesicht?« Bei diesen Worten kam Myo auf einmal zu großem Erwachen; sein ganzer Körper war schweißüberströmt. Tränen liefen ihm herunter, er verbeugte sich und fragte: »Gibt es neben den geheimen Worten und der geheimen Bedeutung noch etwas Tieferes?« Der Patriarch antwortete: »Was ich Dir gerade gesagt habe, ist kein Geheimnis. Du hast dein wahres Selbst erkannt, und etwas Tieferes kommt allein aus deinem Geist.« Myo sagte: »Als ich zusammen mit den anderen Mönchen bei Obai war, erwachte ich nicht zu meinem wahren Selbst. Jetzt, wo ich deine Unterweisung erhalten habe, ist es, wie wenn ein Mann Wasser trinkt und selbst weiß, ob es warm oder kalt ist. Du bist mein Lehrer!« Der Patriarch sagte: »Wir haben beide Obai als unseren Lehrer. Halte an dem fest, was du von ihm gelernt hast.«

Mumons Kommentar

Der sechste Patriarch würde sagen, dies sei eine Notlage, die großmütterliche Güte erfordert. Es ist, als hätte er eine frische Litchi geschält, den Kern entfernt und sie dir dann in den Mund gesteckt. Du brauchst sie nur noch hinunterzuschlucken.

Mumons Vers

Du beschreibst es umsonst, du schilderst es vergebens;
Es zu loben ist nutzlos; hör auf, es begreifen zu wollen!
Es läßt sich nirgendwo verstecken;
Wenn das Universum vernichtet wird, wird es nicht vernichtet.

Kommentar

Dieses Koan ist viel länger als üblich; es hat Elemente, die es stellenweise mehr zu einer Erzählung als zu einem Koan machen. Sein Kern liegt in der Herausforderung des sechsten Patriarchen: »Denke nicht: ›Dies ist gut, jenes ist schlecht!‹ Wo ist in einem solchen Augenblick dein ursprüngliches Gesicht?«

Bevor wir uns weiter damit befassen, wenden wir uns kurz Hui-neng selbst und diesem besonderen Ereignis zu. Hui-neng ist einer der großen Namen in der Zen-Literatur. Leider ist nach Yampolsky, dem Übersetzer von Hui-nengs Autobiographie, das Einzige, was wir mit Sicherheit über Hui-neng wissen, die Tatsache, daß ein Mann dieses Namens damals gelebt hat. Wie auch immer, das *Plattform-Sutra*, das als seine Autobiographie gilt, ist ein Buch großer Weisheit und großen Mitgefühls.

Es handelt sich dabei um eines der beiden Sutren unter den heiligen Schriften des Zen-Buddhismus, die sich eher der Lehre eines Laien als der Buddhas widmen. Die Kernaussage dieses Sutras findet sich in Form eines Wettbewerbs zwischen Hui-neng und dem Obermönch des Klosters. Der fünfte Patriarch wollte einen Nachfolger ernennen und forderte daher die Mönche der Gemeinschaft auf, ein Gatha, ein kurzes Gedicht, zu schreiben, das die Tiefe ihrer Weisheit zeigen sollte. Alle Mönche lehnten es ab, ein Gatha zu schreiben, da sie überzeugt davon waren, daß der Obermönch der Auserwählte sein würde. Der Obermönch schrieb folgendes:

Der Körper ist ein Bodhi-Baum,
Der Geist ein klarer Spiegel;
Wische ihn mit Sorgfalt Tag für Tag,
Und laß keinen Staub sich auf ihn senken.

Hui-neng las das und erkannte, daß der Verfasser nicht die Wahrheit ergründet hatte. Daher schrieb er selbst:

In Bodhi gibt es keinen Baum,
Noch gibt es einen klaren Spiegel;
In Wirklichkeit gibt es kein Ding,
Worauf soll Staub sich senken?

Es war Hui-nengs unbeirrbare Empfindung der Einheit, oder Ganzheit, die ihn zwang, diese Zeilen zu schreiben. Solange es einen Spiegel, *etwas*, gibt, und sei es noch so subtil, solange entsteht Dualität; aus Dualität entsteht Gut und Böse – und so weiter hinein in den Sumpf des Daseins. Diesen Nicht-Spiegel darf man jedoch nicht einfach als leere Stelle auffassen. Zum Beispiel hörte Hui-neng bei anderer Gelegenheit von einem Meister, Wo-lun, der folgendes schrieb:

Wo-lun hat eine besondere Fähigkeit:
Alle Gedanken zu vernichten.
Keine Situation bewegt seinen Geist.
Täglich wächst in ihm der Bodhi-Baum.

Als Antwort schrieb Hui-neng:

Hui-neng hat keine besondere Fähigkeit,
Er vernichtet keine Gedanken.
Sein Geist reagiert auf alle Situationen.
Wo kann der Bodhi-Baum wachsen?

Der Hintergrund zum Sutra ist folgender: Hui-neng, ursprünglich ein des Lesens und Schreibens unkundiger Holzhändler, hörte eines Tages einen Mönch das *Diamant-Sutra* rezitieren. Als der Mönch zu der Zeile kam: »Wecke den Geist, ohne ihn bei etwas verweilen zu lassen«, gelangte Hui-neng auf der Stelle zu großem Erwachen. Daraufhin regelte er die Pflege seiner betagten Mutter und machte sich auf den Weg zum Kloster, aus dem der Mönch gekommen war. Obwohl ein Laie, wurde er bei seiner Ankunft vom fünften Patriarchen, der die in ihm liegende Begabung erkannte, akzeptiert. Nach dem Vorfall mit den beiden Gathas übertrug der fünfte Patriarch die Nachfolgeschaft, symbolisiert durch die Robe und Schale, an Hui-neng. Aber der fünfte Patriarch wußte, daß dies ohne weiteres den Zorn der Gemeinschaft heraufbeschwören könnte, denn Hui-neng war jung, ungebildet, Neuling und Laie, und die Mönche würden ihn mit Sicherheit um sein Glück beneiden. In der Nacht schmuggelte er daher Hui-neng aus dem Kloster heraus und riet ihm, weit fort zu gehen, einige Jahre lang das Leben eines Laien zu führen und erst dann sein Leben als sechster Patriarch zu beginnen. Hui-neng nahm diesen Rat an und hatte bereits eine beträchtliche Wegstrecke vom Kloster zurückgelegt, als Myo ihn einholte.

Als ich dieses Koan zum ersten Mal hörte, war ich entsetzt. Ich hatte damals noch eine idealistische Vorstellung von einem Kloster und glaubte, alle Mönche würden sich selbstlos der spirituellen Übung widmen und keine der niedrigeren Regungen wie Gier, Eifersucht, Wut und Verlangen haben, die in meinem eigenen seelischen Hintergarten reichlich blühten. Die Vorstellung, daß ein Mönch einen anderen Mönch meilenweit verfolgt, und zwar aus Neid, der sich als Altruismus tarnt, war für mich nur schwer zu akzeptieren.

Doch mit fortschreitendem eigenen Zen-Training entdeckte ich, daß spirituelle Praxis das Gefühl des Neids bei weitem nicht auflöst, sondern im Gegenteil manchmal erst entfachen kann. Ramana Maharshi berichtet von dem Eremiten, der auf Maharshis Spiritualität so eifersüchtig war, daß er einen riesigen Felsen auf ihn herunterrollte, um ihn auf diese Weise zu töten. Devadatta, Buddhas Cousin, unternahm drei Versuche, Buddha zu töten. Der dritte Patriarch wurde von einem wütenden Taoisten umgebracht. Was den Westen angeht, so ist das beste Beispiel für spirituellen Neid und die verheerenden Folgen, die er anrichten kann, die Geschichte vom Verrat Jesu durch Judas.

An dem Zentrum, wo ich mein Zen-Training absolvierte, wurden früher diejenigen, die ihr erstes Koan gelöst hatten, mit einem *Rakusu* ausgezeichnet, einem viereckigen Stück Stoff, das die Robe Buddhas symbolisiert und traditionell von zenbuddhistischen Mönchen getragen wird. Als ich nach Montreal kam, verbrachte ich zuerst einen Gutteil meiner Zeit damit, Leute zu trösten, die sich vor Neid geradezu verzehrten, weil Soundso ein Rakusu hatte und sie nicht. Später wurde die Praxis aufgegeben, Rakusus nach dem Durchbruch durch das erste Koan zu verleihen; statt dessen wurden sie denjenigen zuerkannt, die sich in einer Zeremonie den zehn Richtlinien verpflichtet hatten.

Neid ist eine Mischung aus »ich muß haben« und »ich kann nicht haben«. Verborgen in uns allen liegt das Bedürfnis, einzigartig zu sein, der oder die einzige zu sein. Paradoxerweise entsteht dieses Bedürfnis deshalb, weil wir die einzigen *sind*. Als Buddha zum Erwachen kam, sagte er: »Im Himmel und auf der Erde bin ich *allein* der Erhabene.« Er sprach für alle von uns. Jeder von uns ist Buddha; jeder von uns ist der Erhabene. Unser Problem ist, daß wir meinen, andere müßten auch von unserer Einzigartigkeit wissen.

Ein großer Teil unserer Anstrengungen im Leben richtet sich darauf, andere zu umwerben, zu überzeugen, zu zwingen, daß sie das anerkennen. Doch innerlich zerreißt uns das, weil gerade das Vorhandensein von anderen beweist, daß unser Anspruch falsch ist. Je mehr wir uns anstrengen, desto eklatanter wird unser Irrtum. Deshalb hatte Sartre sowohl recht als auch unrecht, als er schrieb: *»L'enfer, c'est les autres!«* (Die Hölle, das sind die anderen.)

In Bodhi gibt es keinen Baum,
Noch gibt es einen klaren Spiegel;
In Wirklichkeit gibt es kein Ding,
Worauf soll Staub sich senken?

Als Hui-neng dieses Gatha schrieb, zeigte er damit die Wahrheit von Buddhas Aussage: »Im Himmel und auf der Erde bin ich allein der Erhabene.« Den Geist zu wecken, ohne ihn bei etwas verweilen zu lassen, bedeutet, diese Wahrheit jenseits von Worten zu verkünden. Wenn wir dem Geist erlauben, sich mit Dingen und Gedanken zu befassen, vor allem wenn wir dem Geist erlauben, sich mit der Vorstellung »ich bin etwas«

zu befassen, fallen wir in die Dualität, in die Gedanken von Ich und Du, Gut und Schlecht.

Der Unterschied zwischen »ich bin« und »ich bin etwas« scheint so gering, daß er es kaum wert zu sein scheint, in Betracht gezogen zu werden. Und doch ist es gerade diese eine Haaresbreite, von der Zen spricht, die Himmel und Hölle voneinander trennt. Völliger Egoismus kommt in der Haltung einer Person wie Hitler zum Ausdruck, einer Haltung, die zusammengefaßt werden könnte als: »Ich bin, und niemand anders neben mir.« Dieser Standpunkt bezeichnet die Umkehrung von Buddhas Aussage. »Niemand anders neben mir« bedeutet, daß ich diejenigen, die sich anmaßen, neben mir zu sein, hassen werde.

Ist dir schon einmal aufgefallen, daß Briefmarkensammler dazu neigen, andere Briefmarkensammler zu hassen, Tennisspieler andere Tennisspieler, Politiker andere Politiker? Wir zimmern uns eine Nische, aus der heraus wir verkünden: »Ich bin, und niemand anders neben mir.« Wenn andere uns das Gegenteil beweisen, wenn andere eine größere Briefmarkensammlung haben, besser Tennis spielen oder mehr Macht besitzen als wir, dann hassen wir sie, wobei Haß die Mauer ist, mit der wir sie aus unserem Leben zu verbannen suchen.

Ich erinnere mich noch deutlich an den Tag, an dem mir bewußt wurde, daß mein Ziel im Leben darin bestand, einzigartig zu sein. Ich unterhielt mich gerade mit einer Freundin, und wie man es bei solchen Gelegenheiten manchmal macht, sprachen wir über eine andere Freundin. Meine Bekannte sagte entrüstet: »Weißt du, ich glaube, sie denkt, sie ist besser als ich.« Einen Augenblick lang trafen sich unsere Blicke. Wie ein Blitz schoß es mir durch den Kopf: »Und sie [die, mit der ich gerade sprach] denkt, sie ist besser als ich!« Gleichzeitig wußte ich, daß sie dachte: »Und er denkt auch, er ist besser als ich!« Und das dachte ich auch! Oder vielmehr: Es war mir so selbstverständlich, daß ich besser war, daß ich es nicht einmal zu denken brauchte. Die Situation war mir furchtbar peinlich, und ich wußte nicht, was ich tun sollte. Die Unterhaltung verebbte.

Viele Leute fangen mit Zen an in der Hoffnung, daß sie endlich den Weg gefunden haben, mit dem sie sich selbst und anderen beweisen können, daß sie etwas Besonderes sind. Der Traum des unverstandenen Kindes, das über Nacht zur Prinzessin wird, wie Aschenputtel, oder zum Helden, scheint endlich in Erfüllung gehen zu können. Auf dieser Seite des torlosen Tores kann man nur träumen und sich ausdenken, wie es wohl sein mag, hindurchzudringen, die eigene wahre Natur zu erfahren. Wenn anderen der Durchbruch gelingt, ist das gewissermaßen ein fundamentaler Verrat. Nicht nur hat jemand anderes den Preis gewonnen, sondern der Preis hat auch seinen früheren Wert verloren: den Wert, mir Einzigartigkeit verleihen zu können. Ich bin doppelt zurückgewiesen. Der Schmerz, der hieraus entsteht, kann fürchterlich sein. Es war der Schmerz, der Myo dazu trieb, Hui-neng zu verfolgen.

Myo war General, bevor er Mönch wurde; zur Zeit dieses Koans muß er in mittleren Jahren gewesen sein. Die Tatsache, daß er nun Mönch war, bedeutet vermutlich, daß er in seinem Leben eine große Wandlung durchgemacht hatte, eine Wandlung, die wahrscheinlich durch eine tiefe Enttäuschung bewirkt worden war. Der Entschluß, die Autorität und Macht eines Generals einzutauschen gegen ein Leben in der Anonymität und Vergessenheit eines Mönchs, muß von einem Schmerz getragen worden sein, der Myo zweifellos in seiner Übung anspornte. Der General wird große Treue zu seinem Lehrer empfunden haben, bei dem es sich sehr wahrscheinlich um jenen Obermönch handelte, von dem jeder erwartete, daß er der neue Patriarch werden würde. Myo dachte, durch den Obermönch seinen großen Traum verwirklichen zu können. Und nun hatte dieser ungehobelte Halberwachsene, ohne jedes längere Training im Hintergrund, ohne die geringste Ahnung von den Sutren oder davon, was Buddhismus wirklich hieß, irgendwie den fünften Patriarchen hereingelegt und ihn überredet, ihn zum Nachfolger zu machen! Getrieben von Schmerz, der sich in Treue und Idealismus ausdrückte, war Myo fest entschlossen, dem Dieb zu zeigen, was Recht war, und so das Gute über das Böse, Recht über Unrecht siegen zu lassen. Von dieser Idealvorstellung geleitet, vom Schmerz gepeinigt, hetzte er dem sechsten Patriarchen nach. Schließlich holte er ihn ein, doch Hui-neng, statt sich gegen den General zur Wehr zu setzen, statt mit ihm kämpfen zu wollen oder wenigstens Einwände zu erheben – Hui-neng legte einfach die begehrte Robe und Schale nieder und sagte: »Diese Robe verkörpert den Glauben; soll man dafür kämpfen? Ich erlaube dir, sie mitzunehmen.«

Aber Myo konnte die Robe und Schale nicht von der Stelle bewegen, so sehr er es auch versuchte. Mein Lehrer Roshi Kapleau hat immer darauf bestanden, daß wir das nicht psychologisch interpretieren sollten. Es war für den General ein Moment großen Zweifels. Jeder, der lange Zeit Zen geübt und versucht hat, das Koan des Lebens zu lösen, kennt diesen Moment, wenn die eigene Kraft nichts mehr nützt. Man ist wie Hakuins Ratte im Bambusrohr, gefangen im eigenen Widerspruch.

Der entgegengesetzte Zustand wird von Jesus im Thomas-Evangelium beschrieben: »Wenn zwei im selben Haus Frieden miteinander schließen, werden sie zum Berg sagen: ›Bewege dich!‹, und er wird sich bewegen.«

Der General konnte nur noch keuchend hervorstoßen, daß er lernen wollte und nicht die Robe nehmen. Aber Hui-neng erkundigte sich statt dessen nach Myos ursprünglichem Selbst, dem Selbst, von dem er wußte: Es ist das Nicht-Selbst, welches – ungeteilt, ohne innen oder außen – die Welt ist und doch jenseits der Welt, welches alles trägt, ohne selbst getragen zu werden.

Myos Schweiß und Tränen kamen aus reiner Erleichterung. Allerdings war sein Erwachen nicht vollständig, weil er noch wissen wollte, ob es »noch etwas Tieferes« gebe. Der Patriarch sagte zu ihm: »Du hast dein wahres Selbst erkannt, etwas Tieferes gehört dir ganz allein.«

Mumons Vers faßt den Geist dieses Koans so gut zusammen:

Du beschreibst es umsonst, du schilderst es vergebens;
Es zu loben ist nutzlos; hör auf, es begreifen zu wollen!
Es läßt sich nirgendwo verstecken;
Wenn das Universum vernichtet wird, wird es nicht vernichtet.

Jenseits von etwas und nichts, was ist es?

24 Fuketsu – jenseits von Sprache und Schweigen

Ein Mönch fragte Fuketsu: »Sowohl Sprache als auch Schweigen sind ein Verstoß; wie können wir diesen Verstoß vermeiden?« Fuketsu sagte: »Ich denke oft an Konan im März; das Rebhuhn tschirpt zwischen duftenden Blumen.«

Mumons Kommentar

Fuketsus Zen ist wie ein Blitz. Er hat seinen Weg und geht ihn. Aber warum vermeidet er es nicht, sich auf die Zungen der Alten zu verlassen? Wenn du das Problem wirklich erfaßt, weißt du, daß es einen Weg hinaus gibt; laß alle Worte und Sprüche hinter dir und sag etwas.

Mumons Vers

Er benutzte keinen gewählten Ausdruck;
Bevor er sprach, hatte er schon das Wesentliche
mitgeteilt.
Wenn Fuketsu stundenlang weitergeredet hätte,
Hätte der Mönch »es« nicht begriffen.

Kommentar

Koans sind keine Hürden, die man überspringen muß. Bei der Übung mit ihnen geht es mehr um Wertschätzung. Koans sind objektive Kunstwerke, um einen Ausdruck von Gurdjieff zu gebrauchen, und bedürfen wie jedes wertvolle Kunstwerk anhaltender Aufmerksamkeit und Würdigung. Wenn man dies einmal erkennt, wird man sich bewußt, daß Koans kleine Juwelen sind, die mit großer Sorgfalt behandelt werden müssen, und dann wird man ihrer nie überdrüssig. Sie sind nicht wie Rätsel, die, einmal gelöst, ihren Reiz verlieren, sondern wie große Musik: Je mehr man zu schätzen weiß, was nicht erklärt werden kann, desto reicher wird sie.

Man kann einer Sonate zuhören und sagen: »Sie ist wundervoll.« Nachdem man sie ein paarmal gehört hat, sagt man: »Jetzt erst schätze ich sie wirklich.« Nachdem man sie noch ein paarmal gehört hat, wundert man sich, wie man nach nur einmal Hören jemals sagen konnte, daß sie einem gefallen hat, soviel reicher ist jetzt das eigene Verständnis. Jedes Hören bringt neuen Reichtum. Aber vermutlich würde dir die Antwort schwerfallen, wenn jemand dich herausfordernd fragen würde: »Was meinst du mit ›reicher‹?«

Dieses Koan erinnert an das Gespräch Shariputras mit einer Göttin, die sich eigens zu diesem Anlaß in eine Frau verwandelt hatte (auf dieses Gespräch sind wir an früherer Stelle schon eingegangen).

Die Göttin sagte: »Alle Worte, die du sprichst, sind von sich aus Erwachen. Warum? Weil Erwachen in allen Dingen ist.« »Aber heißt Erwachen denn nicht, frei zu sein von Gier, Wut und Unwissenheit?« fragte Shariputra. Die Göttin erwiderte: »Zu sagen, Erwachen sei Freiheit von Gier, Wut und Unwissenheit, ist die Lehre für die übermäßig Stolzen. Denen, die frei von Stolz sind, wird gelehrt, daß das Wesen von Gier, Wut und Unwissenheit selbst Erwachen ist.«

Hier sehen wir die Essenz des *Prajnaparamita*-Weges: »Nirvana ist Samsara, Samsara ist Nirvana.«

Der fragende Mönch im Koan muß viel von der Wahrheit verstanden haben, um solch eine Frage stellen zu können. Der Gedanke, daß im Schweigen Weisheit liegt, ist für uns nicht ungewöhnlich. Er erinnert an einen Satz von Lao Tzu: »Der, welcher spricht, weiß nicht; der, welcher weiß, spricht nicht.« Ein berühmter Hindu-Lehrer verbrachte einen großen Teil seines Lebens in Schweigen und wurde infolgedessen als Weiser angesehen. Doch der Mönch sagt, daß beide Formen, ob Sprache oder Schweigen, nicht die Wahrheit fassen können. Sie sind beide ein Verstoß, oder sie sind beide »zuviel«. Wie können wir diesen Verstoß vermeiden?

Fuketsu sagte: »Ich denke oft an Konan im März; das Rebhuhn tschirpt zwischen duftenden Blumen.« Das waren die Worte eines alten chinesischen Dichters, und sie haben Fuketsu sicherlich viel bedeutet. Aber wo war Fuketsu, als er auf diese Weise antwortete? Wenn du diese Frage beantworten kannst, wirst du Mumons Frage beantwortet haben: »Aber warum vermeidet Fuketsu es nicht, sich auf die Zungen der Alten zu verlassen?«

25 Kyozans Traum

Im Traum ging Kyozan zu Maitreyas Ort und wurde gebeten, sich auf den dritten Platz zu setzen. Ein erfahrener Mönch schlug mit einem Hammer auf den Tisch und verkündete: »Heute soll derjenige auf dem dritten Platz sprechen.« Kyozan erhob sich, schlug mit dem Hammer auf den Tisch und erklärte: »Die Wahrheit des Mahayana liegt jenseits der vier Aussagen und der einhundert Verneinungen. Hört! Hört!«

Mumons Kommentar

Sag mir, hat Kyozan ein Teisho gehalten oder nicht? Wenn du den Mund öffnest, bist du verloren; wenn du den Mund nicht öffnest, bist du verloren. Selbst wenn du den Mund weder öffnest noch schließt, bist du einhundertundachttausend Meilen von der Wahrheit entfernt.

Mumons Vers

Hellichter Tag unter strahlend blauem Himmel;
Er spricht im Traum von einem Traum;
Nimm dich in acht!
Er versucht euch allen etwas vorzumachen.

Kommentar

Kyozan hatte eine sehr enge Beziehung zu seinem Lehrer Isan, woraus zahlreiche Anekdoten entstanden sind. Eine davon ähnelt einem Mondo, das schon erwähnt wurde. Isan und Kyozan pflückten Tee. Auf einmal rief Isan zu Kyozan hinüber: »Den ganzen Tag habe ich deine Stimme gehört, aber nicht dein Gesicht gesehen.« Kyozan sagte nichts und schüttelte eine Teepflanze. Isan meinte: »Du hast die Funktion, aber nicht das Wesen.« »Was würdest du denn sagen?« fragte Kyozan. Isan schwieg. Darauf sagte Kyozan zu ihm: »Du hast das Wesen, aber nicht die Funktion.«

In einem anderen Mondo wurde Kyozan von Isan gefragt: »Wie viele Worte wurden in den vierzig Bänden des *Nirvana-Sutra* von Buddha gesprochen und wie viele von den Teufeln?« Kyozan erwiderte: »Es sind alles die Worte von Teufeln.« Isan sagte: »Von jetzt an wird niemand dir mehr etwas anhaben können.«

Ein anderes Mal lag Isan im Bett, als Kyozan zu ihm kam. Kyozan wollte mit ihm sprechen, doch der Meister drehte sein Gesicht zur Wand. Kyozan fragte: »Wie kannst du das tun?« Der Meister erhob sich und sagte: »Ich hatte eben einen Traum. Willst du ihn nicht für mich deuten?« Darauf brachte Kyozan eine Schüssel Wasser herein, damit sich der Meister das Gesicht waschen konnte. Etwas später erschien auch Hsiang-yen, um mit dem Meister zu sprechen. Der Meister wiederholte: »Ich habe gerade einen Traum gehabt. Yang-shan [Kyozan] hat ihn gedeutet. Jetzt bist du an der Reihe.« Hsiang-yen brachte eine Tasse Tee herein. Der Meister sagte: »Die Einsicht von euch beiden übertrifft die von Shariputra.«

Es heißt oft, die Welt sei ein Traum, und viele Leute glauben daher irrtümlich, Erwachen bedeute, zu einer völlig neuen Welt zu erwachen, einer Welt, die irgendwie übersinnlich sei. Das bereitet den Leuten Kopfzerbrechen, denn sie fragen sich, was das wohl für eine Welt sein könnte. Manche glauben, zusammen mit dem Erwachen entstehe irgendeine besondere Fähigkeit oder Eigenschaft, sogar das Vermögen, Wunder zu vollbringen. Der Laie P'ang sagte nach seinem Erwachen in einem Vers: »Diese ganz besondere Kraft, Wunder zu wirken, liegt im Wasserholen und Holzhacken.« Wir erwachen nicht *aus* einem Traum, wir erwachen vielmehr *zu* dem Traum. Manche stimmen der Aussage, die Welt sei ein Traum, vom Verstand her zu, doch insgeheim halten sie es für eine poetische Ausdrucksweise. Sie glauben, der Traum sei Wirklichkeit, und das ist der tiefste aller Träume.

In einem der Gesänge, die wir am Montreal Zen Center rezitieren, heißt es: »Möge die Kraft eures Samadhi uns unterstützen.« Das ist die Kraft des Samadhi von Buddhas und Patriarchen. Aber die Kraft unseres eigenen Samadhi stützt ihrerseits die Buddhas und Patriarchen und auch die ganze Welt und alles in ihr.

Zu dem Traum erwachen heißt, diese Wahrheit zu erkennen. Es ist wie ein Glas klaren Wassers, in das ein Tropfen tiefblauer Tinte fällt. Die Tinte zieht Spiralen und bildet Muster. Du bist das klare, reine Wasser; die Welt ist das spiralenziehende Muster der tiefblauen Tinte.

Zu den eindrucksvollsten Merkmalen eines Traumes gehört es, daß Traum und Träumer eins sind. Im Traum haben wir nicht das Gefühl der Trennung, ›ich hier, da drüben die Welt‹. Wir sehen den Traum auf die gleiche Art, wie wir etwas in einem Spiegel reflektiert sehen; während wir uns ständig bewußt sind, daß der Spiegel da ist, sind wir uns nicht direkt des Spiegels selbst bewußt. Genauso ist es in einem Traum, auch wenn jetzt das Bewußtsein selbst der Spiegel ist. Wenn wir zum Alltagsbewußtsein erwachen, sagen wir, der Traum verblasse. Damit meinen wir, daß das im Traum enthaltene Gefühl der Ganzheit nun der gewöhnlichen, zweigeteilten Sicht auf die Welt weicht. Dies, so glauben wir, sei die wirkliche Welt. Doch auch das ist ein Traum, wenngleich der Traum diesmal der Traum ist, daß der Traum Wirklichkeit ist.

Isan schickte Kyogen einen Spiegel, und während eines Teishos fragte Kyogen: »Ist das Isans Spiegel oder meiner? Wenn ihr sagt, es sei meiner – kam er nicht von Isan? Wenn ihr sagt, es sei Isans – habe ich ihn jetzt nicht in der Hand? Wenn ihr ein Zen-Wort sagen könnt, werde ich den Spiegel behalten, wenn nicht, werde ich ihn zerschlagen.« Leicht verändert, könnten wir die Frage so stellen: Wem gehört Bewußtsein?

Wenn Kyozan sagt: »Die Wahrheit des Mahayana liegt jenseits der vier Aussagen und der einhundert Verneinungen« – meint er dann damit, daß das Mahayana jenseits der zweigeteilten Weltsicht liegt? Die vier Aussagen sind: Die Welt ist getrennt von mir; die Welt ist nicht getrennt von mir; die Welt ist sowohl getrennt als auch nicht getrennt von mir; die Welt ist weder getrennt noch nicht getrennt von mir. Die einhundert Verneinungen sind Abwandlungen dieser vier in verschiedenen Formen. Liegt mit anderen Worten die Mahayana-Wahrheit jenseits der wirklichen Welt, wie wir sie kennen?

Der dritte Platz in einem Zendo ist für den »Timer« vorgesehen, das ist die Person, die mit den Instrumenten den Beginn und das Ende einer Meditationsrunde anzeigt. Am Montreal Zen Center sind diese Instrumente ein Paar Schlaghölzer und eine Glocke. Wenn die Hölzer geschlagen werden, ergibt das einen sehr scharfen Knall. Die Absicht hierbei ist, die Leute aus ihren Träumen zurück in den Augenblick zu rufen.

Das Koan dreht sich um die Ankündigung des erfahrenen Mönches: »Heute soll derjenige auf dem dritten Platz sprechen.« Einmal beschwerte sich der Obermönch bei Kyozan, daß er gar kein Teisho gehalten habe: Kyozan ließ den Holzblock und Gong schlagen, um ein Teisho anzukündigen; die Mönche versammelten sich. Kyozan stieg auf das Rednerpult, und nachdem er eine Weile dort gesessen hatte, stieg er herunter und kehrte in sein Zimmer zurück. Der Obermönch folgte ihm und beschwerte sich: »Du wolltest ein Teisho halten. Wieso hast du nicht ein einziges Wort von dir gegeben?« Kyozan erklärte: »Für Sutren gibt es Sutraspezialisten. Für Shastren gibt es Shastraspezialisten. Was wunderst du dich über das Verhalten dieses alten Mönchs?«

Was für eine Rede würdest du halten – vor lauter versammelten Buddhas?

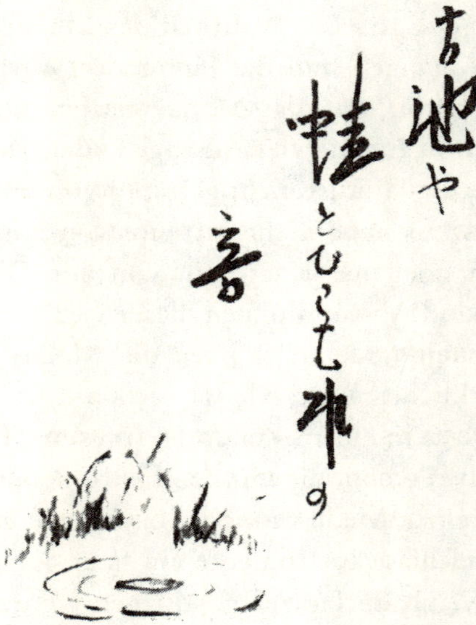

Der alte Teich,
Ein Frosch springt hinein,
Plop!

– Basho

26 Zwei Mönche rollen die Bambus-Jalousien hoch

Als die Mönche sich vor dem Mittagessen versammelten, um Hogens Teisho zu hören, zeigte Hogen auf die Bambus-Jalousien. Zwei Mönche rollten sie gleichzeitig auf die gleiche Weise hoch. Hogen sagte: »Einer hat es, der andere nicht.«

Mumons Kommentar

Sag mir, wer hatte es und wer nicht? Wenn dein Auge hierfür offen ist, wirst du sehen, wo Hogen versagte. Wie auch immer, ich warne dich eindringlich davor, zwischen »hat« und »hat nicht« zu unterscheiden.

Mumons Vers

Wenn die Jalousien aufgerollt sind, ist der große Himmel
strahlend klar und leer,
Doch der große leere Himmel ist nicht der Weg des Zen.
Wirf den leeren Himmel fort,
Laß einfach den Wind hindurchwehen.

Kommentar

Jemand fragte Hogen: »Was ist Buddha?« Hogen erwiderte: »Als erstes möchte ich, daß du es übst, als zweites möchte ich, daß du es übst.«

So wie es nützlich ist zu wissen, daß Tokusan ein Kommentator des *Diamant-Sutra* war, bevor er Zen-Mönch wurde, und daß Joshu gerne aus den Versen des dritten Patriarchen vom *Vertrauen in den Einen Geist* zitierte, so ist es auch gut zu wissen, daß Hogen ein Kommentator des *Hua-Yen-Sutra* war, bevor er Zen-Meister wurde. Dieses Sutra war in China sehr beliebt und wurde wahrscheinlich von vielen Mönchen eingehend studiert. Seine Grundlagen wurden von Fa-tsang, ebenfalls einem Kommentator des *Hua-Yen-Sutra*, erläutert.

Es gibt ein Mondo, das zu den etwas rätselhafteren gehört, in dem ein Mönch Meister Hogen fragt: »Was ist ein Tropfen Wasser aus der Quelle von So?« Hogen erwidert: »Ein Tropfen Wasser aus der Quelle von So.« »So« bezieht sich auf Sokei, das ist der Name, den man dem sechsten Patriarchen gegeben hatte. Die Frage meint: Was ist der Kern von Sokeis Lehre? Es leuchtet ein, daß ein Tropfen Wasser aus der Quelle von So genau das bleibt, egal ob er sauber oder schmutzig ist, ob es ein großer oder ein kleiner Tropfen ist, ob er warm oder kalt ist. Ebenso ist es manchmal nicht so wichtig, *was* wir sagen, als *daß* wir es sagen. Von diesem Standpunkt aus betrachtet, bedeutet *eines* zu sagen, *alles* zu sagen. Dasselbe Thema zieht sich durch ein Mondo mit P'ang, dem berühmten Laienbuddhisten des achten Jahrhunderts. P'ang fragte Baso: »Wer ist der Mensch, der nicht mit den zehntausend Dharmas verbunden ist?« Baso erwiderte: »Warte, bis du das ganze Wasser des Westflusses in einem Zug ausgetrunken hast, und ich werd's dir sagen.«

Eines der größten Hindernisse, dieses Mondo und das Koan zu ergründen, ist die unerschütterliche Überzeugung, daß man *etwas* in einer Welt von vielen »etwas« ist. Daß man zudem ein Teil irgendeines großen Ganzen ist. Doch niemals lassen sich Teile finden, alles ist das Ganze.

Auf den ersten Blick ist dieses Koan eine Wiederholung von Koan 11 über Joshu und die beiden Eremiten. In beiden Koans tun zwei Leute genau das gleiche: Im ersten wird einer gelobt und der andere verurteilt; im zweiten hat einer es und der andere nicht. Trotzdem sagen die Koans keinesfalls das gleiche.

Ein Mondo zwischen Nansen und zwei Mönchen vermittelt einen ganz ähnlichen Eindruck wie das vorliegende Koan. Nansen fragte einen Mönch: »Letzte Nacht gab es eine schöne Brise?« Der Mönch erwiderte: »Letzte Nacht gab es eine schöne Brise.« Nansen: »Ein Ast ist von der Kiefer vor dem Tor abgebrochen?« Mönch: »Ein Ast ist von der Kiefer vor dem Tor abgebrochen.« Nansen fragte einen anderen Mönch: »Letzte Nacht gab es eine schöne Brise?« Mönch: »Welche Brise?« Nansen: »Ein Ast ist von der Kiefer vor dem Tor abgebrochen?« Mönch: »Welcher Ast?« Nansen schloß: »Einer hat es, der andere nicht.«

Man denkt leicht, daß der erste derjenige ist, der es hat, und der zweite derjenige, der es nicht hat, doch man würde den Kern des Mondos verfehlen, wenn man so denkt. Es heißt, daß Leere Form ist und Form Leere. Hat Leere es oder Form?

Mumon warnt nachdrücklich davor, zwischen »hat« und »hat nicht« zu unterscheiden. Aber hat nicht Hogen unterschieden? Oder hat er nicht unterschieden? Ist es das, was Mumon meint, wenn er vom Versagen Hogens spricht: daß es ihm nicht gelang zu unterscheiden? Wobei dann das Versagen herrlich wäre. Jemand sagte einmal, alles sei einzigartig, es gebe keinen Unterschied; wie kann man also Dinge miteinander vergleichen?

27 Die Wahrheit, die niemand gelehrt hat

Ein Mönch fragte Nansen: »Gibt es eine Wahrheit, die noch niemand gelehrt hat?« Nansen erwiderte: »Ja.« »Was ist diese Wahrheit, die bis jetzt niemand gelehrt hat?« fragte der Mönch. Nansen antwortete: »Es ist nicht Geist, nicht Buddha, nicht Dinge.«

Mumons Kommentar

Nansen wurde eine einzige Frage gestellt, und er gibt seinen ganzen Reichtum auf einmal aus. Was für ein Schwindel!

Mumons Vers

Sag zuviel, und du verlierst, was du besitzt;
Nicht-Worte haben große Kraft!
Niemals im Leben
Kann es dir je erzählt werden.

Kommentar

Dasselbe Koan findet sich im *Hekigan-roku* (Fall 28), allerdings mit geringen Unterschieden. Hyakujo stellt die Frage, und nachdem Nansen wie oben geantwortet hat, fragt er das, was wahrscheinlich die meisten von uns gerne fragen würden: »Lehrst du sie nicht gerade?« Nansen sagt daraufhin: »Ja. Und was ist mit dir?« Hyakujo sagt: »Ich bin kein großer Meister. Woher soll ich wissen, ob es Predigen oder Nicht-Predigen gibt?« Nansen sagt: »Ich verstehe nicht.« Hyakujo sagt: »Ich habe es gerade gründlich gelehrt.«

Durch Verneinung haben Mystiker versucht, transzendentale Einheit auszudrücken. Zum Beispiel gibt es in der christlichen Tradition zwei Strömungen: die kataphatische und die apophatische, die positive und die negative Theologie. Der Trappistenmönch Thomas Merton, der viel dafür getan hat, die kontemplative Tradition des Christentums wiederzubeleben, sagte, die positive Theologie sei die »des Lichts; zum Gottesverständnis gelangt sie durch Bejahung: Wir erfahren Gott, indem wir bejahen, daß er die ganze Vollkommenheit besitzt, die wir in den Geschöpfen finden.« Allerdings, so ergänzt er, kann diese Tradition nicht bis zum tiefsten Kern vordringen. Die negative Theologie »befaßt sich mit dem elementarsten Grundsatz allen Glaubens – einem Grundsatz, der oft vergessen wird: Der Gott, der Sich uns in Seinem Wort offenbart, hat Sich in Seinem letzten Wesen als *unerkannt* offenbart. Die Gegenwart von Gott wird nicht als klare Vorstellung erfahren, sondern als unerkannt.«

Gott, wie er hier gemeint ist, ist ein Gott äußerster Subtilität. Gott ist, aber er ist unerkannt. Sein Sein ist absolut, aber es ist absolut unfaßbar. Absolute transzendentale Einheit ist bestätigt, aber als unfaßbar bestätigt. Auf den ersten Blick sieht es wohl so aus, als ob dieses Koan, ebenso wie einige ähnliche Koans, in der apophatischen Tradition steht. Wahrheit *ist*, aber sie ist unausdrückbar, weil unfaßbar. Doch es ist gerade dieser grundsätzliche Irrtum, den das Koan anpackt. Die Schwierigkeit bei der apophatischen Tradition, auch bekannt als *via negativa*, besteht darin, daß Gott immer noch *ist*. Gott ist mit anderen Worten immer noch das Höchste *Sein*. Das Problem entspricht etwa dem im Gatha des Obermönches im Koan über Hui-neng:

> *Der Körper ist ein Bodhi-Baum,*
> *Der Geist ein klarer Spiegel;*
> *Wische ihn mit Sorgfalt Tag für Tag,*
> *Und laß keinen Staub sich auf ihn senken.*

Der klare Spiegel ohne Staub ist reines Sein, das höchste Sein, ist rein sein ohne Eigenschaften, ist unfaßbar. Hui-neng sagt, man müsse hinausgehen über den Spiegel, hinausgehen über den letzten Rest von Sein oder Nicht-Sein.

Hyakujo und Nansen waren Brudermönche und wahrscheinlich einander ebenbürtig. Sie waren beide tief erwacht, und die *Hekigan-roku*-Version des Koans ist zweifellos ein Dharma-Duell, das, wie man sagen könnte, unentschieden ausging.

Hyakujo fragt: »Was ist die Lehre, die niemand gelehrt hat?« Das ist eine ganz raffinierte Frage. Wie kann Nansen antworten? Er lehrt einfach: »Es ist nicht Geist, nicht Buddha, nicht Dinge.« Natürlich sagt Hyakujo: »Aber lehrst du, wenn du das sagst, nicht schon, was niemandem gelehrt werden kann? Wer bist du, daß du tun kannst, was niemand sonst tun kann!?« Und Nansen stellt fest: »Ja, ich lehre es. So bin ich eben.« Ein Mönch fragte einen anderen Mönch, ob er allem zustimme, was sein Lehrer gesagt habe. Der Mönch erwiderte: »Fünfzig Prozent akzeptiere ich, aber fünfzig Prozent kann ich nicht akzeptieren.« »Warum nicht?« fragte der andere Mönch. »Weil ich meinem Lehrer nicht treu wäre, wenn ich es hundertprozentig akzeptieren würde.« Es sind diese anderen fünfzig Prozent, die der Mönch nicht akzeptieren kann, die Nansen lehrt. Man könnte sagen, er lehrt, daß Leere Form ist. Aber die eigentliche Frage ist: Wie lehrt er es?

Zu diesem Koan über Nansen paßt ein Gespräch, in dem ein Mönch Joshu fragt: »Es heißt, daß wahres Lehren keine Form hat. Aber wenn es keinen Meister und keinen Schüler gibt, wie ist es dann?« Joshu sagte: »Wer hat dich dazu gebracht, diese Frage zu stellen?« »Niemand im besonderen«, erwiderte der Mönch. Daraufhin versetzte Joshu ihm einen Schlag.

Ein anderes Mal fragte ein Mönch Joshu: »Was ist das Reich, in dem es weder Tag noch Nacht gibt?« Das ist letztlich das Reich, über das niemand irgend etwas gelehrt hat. Joshu antwortete: »Ist es jetzt Tag? Ist es jetzt Nacht?« Der Mönch erwiderte: »Ich frage nicht nach dem Jetzt.« Joshu gab zurück: »Du kannst mich nicht loswerden.«

Nansen fragte Hyakujo: »Und was ist mit dir?« Hyakujo erwiderte: »Ich bin kein großer Meister. Woher soll ich wissen, ob es Predigen oder Nicht-Predigen gibt?« War Hyakujo einfach bescheiden? Man könnte sagen, er lehrte, daß Form Leere ist.

Ein Mönch fragte einmal einen Meister: »Was ist die Wahrheit, die alle Buddhas und Meister gelehrt haben?« Der Meister sagte zu ihm: »Frag die Wand.« Der Mönch erwiderte: »Ich verstehe nicht.« Der Meister daraufhin: »Ich verstehe auch nicht.« Der Mönch und der Meister sagen beide: »Ich verstehe nicht«, aber sagen sie beide dasselbe?

28 *Ryutan bläst die Kerze aus*

Tokusan und Ryutan sprachen die ganze Nacht lang über Zen. Schließlich sagte Ryutan: »Es ist spät. Du mußt gehen.« Tokusan bedankte sich bei ihm und ging, doch als er sah, daß es draußen sehr dunkel war, kehrte er wieder um. Ryutan zündete eine Kerze an und gab sie ihm; gerade als Tokusan sie nahm, fffffff! blies Ryutan sie aus. Hierbei kam Tokusan unmittelbar zum Erwachen.

Ryutan fragte: »Was hast du gesehen?« Tokusan sagte: »Von jetzt an weiß ich, daß die Alten nicht gelogen haben.«

Am nächsten Tag stieg Ryutan auf das Rednerpult und sagte: »Es gibt einen unter euch, dessen Stoßzähne wie Schwerter sind und dessen Mund eine Schüssel voll Blut ist. Schlagt ihn mit einem Stock, aber er wird den Kopf nicht wenden. Eines Tages wird er den höchsten Gipfel erklimmen, um unseren Weg dort zu begründen.«

Tokusan brachte seine Aufzeichnungen zum Diamant-Sutra *vor das Kloster und sagte mit einer brennenden Fackel in der Hand: »Auch wenn ihr die geheimen Lehren gemeistert habt, ist es, wie wenn man ein Haar in weiten Raum wirft. Auch wenn ihr alle Geheimnisse der Welt erfahren habt, ist es, wie wenn ein Tropfen Wasser in den weiten Ozean fällt.« Und er zündete alle seine Notizen an. Dann nahm er mit einer Verbeugung Abschied von seinem Lehrer.*

Mumons Kommentar

Bevor Tokusan die Schranke seines Heimatortes passierte, brannte sein Geist vor Groll und war sein Mund bitter. Er ging nach Süden, um die Lehre von der besonderen Übertragung außerhalb der Sutren auszurotten. Als er die Straße nach Reishu erreichte, bat er eine alte Frau um Tee und Kekse [wörtlich auf chinesisch *Geistesstärker*]. »Ehrwürdiger Mönch, was für Bücher tragt Ihr da in Eurem Beutel?« fragte die alte Frau. »Kommentare zum *Diamant-Sutra*«, erwiderte Tokusan. Die alte Frau sagte: »Ich habe gehört, daß es in dem Sutra heißt: ›Es ist unmöglich, vergangenen Geist zu bewahren, unmöglich, gegenwärtigen Geist festzuhalten, und unmöglich, künftigen Geist zu fassen.‹ Ich möchte Euch nun fragen: Welchen Geist wollt Ihr stärken?« Tokusan war verblüfft. Dann fragte er: »Wißt Ihr, ob es hier in der Nähe gute Lehrer gibt?« Die alte Frau sagte: »Fünf Meilen die Straße hinunter werdet Ihr Ryutan Osho finden.«

Bei Ryutan wurde für Tokusan alles nur noch schlimmer. Seine früheren Worte paßten nicht zu seinen späteren. Was Ryutan angeht, so schien er im Mitgefühl für seinen Sohn all seine Scham verloren zu haben. Als er in ihm ein bißchen glühende Kohle fand, genug, um ein Feuer anzufachen, goß er schnell schlammiges Wasser darüber, um es sofort zu löschen. Ein wenig kühle Überlegung sagt uns, es war alles eine Farce.

Mumons Vers

Besser das Gesicht sehen als den Namen hören.
Besser den Namen hören als das Gesicht sehen.
Vielleicht hat er seine Nase gerettet,
Aber ach!, er verlor seine Augen.

Kommentar

Das ist derselbe Tokusan, dem wir in Koan 13 begegnet sind, doch zur Zeit dieses Koans hier war er noch jung und voller Feuer – oder zumindest war er voller Feuer, bis er Ryutan traf. Tokusan lebte im Norden von China und war ein Kommentator des *Diamant-Sutra*; aber er war das, was wir einen Gelehrten nennen würden: Er verstand das Sutra allein vom Intellekt her. Als er von der Zen-Schule hörte, die behauptete, es sei möglich, Buddhaschaft innerhalb eines Lebens zu erlangen, geriet er in Wut und verließ seine Heimat, um den südlichen Barbaren ihren Irrtum zu zeigen. Das ist damit gemeint, wenn Mumon sagt: »Bevor Tokusan die Schranke seines Heimatortes passierte, brannte sein Geist vor Groll und war sein Mund bitter. Er ging nach Süden, um die Lehre von der besonderen Übertragung außerhalb der Sutren auszurotten.«

Da traf er die alte Frau.

Es ist leider wahr, daß der Buddhismus keine Ausnahme von der Regel früherer Zeiten bildete, Frauen als den Männern unterlegen anzusehen. Aber in der Zen-Schule wurde immer darauf bestanden, daß Frauen nicht weniger als Männer in ihre wahre Natur schauen können. Alle, ohne Ansehen von Rasse, Farbe oder Geschlecht, sind Buddha. Daß im Zen Männer und Frauen als ebenbürtig galten, wird in vielen der Zen-Geschichten deutlich, in denen Frauen die Mächtigen vom Sockel stoßen und die Wichtigtuer entlarven. Dieses Koan erzählt von einer solchen Entlarvung.

Kein Zweifel, Tokusan muß auf sein Wissen über Buddhismus, besonders auf sein Wissen über das *Diamant-Sutra*, sehr stolz gewesen sein. Er wollte die Welt wieder in Ordnung bringen, und vor allem wollte er sich mit den Meistern anlegen, welche Irrlehren verbreiteten. Auf seinem Weg macht er in einem Teehaus Rast. Wahrscheinlich müde, ganz bestimmt hungrig und durstig, dennoch von seiner sicheren Überheblichkeit über Wasser gehalten, fragt er nach »Geistesstärkern«, einem Gebäck, das bei den Chinesen sehr verbreitet war. Daraufhin zitiert die alte Frau das *Diamant-Sutra*, genau dasjenige, worin Tokusan ein Experte ist: »Es ist unmöglich, vergangenen Geist zu bewahren, unmöglich, gegenwärtigen Geist festzuhalten, und unmöglich, künftigen Geist zu fassen«, und verlangt zu wissen, welchen Geist er stärken will. Man kann sich Tokusans Bestürzung nur vorstellen. Da steht er nun, ein Experte, vor einer unwissenden alten Frau und ist völlig sprachlos! Es muß ein Augenblick tiefster Beschämung gewesen sein.

Am Abend war Tokusan bei Ryutan und sprach mit ihm über Zen. Er hat sicherlich die Geschichte von der alten Frau erzählt, und Ryutan hat vermutlich noch Öl in die Flammen seiner Verwirrung gegossen. Dann war es Zeit zu gehen. Tokusan sagt, daß es draußen dunkel ist, daher gibt Ryutan ihm eine angezündete Kerze. Gerade als Tokusan sie nehmen will, bläst Ryutan sie aus. Tokusan kommt zum Erwachen. Was hat er gesehen?

In einem wunderschönen alten Lied heißt es:

Leite gütig Licht in die Finsternis ringsum,
Leite du mich an.
Die Nacht ist dunkel, und ich bin fern der Heimat,
Leite du mich an.
Lenke du meine Füße.
Ich bitte nicht,
In die Weite zu sehen,
Ein Schritt ist mir genug.

Aber was passiert, als das Licht ausgeht? Wie dunkel es wohl war. Was läßt sich in solcher Dunkelheit sehen? Die Alchimisten sagen: »Unsere Sonne ist eine schwarze Sonne.« Jemand fragte Joshu: »Ich habe gehört, daß in alten Zeiten Menschen sagten: ›Es ist leer, es ist klar, es leuchtet aus sich selbst.‹ Aus sich selbst heraus leuchten, was bedeutet das?« Joshu sagte: »Es bedeutet nicht, daß etwas anderes leuchtet.« Der Mönch war noch nicht zufrieden und fragte weiter: »Wenn es nicht leuchtet, was dann?« Joshu gab zurück: »Du hast dich selbst verraten.«

Im *Johannes-Evangelium* heißt es: »In ihm war das Leben, und *das Leben war das Licht der Menschen.* Und das Licht scheint in der Finsternis, und die Finsternis hat's nicht ergriffen.«[16] Leben ist das Licht der Menschheit. Ramana Maharshi wirft Licht auf das, was gemeint ist, wenn er sagt: »Um irgend etwas zu wissen, ist Erleuchtung notwendig. Dies kann dem Wesen nach nur Licht sein. Sie erhellt jedoch sowohl physikalisches Licht als auch physikalische Dunkelheit, das heißt, sie liegt jenseits von Licht und Dunkelheit.« Bei alldem müssen wir jedoch sicher sein, daß mehr als nur eine schöne Metapher benutzt wird. Aus diesem Grund wird im Koan eine konkrete Situation dargestellt.

Ummon bemerkte einmal: »Es gibt einen Unterschied zwischen ›das Licht sehen‹ und ›das Licht sein‹. Jeder hat sein eigenes Licht. Wenn er versucht, es zu sehen, ist alles Dunkelheit. Was ist jedes Menschen Licht? Die Speisekammer und das Haupttor. Ein gutes Ding ist nicht so gut wie gar kein Ding.« Diese Aussage ist nicht weit von der des Gnostikers entfernt, der gesagt hat: »Oh heilige Erkenntnis, durch dich bin ich erleuchtet, und durch dich singe ich Lob dem unstofflichen Licht ... Ich jubele vor Freude des Geistes.«

Dogen erzählt die Geschichte eines Kaisers, der während der Einweihungszeremonie für eine Pagode, die er hatte errichten lassen, ein strahlendes Licht sah. Jeder aus seinem Gefolge gratulierte ihm zu seinem Glück, außer einem Mann, der dem Buddha-Weg folgte. Der Kaiser fragte ihn, warum er ihn nicht

16 Hervorhebung vom Verfasser.

rühmte, wie es die anderen getan hatten, und der Mann erwiderte: »Ich habe einmal in den Sutren gelesen, daß das Licht von Buddha nicht rot, blau, gelb, weiß oder von irgendeiner natürlichen Farbe ist. Das Licht, das Ihr gesehen habt, war nicht das Licht von Buddha, sondern von dem Drachen, der Euch beschützt.« Der Kaiser fragte: »Nun gut, und was ist das Licht von Buddha?« Der Mann schwieg. Dogen kommentierte: »Leute, die glauben, sie seien vom göttlichen Licht getrennt, glauben auch, göttliches Licht sei rot, weiß, blau oder gelb, gleich dem Licht eines Feuers oder dem gespiegelten Licht von Wasser oder dem Funkeln von Edelsteinen oder Juwelen oder dem Licht eines Drachen oder wie Sonnen- und Mondlicht.«

Dogen hatte zuvor Meister Chosa zitiert, der gesagt hat: »Die ganze Welt wird im Auge eines Mönchs gespiegelt, die ganze Welt ist in einem Alltagsgespräch enthalten, die ganze Welt ist überall in deinem Körper. Die ganze Welt ist dein eigenes göttliches Licht; die ganze Welt ist in deinem eigenen Licht. Und die ganze Welt ist nicht zu trennen von dir selbst.«

Ein Zen-Meister sagte:

Mitten im Licht gibt es Dunkelheit,
Doch betrachte sie nicht als Dunkelheit:
Mitten in der Dunkelheit gibt es Licht,
Doch begegne ihm nicht als Licht.

29 Hui-nengs Fahne

Eine Tempelfahne flatterte im Wind, und zwei Mönche diskutierten darüber. Einer sagte, die Fahne bewege sich, der andere sagte, der Wind bewege sich; sie debattierten hin und her, konnten aber zu keinem Schluß kommen. Der sechste Patriarch sagte: »Es ist nicht der Wind, der sich bewegt, es ist nicht die Fahne, die sich bewegt, es ist euer ehrenwerter Geist, der sich bewegt.« Die Mönche waren von Ehrfurcht ergriffen.

Mumons Kommentar

Es ist nicht der Wind, der sich bewegt; es ist nicht die Fahne, die sich bewegt, es ist nicht der Geist, der sich bewegt. Wo siehst du den echten Patriarchen? Wenn du das wirklich verstehen kannst, wirst du sehen, daß die beiden Mönche Eisen kaufen wollten und Gold bekamen. Der Patriarch hat sich mit seinem Mitgefühl blamiert.

Mumons Vers

Wind, Fahne, Geist bewegen sich;
Alle verfehlen das Eigentliche.
Er weiß nur, wie man den Mund aufmacht,
und merkt nicht, daß er irrt, wenn er redet.

Kommentar

Diese Begebenheit soll sich ereignet haben, als Hui-neng seine Rolle als sechster Patriarch übernahm. Nachdem der fünfte Patriarch die Robe und Schale an Hui-neng weitergegeben hatte, riet er ihm, einige Jahre lang das Leben eines Laien zu führen, bis er an Reife gewonnen habe. Unser gewöhnliches Leben ist das vollkommene Leben für die wahre Übung der Spiritualität. Die Vorstellung, daß wir an einem besonderen Ort leben und besondere Dinge tun müssen, scheint anzudeuten, daß das Erwachen zur eigenen wahren Natur selbst etwas Besonderes ist und außerhalb des normalen Verlaufs des Daseins liegt. Doch im Gegenteil: Erwachen heißt, nach Hause zu kommen, und erfordert keine besondere Aktivität. Hui-neng sagte bei einer Gelegenheit: »Das Samadhi des Einsseins ist zu allen Zeiten authentisch, beim Gehen, Stehen, Sitzen und Liegen. Authentischer Geist ist der Ort der Übung; authentischer Geist ist das reine Land. Liebe Freunde, manche Leute lehren die Menschen, zu sitzen und den Geist zu beobachten und Reinheit zu beobachten, sich nicht zu bewegen und den Geist nicht zu wecken, und dem gelten ihre Anstrengungen. Verblendete Leute erkennen nicht, wie falsch das ist, sie halten an dieser Doktrin fest und geraten daher in Verwirrung. Es gibt viele solche Leute. Diejenigen, die in dieser Weise lehren, irren sich schon von Anfang an gewaltig.«

Leider haben viele das so interpretiert, daß man kein Zazen

üben sollte. Es bedeutet aber vielmehr, daß man keinen besonderen Geist zum Zazen mitbringen sollte.

Der Patriarch der nördlichen Schule war ein Verfechter dieser Art der Übung, gegen die sich Hui-neng wandte: Immer wieder forderte er seine Schüler dazu auf, ihren Geist auf Stille zu konzentrieren, lange Zeit in Zazen zu sitzen und sich möglichst nicht hinzulegen. Einer dieser Mönche ging zu dem sechsten Patriarchen, um sich nach dieser Art der Übung zu erkundigen, und bekam zur Antwort: »Den Geist auf Stille zu konzentrieren ist eine Krankheit des Geistes und ganz und gar nicht Zen. Was für eine Idee! Den Körper darauf zu beschränken, die ganze Zeit zu sitzen! Das ist sinnlos.« Er gab dem Mönch folgenden Vers:

Sitzen und sich nicht hinlegen im Leben,
Liegen und niemals sitzen im Leben,
Weshalb sollten wir dieses alte Knochengerippe so strapazieren?

Die große Gefahr war damals wie heute, daß man in einer toten Leere sitzt, in dem, was die Meister die Höhle der Dämonen nannten. Hui-neng hat ziemlich deutlich erklärt, daß man sich nicht an die Leere klammern sollte; wenn man mit einem leeren Geist in Meditation sitzt, wird man in dumpfe Apathie fallen.

Die beiden Mönche diskutieren über die Fahne; sie streiten, was Ursache ist und was Wirkung. Über eine Fahne zu diskutieren erscheint vielleicht seltsam, aber sie hätten genausogut darüber debattieren können, ob wir aus freiem Willen handeln oder ob unser Handeln vorbestimmt ist. Bewegt der Wind die Fahne, das heißt, bewegen die Umstände die Fahne, oder ist es die Fahne, die sich bewegt? Welches ist Ursache, welches Wirkung? Auch wenn die meisten von uns wohl nicht viel über solche Dinge nachdenken, bedeutet das nicht, daß die Debatte keinen Bezug zu unserem Leben hätte. Im Gegenteil: Unser Geist ist auf einer unterbewußten Ebene gespalten, was uns ständig dazu zwingt, zu werten und Urteile zu fällen, unsere Welt auf alle möglichen Arten in Stücke zu brechen. Wir glauben, daß alle Leute ständig versuchen, unsere Hoffnungen zunichte zu machen, uns Steine in den Weg zu legen; die Welt scheint ungerecht und aus den Fugen geraten, wir fühlen uns vom Pech verfolgt und falsch behandelt. Je mehr wir versuchen, alles in Ordnung zu bringen, die beste Entscheidung zu treffen und den Problemen zuvorzukommen, desto schlimmer scheint es zu sein. Sind die Umstände das Problem oder besteht das Problem aus unseren verzweifelten Bemühungen, die Dinge in Ordnung zu bringen?

Der sechste Patriarch sagte den Mönchen, es sei ihr Geist, der sich bewege. Ohne das ständige Bedürfnis zu werten und zu urteilen, ohne das ständige Bedürfnis, herauszufinden, was richtig, was gut, was wahr ist, würden wir nicht den Spaltungen des Lebens zum Opfer fallen. Wenn der Geist im Einklang ist, wird er von Natur aus das Gute und das Wahre suchen, ohne es auf Vorstellungen, Dogmen, Regeln und Gebote zu reduzieren. Wenn der Geist im Einklang ist, wird er von Natur aus Harmonie mit anderen und Frieden mit der Welt suchen. Genau das liegt der Feststellung des sechsten Patriarchen zugrunde. Doch was meint er damit wirklich? Mumon fragt: »Wo ist der echte Hui-neng?« Wo war der Geist von Hui-neng, als er sagte: »Es ist euer ehrenwerter Geist, der sich bewegt«?

Der Hinweis kommt, wie so oft, aus Mumons Kommentar. Mumon benutzt hier die Worte einer Nonne, die gerade das Essen für einige von Hui-nengs Schülern zubereitete, als diese ihr Kloster besuchten. Die Nonne hörte sie über diese Feststellung von Hui-neng debattieren und sich fragen, was er wohl gemeint haben könnte. Sie war es, die dann sagte: »Es ist nicht der Wind, der sich bewegt; es ist nicht die Fahne, die sich bewegt, es ist nicht der Geist, der sich bewegt.« Auf den ersten

Blick sieht es so aus, als ob die Nonne Hui-neng widerspricht oder zumindest einen Schritt weiter geht als er. Aber beide sehen mit demselben Auge. Man könnte sagen: Das, was sich verändert, verändert sich niemals; das, was sich bewegt, bewegt sich niemals.

Wir sehen rote Blumen, grüne Blätter, schwarze Straßen und graue Häuser, aber die ganze Zeit sehen wir Licht. Das Licht ist immer Licht. Oder wir könnten sagen, wir sehen rote Blumen, grüne Blätter, schwarze Straßen und graue Häuser, aber die ganze Zeit sehen wir Geist. Geist ist immer Geist. Der Geist ist unwandelbar. Ein Meister formulierte es so: »Die wirkliche Natur verringert sich nicht beim Dummkopf und vermehrt sich nicht beim Weisen; sie bleibt ungestört inmitten aller Widrigkeiten, und sie bleibt nicht ruhig in der Tiefe von Meditation und Samadhi; sie ist weder unbeständig noch beständig; weder kommt sie, noch geht sie; sie ist weder in der Mitte noch im Innen, noch im Außen; sie ist weder geboren, noch stirbt sie; sowohl ihr Wesen als auch ihre Erscheinungsformen sind im absoluten Zustand der ewigen und unveränderlichen Soheit, wir nennen es ›Tao‹.«

30 Basos »Genau dieser Geist ist Buddha«

Daibai fragte Baso: »Was ist Buddha?«
Baso antwortete: »Genau dieser Geist ist Buddha.«

Mumons Kommentar

Wenn du erfaßt hast, was Baso meinte, trägst du Buddhas Kleider, ißt Buddhas Essen, sprichst Buddhas Worte, tust Buddhas Werke, das heißt, du bist Buddha selbst. Aber auch wenn das so sein mag, hat Daibai so manchen dazu gebracht, die Markierung an der Waage mit dem Gewicht selbst zu verwechseln. War ihm nicht klar, daß wir uns drei Tage lang den Mund ausspülen müssen, wenn wir das Wort »Buddha« erklären? Wenn er das gewußt hätte, dann hätte er sich, als er Baso sagen hörte: »Der Geist ist Buddha«, die Ohren zugehalten und wäre davongelaufen.

Mumons Vers

Hellichter Tag unter strahlend blauem Himmel,
Du brauchst nicht mehr zu suchen.
»Was ist Buddha?« fragst du;

Selbst mit der Beute in der Tasche beteuerst du deine Unschuld.

Kommentar

Eine Zen-Geschichte erzählt von einem jungen Gehilfen, der, nachdem er drei Jahre bei seinem Meister verbracht hatte, eines Tages seinen Abschied ankündigte. »Oh! Warum gehst du?« fragte der Meister. »Ich war drei Jahre lang hier, und du hast mich nicht das Geringste gelehrt.« »Wirklich«, erwiderte der Meister, »aber wenn du mir Tee gebracht hast, habe ich ihn dann nicht getrunken?« »Doch.« »Und wenn du dich verbeugt hast, habe ich es dann nicht zur Kenntnis genommen?« »Doch.« »Und wenn es Zeit zum Schlafen war, bin ich dann nicht in mein Zimmer gegangen?« »Doch«, bestätigte der Mönch zum drittenmal. »Wie kannst du dann sagen, ich hätte dich nichts gelehrt?«

Was ist genau dieser Geist? Ihn Buddha zu nennen heißt, ihn zu vergiften. Buddha genau diesen Geist zu nennen heißt, alles durcheinanderzubringen.

Ursprünglich war es Joshu, der sagte: »Wenn ich das Wort Buddha ausspreche, möchte ich mir danach drei Tage lang den Mund auswaschen.« So weit ist es gekommen mit Worten wie Liebe, Religion und Heiligtum: Sie hinterlassen einen schalen Geschmack im Mund. Sentimentalität, sagte Oscar Wilde, heißt, ein Gefühl zu genießen, für das man den Preis nicht bezahlt hat; man könnte auch sagen, für das man mit falscher Münze bezahlt hat.

Baso muß das gewußt haben; was meinte er also mit »genau dieser Geist«? In dem Augenblick, als er die Worte aussprach, wo war da der Geist? Mumon sagt: »Hellichter Tag unter strahlend blauem Himmel.« Baso sagt: »Genau dieser Geist.« Wie ist der Zusammenhang?

Ein anderer Meister drückte sich so aus: »Die Hügel, die Felder, der Himmel und der Bach, sie sind mein Gesicht; der Gesang der Vögel, er ist meine Stimme; der Wind, wie er durchs Gras weht, er ist mein Werk.« Auf ergreifende Weise findet sich dies in den Worten eines jungen Kanadiers wieder, der während des II. Weltkriegs als Schiffsjunge in Kopenhagen lebte; er wurde von den Nazis unter dem Vorwurf des Waffenschmuggels verhaftet und im Alter von zweiundzwanzig Jahren hingerichtet. In einem Brief an seine Mutter schrieb er: »Ich weiß, daß Du eine starke Frau bist, und daß Du dies [die Nachricht von der bevorstehenden Hinrichtung] auf Dich nehmen wirst, aber, hörst Du, es ist nicht genug, daß Du es auf Dich nimmst, Du mußt es auch verstehen. Ich bin nur ein kleines Ding, und meine Person wird sehr bald vergessen sein, *aber die Idee, das Leben, die Inspiration, die mich erfüllten, werden weiterleben. Du wirst ihnen überall begegnen – in den Bäumen zur Frühlingszeit, in Menschen, die Deinen Weg kreuzen, in einem liebevollen kleinen Lächeln.*« (Hervorhebung v. Verf.)[17]

Ein Mönch fragte Joshu: »Wer ist es, der sogar Buddha transzendiert?« Joshu erwiderte: »Der Mann da, der seinen Ochsen führt, er ist es.« Wir könnten statt dessen sagen: Der Schiffsjunge. Wir könnten auch sagen: Der Mann, der ihn hinrichtete. Selbst in seiner Unwissenheit trug auch er Buddhas Kleider, aß Buddhas Essen, sprach mit Buddhas Worten, tat Buddhas Werke; das heißt, auch er war Buddha. Jemand fragte Yasutani Roshi: »Was ist der Unterschied zwischen Ihnen und mir?« Yasutani sagte: »Da gibt es keinen Unterschied, außer dem, daß ich das weiß.« In diesem *Wissen* ist alles, es ist der Torweg zu allen Geheimnissen, wie es ein Meister formulierte, und wir alle wissen es. Also, genau in diesem Augenblick: Was ist Buddha?

17 Aus: *Du hast mich heimgesucht bei Nacht. Abschiedsbriefe und Aufzeichnungen des Widerstandes 1933 bis 1945.* Hrsg. von Helmut Gollwitzer, Käthe Kuhn u. Reinhold Schneider (Gütersloh: Gütersloher Verlagshaus, 8. Aufl. 1994).

31 Joshu prüft die alte Frau

Ein Mönch fragte eine alte Frau: »Welches ist der Weg nach Gutei?« Die alte Frau wies ihn an: »Geh immer geradeaus.« Als der Mönch ein paar Schritte gegangen war, meinte sie: »Er sieht vielleicht aus wie ein feiner Mönch, aber er ist genauso gewöhnlich wie der Rest.«

Später erzählte jemand Joshu davon, und Joshu sagte: »Warte, ich werde hingehen und die alte Frau für euch durchschauen.« Am nächsten Tag ging er zu der alten Frau, stellte die gleiche Frage und bekam die gleiche Antwort.

Er sagte zu seinen Schülern: »Ich habe die alte Frau für euch durchschaut.«

Mumons Kommentar

Die alte Frau wußte nur in ihrem Zelt zu sitzen und den Feldzug zu planen; sie wußte nicht, daß ein Spion eingedrungen war. Obwohl der alte Joshu schlau genug war, sich in das Lager zu schleichen und die Festung einzunehmen, schien er kein großer General zu sein. Wenn wir darüber nachdenken, haben beide ihre Fehler. Doch sag mir, was hat Joshu in der alten Frau gesehen?

Mumons Vers

Die Frage war die gleiche,
Die Antwort war die gleiche,
Sand im Reis,
Dornen im Schlamm.

Kommentar

Von allen Koans im *Mumonkan* ist dieses das schwierigste, doch zugleich auch das vollendetste. Es umfaßt in seiner einfachen Geschichte die Entfaltung vom ersten Kensho bis zum vollen Erwachen. Man muß sorgfältig auf alles achten, was Mumon sagt; weder in seinem Kommentar noch in seinem Vers verschwendet er ein einziges Wort, und alles, was er sagt, muß in der Lösung des Koans enthalten sein.

Joshu kennen wir schon; sein eigenes Erwachen haben wir in einem früheren Koan gesehen: *Alltagsgeist ist der Weg*. Dies ist eine Vervollkommnung jenes Koans.

Wieder einmal haben wir hier eine alte Frau. Dieses Mal ringt sie, vielleicht törichterweise, mit Joshu. Aber selbst Joshu konnte sie nicht besiegen, weil er sich schließlich doch irgendwie verraten haben mußte. Es handelt sich um ein Dharma-Duell, und um das Koan zu durchdringen, sollten wir erkennen, daß die Frau tief erwacht ist.

Wie sieht ein erwachter Mensch aus? Besonders im Westen haben wir eine romantische Vorstellung von solch einem Menschen. Zum Teil liegt das daran, daß wir einen erwachten Menschen mit einem Heiligen verwechseln, dessen Heiligsein ja von Wundern abhängt. Wir glauben, daß in Anwesenheit eines Heiligen das Wunderbare um uns sei oder sein sollte, und wir meinen, dasselbe sollte auch für einen erwachten Menschen gelten. Aber im Zen besteht das Wunder nicht darin, auf dem Wasser zu laufen, sondern überhaupt zu laufen; es besteht nicht darin, in anderen Zungen zu sprechen, sondern zu sprechen. Zen stellt dich mit beiden Beinen auf die Erde, und du erkennst: Sie ist der Himmel.

Ein weiterer Grund für unser Mißverständnis besteht darin, daß wir auf einer gewissen Stufe denken, Erwachen müsse wohl das Ich zu Höherem erheben. Wagners Oper *Parsival* zeigt das deutlich. So wie Spiritualität von Wagner dargestellt wird, ist sie reine Verklärung des Bekannten. In den Bühnenanweisungen für den Schlußhöhepunkt der Oper heißt es: »Parsival besteigt die Stufen des Weihtisches, entnimmt dem von den Knaben geöffneten Schreine den ›Gral‹ und versenkt sich, unter stummem Gebete, kniend in seinen Anblick. Allmähliche sanfte Erleuchtung des ›Grales‹. Zunehmende Dämmerung in der Tiefe bei wachsendem Lichtscheine aus der Höhe ... *Lichtstrahl: hellstes Erglühen des ›Grales‹. Aus der Kuppel schwebt eine weiße Taube herab und verweilt über Parsifals Haupt* ...« (Hervorhebung v. Verf.)[18]

Ich erinnere mich, wie im Gegensatz dazu Yasutani Roshi einmal im Gras eines Jagd- und Angelgeländes in Ontario kniete, wo er gerade ein Einführungswochenende zum Zen, ein *Zazenkai*, abgehalten hatte. Sein Kopf berührte fast den Boden, während er von dem Mönch Taisan geschoren wurde. Umgeben von wackeligen alten Schuppen, von denen keiner eine gerade Wand hatte, kniete dieser winzige alte Mann in einer zerschlissenen Robe auf hartem Gras im Staub. Wo war das Licht, wo die Herrlichkeit, wo die Taube?

Zen-Meistern immer bewußt war der »Gestank des Zen«. Bei Yasutani Roshi gab es keinen Gestank des Zen. Wir dürfen aber auch nicht ins andere Extrem fallen und aus der Gewöhnlichkeit etwas Besonderes machen, sonst wird sie denselben Gestank verströmen. Manche Leute machen eine Tugend dar-

18 Richard Wagner: *Parsifal* (Stuttgart: Reclam 1995).

aus, gewöhnlich zu sein, und sind dann erstaunt, wenn man sie wie jeden anderen Menschen auch behandelt.

Man kann das Koan als Drama in drei Akten ansehen. Der erste Akt: Auf Pilgerreise zu Gutei, einem heiligen Berg, der Manjusri gewidmet ist, legt der Mönch gewöhnlich eine Erfrischungspause in einem Teehaus ein und fragt dann, wahrscheinlich weil die Straße sich gabelt, die alte Frau, die ihn bedient: »Welches ist der Weg nach Gutei?« Sie sagt jedesmal zu ihm: »Geh immer geradeaus« und dann, zur Seite: »Er mag ja wie ein Mönch gekleidet sein, aber er ist nicht anders als alle anderen.« Im zweiten Akt erzählen ein paar der Mönche, die so behandelt wurden, Joshu davon, und Joshu geht los, um die alte Frau zu prüfen. Er kommt zu der Frau, tut das gleiche wie die Mönche, stellt die gleiche Frage, erhält die gleiche Behandlung. Im dritten Akt geht er zu den Mönchen zurück und sagt: »Ich habe die alte Frau für euch durchschaut.«

Im ersten Akt fällt der Ausdruck: »Geh immer geradeaus.« Wie geht man immer geradeaus? Was bedeutet das? Man sagt im Deutschen, ein Mensch sei gerade, gehe krumme Wege, sei vom rechten Weg abgewichen, habe einen Fehltritt begangen. Ein gerader Mensch ist offen, freimütig, ohne Verstellung, ohne Allüren, frei von Eitelkeit. Genau in dieser Weise müssen wir üben, in gerader Weise, ohne vorzutäuschen, wir würden härter arbeiten, als wir es tatsächlich tun, ohne vorzutäuschen, wir seien weiter, als wir es tatsächlich sind, ohne uns mit anderen zu vergleichen, ohne Idealvorstellung von uns selbst oder anderen als erwacht. Was die alte Frau eigentlich sagt, ist, daß die Mönche *nicht geradeaus gehen*. Deshalb bemerkt sie: »Er ist nicht besser als die anderen.«

Aber warum sagt die alte Frau das gleiche über Joshu? Nehmen wir zunächst einmal an, daß auch sie nicht geradeaus geht, daß auch sie voller Eitelkeit und Verstellung ist, daß sie die Mönche bloß herabsetzt und daß in ihren Augen Joshu nicht anders ist. Damit stirbt das Koan. Aber Mumon vergleicht die alte Frau und Joshu mit zwei Generälen: Die alte Frau in ihrem Zelt plant ihre Strategie; Joshu versucht, ihre Verteidigung zu unterwandern. Beide sind einander ebenbürtig. Daher müssen wir davon ausgehen, daß die alte Frau tief erwacht ist. Dann wird das Koan interessant. Wie hat sich Joshu in ihr Lager geschlichen und die Festung eingenommen? Sie durchschaute Joshu in derselben Weise, wie Joshu sie durchschaute. Aber wann war das? Und wann hat Joshu die alte Frau durchschaut? Mumon spendet der Frau Lob. Sie war ein General, jemand, der für das Feld verantwortlich war. Aber er sagt, daß sie ihre Fehler hatte. War das, weil sie sich hereinlegen ließ? Joshu drang direkt ins feindliche Lager ein, aber auch er beging einen Fehler. War das, weil er die alte Frau nicht hereingelegt hat? Beide hatten also ihre Stärken, beide ihre Schwächen. Was waren diese Schwächen?

Sand im Reis,
Dornen im Schlamm.

Beide Gefahren mußten den Menschen der damaligen Zeit recht geläufig gewesen sein! Ein Kommentar zu diesem Koan beschreibt Joshus Frage »Welches ist der Weg nach Gutei?« als den Sand im Reis, die Dornen im Schlamm. War sie das? Oder war es Joshu selbst?

32 *Ein Nicht-Buddhist befragt den Buddha*

Ein Nicht-Buddhist sagte einmal zu dem Welt-Erhabenen: »Bitte gib mir nicht Worte, bitte gib mir nicht Schweigen.« Der Welt-Erhabene saß einfach. Der Nicht-Buddhist rühmte ihn: »Das große Mitgefühl des Welt-Erhabenen hat die Wolken meines Unwissens aufgerissen und es mir ermöglicht zu erwachen.« Er verbeugte sich dankbar und ging fort. Ananda fragte daraufhin Buddha: »Was für eine Erkenntnis hat der Nicht-Buddhist gehabt, daß er dich so sehr rühmte?« Der Welt-Erhabene erwiderte: »Er ist wie ein feuriges Pferd, das beim bloßen Schatten der Peitsche losgaloppiert.«

Mumons Kommentar

Ananda ist Buddhas Schüler, aber seine Erkenntnis bleibt hinter der des Nicht-Buddhisten zurück. Jetzt sag mir, wie sehr unterscheiden sie sich, der Schüler des Buddha und der Nicht-Buddhist?

Mumons Vers

Auf des Schwertes Schneide entlanggehen,
Über scharfkantiges Eis laufen –
Du brauchst nicht einen Schritt zu machen;
Löse deinen Griff von der Felswand.

Kommentar

An diesem Koan fällt auf, daß es ein Nicht-Buddhist ist, der die Frage stellt und dadurch zum Erwachen kommt. Ananda wiederum, einer von Buddhas engsten Schülern, ist verwirrt und bestürzt über das, was geschieht. Das Äußerste, was er noch zustande bringt, ist, eine völlig unsinnige Frage zu stellen. Erwachen ist nicht auf den Buddhismus begrenzt; es ist nicht einmal auf jemanden, der einen spirituellen Weg geht, begrenzt.

Welchen Sinn hätte Erwachen, wenn es auf Leute beschränkt wäre, die Zen oder irgendeinen anderen spirituellen Weg üben? Das würde bedeuten, daß es an ein System gebunden wäre, daß es nicht die Wahrheit wäre, sondern eine Parodie der Wahrheit. Der Regen fällt auf die Gerechten und die Ungerechten gleichermaßen, und Erwachen ist das Geburtsrecht aller Menschen.

Der Nicht-Buddhist hatte offenbar nacheinander all die zahlreichen Lehrer aufgesucht, die es zur Zeit des Buddha gab, einer Zeit großer religiöser Unruhe, und er hatte sicherlich viele widersprüchliche Berichte über den spirituellen Weg gehört. Er war vermutlich sowohl bei Heiligen als auch bei Scharlatanen gewesen, doch keiner hatte es geschafft, sein Herz zu berühren. Jetzt kommt er, wahrscheinlich tief verzweifelt, zu Buddha. Er sagt: »Bitte gib mir nicht noch mehr Worte und Theorien, ich habe schon zu viele davon gehört und gelesen und besprochen. Aber bitte schweig auch nicht, Schweigen nützt nichts.« Und Buddha sitzt einfach da.

Einfach Sitzen, japanisch *Shikantaza*, ist eine Übung, die in der Yasutani-Tradition normalerweise erst nach dem Koan-Training erlaubt wird. Da dieses bis zu fünfzehn Jahre oder noch länger dauern kann, hat man im Normalfall schon lange Zeit praktiziert, wenn man mit Shikantaza beginnt. Was Anfängern manchmal fälschlicherweise als Shikantaza gelehrt wird, ist einfach, das Spiegelbild ihrer selbst im Spiegel ihres Geistes zu betrachten. Einfach Sitzen ist nur möglich, wenn man schließlich erkennt, daß nichts getan zu werden braucht, daß selbst das kleinste Bild noch zuviel ist. Es braucht normalerweise die vollen fünfzehn oder mehr Jahre vielen »Tuns«, bevor die Wahrheit dieses Es-braucht-nichts-getan-zu-Werden wirklich »sitzt«.

Einfach Sitzen bedeutet nicht, den Geist von allen Gedanken zu leeren oder sich zu entspannen und alles treiben zu lassen; es bedeutet nicht einmal, beim Sitzen Gedanken wahrzunehmen, aber sich nicht von ihnen beeinflussen zu lassen. All das erfordert Tun. Eine kurze Geschichte verdeutlicht hier vielleicht, was einfach Sitzen heißt.

Drei Männer machten einen Spaziergang auf dem Land und sahen in der Ferne jemanden auf einem großen Felsen sitzen. Zum Zeitvertreib begannen die drei sich auszudenken, was der Fremde da wohl tue. Einer sagte, er warte auf einen Freund; der zweite meinte, er ruhe sich aus, weil er müde sei; der dritte glaubte, er bewundere die Aussicht. Als sie dem Fremden näher kamen, schlug einer der drei vor, ihn einfach selbst zu fragen, was er da mache. Er ging also hin zu dem Fremden und sprach ihn an: »Mein Freund hier sagt, Sie warten auf einen Freund, mein anderer Freund sagt, Sie ruhen sich aus, und ich sage, Sie bewundern die Aussicht; bitte, mein Herr, sagen Sie uns doch, was tun Sie, während Sie da sitzen?« Der Fremde sagte: »Ich sitze einfach.«

Die meisten von uns würden wohl meinen, daß der Mann seine Zeit verschwendet. Manchmal werde ich gefragt: »Wozu ist Zazen gut?« Ich antworte immer: »Zu gar nichts.« Alles andere mag zu etwas gut sein, Zen jedoch nicht. Genausogut könnte man fragen, wozu es gut ist, daß die Sonne scheint. Natürlich werden viele Leute sagen, daß es sehr wohl sinnvoll ist, daß die Sonne scheint, weil ohne sie die Pflanzen nicht wachsen würden und so weiter. Eines meiner Kinder kam einmal mit Notizen vom Biologieunterricht aus der Schule, und ein Satz ist mir fest im Gedächtnis geblieben: Da hieß es, eine Pflanze habe einen Stengel, um die Blüte hochzuhalten. Wir dürfen nicht Folge mit Nutzen verwechseln. Viele Leute sagen, Zazen bringe allerlei Vorteile mit sich, wie bessere körperliche und seelische Gesundheit, mehr Kreativität und so weiter. Das ist vielleicht die Folge. Aber es bedeutet nicht, daß Zazen für sich genommen irgendeinen Nutzen hat.

Die fallenden Blätter
Fallen und häufen sich;
Der Regen
Trommelt auf den Regen.[19]

Wozu ist es gut, daß sich die Blätter häufen, wozu ist es gut, daß Regen auf Regen fällt? In seiner Einführung zu diesem Koan im *Hekigan-roku* bemerkt Engo: »Es hat keine Form, und doch erscheint es. Es füllt die zehn Richtungen; es ist grenzenlos. Es reagiert spontan, entsteht in Leere.« Das erinnert an Buddhas Aussage: »Da gibt es jene Sphäre, worin weder Erde noch Wasser ist, weder Feuer noch Luft: Sie ist nicht die Unendlichkeit des Raumes noch die Unendlichkeit der Wahrnehmung; sie ist nicht Nichts, noch ist sie Vorstellung oder Nicht-Vorstellung; sie ist weder diese Welt noch die nächste, noch ist

19 Aus: *Zen Forest*, übers. ins Englische v. Sōiku Shigematsu.

sie beides; sie ist weder die Sonne noch der Mond. Weder kommt sie, noch geht sie, weder bleibt sie, noch vergeht sie; sie ist nicht verursacht, geschaffen, entstanden, begründet; sie ist das Ende des Leidens.« Sowohl Buddha als auch Engo hätten hinzufügen können: »Und doch ist sie vollkommen nutzlos.« Es ist das Ende des Leidens, weil es das Ende der ewigen Suche nach dem Nützlichen ist, bei der alles zu einem Instrument wird.

Leiden ist der Anlaß zur Übung, aber wir sollten nicht aus der Übung eine Technik machen, um das Leiden zu beenden. Leiden ist, wie Buddha sagte, die Grundlage des Lebens; wir leiden, weil wir existieren wollen, weil wir *etwas* auf der Welt sein wollen. Wir wollen *etwas* sein und benutzen *alles*, was uns darin bestätigt; und wir benutzen alles, um das Leiden zu überwinden, das unser Wollen mit sich bringt. Angst vor dem Tod ist die Erkenntnis, daß letztlich keine Sicherheit möglich ist, daß alle unsere vielen »etwas« ein Ende haben müssen. Mit dieser Erkenntnis kann eine neue Art des Leidens entstehen, ein Leiden, das seinen Ursprung in der Sehnsucht hat, unseren Weg zurück nach Hause zu finden. Wenn wir üben, um unserem Leiden ein Ende zu setzen, kann es sein, daß wir dem Üben selbst ein Ende setzen. Es ist das Leiden, das aus der Sehnsucht kommt, nach Hause zurückzukehren, auf das sich Buddha bezieht, wenn er auf Anandas Frage mit den Worten antwortet: »Er ist wie ein feuriges Pferd, das beim bloßen Schatten der Peitsche losgaloppiert.«

In den buddhistischen Schriften heißt es: »Wer über die Vergänglichkeit des Lebens nachdenkt, wenn er erfährt, daß in seinem Nachbardorf jemand im Sterben liegt, ist wie ein feuriges Pferd, das beim bloßen Schatten der Peitsche losgaloppiert. Wer über die Vergänglichkeit des Lebens erst nachdenkt, wenn er erfährt, daß in seinem eigenen Dorf jemand im Sterben liegt, ist wie ein Pferd, das losgaloppiert, wenn es mit der Peitsche berührt wird. Wer über die Vergänglichkeit des Lebens erst nachdenkt, wenn er erfährt, daß in seiner eigenen Familie jemand im Sterben liegt, ist wie ein Pferd, das losgaloppiert, wenn es ausgepeitscht wird. Und wer schließlich über die Vergänglichkeit des Lebens erst nachdenkt, wenn er spürt, daß er selbst im Sterben liegt, ist wie ein Pferd, das losgaloppiert, wenn es gepeitscht wird bis auf die Knochen.«

Ananda brauchte viele Jahre, um zu erwachen; der Nicht-Buddhist erwachte gleich. Mumon fragt: »Ananda ist Buddhas Schüler, aber seine Erkenntnis bleibt hinter der des Nicht-Buddhisten zurück. Jetzt sag mir, wie sehr unterscheiden sie sich, der Schüler des Buddha und der Nicht-Buddhist?« Der eine hat es, der andere nicht; beide sind einzigartig, ein Unterschied läßt sich nicht finden.

33 Basos »Kein Geist, kein Buddha«

*Ein Mönch fragte Baso: »Was ist Buddha?«
Baso antwortete:
»Kein Geist, kein Buddha.«*

Mumons Kommentar

Ergründe das, und du hast deine Übung des Zen beendet.

Mumons Vers

*Wenn du einen Schwertkämpfer triffst, gib ihm ein Schwert;
Ein Gedicht gib nur einem Dichter.
Wenn du sprichst, sag nur ein Drittel;
Gib nicht gleich alles preis.*

34 Nansens »Wissen ist nicht der Weg«

Nansen sagte:
»Geist ist nicht der Buddha; Wissen ist nicht der Weg.«

Mumons Kommentar

Mit zunehmendem Alter hat Nansen sein Schamgefühl verloren. Kaum macht er seinen stinkenden Mund auf, da hat er schon alle Familiengeheimnisse verraten. Doch es gibt wenige, die ihm für seine Güte dankbar sind.

Mumons Vers

Der Himmel klart auf, die Sonne scheint hell;
Der Regen fällt, die Erde wird naß.
Er öffnet sein Herz und erklärt das ganze Geheimnis.
Doch ich fürchte, er wird wenig geschätzt.

Kommentar

Huang-po sagte einmal zu seinen Mönchen: »Es gibt nur Einen Geist und nicht ein Jota von irgend etwas anderem, das man fassen kann, denn *dieser Geist ist Buddha.* Wenn ihr, die ihr den Weg praktiziert, nicht zu der Wirklichkeit des Geistes erwacht, dann werdet ihr Geist mit begrifflichem Denken verdecken, dann werdet ihr Buddha außerhalb von euch selbst suchen.« In Koan 30 erklärt Baso kategorisch: »Genau dieser Geist ist Buddha.« Im vorherigen Koan sagt er: »Kein Geist, kein Buddha.« Buddha ist Geist, Buddha ist nicht Geist, Geist ist nicht Geist, Buddha ist nicht Buddha. Was geht hier vor?

Arthur Koestler hat dieselbe Frage gestellt. Zunächst zitierte er D. T. Suzuki mit den Worten »häßlich ist schön, falsch ist wahr und umgekehrt genauso«, dann ging er zum Angriff über und schrieb: »Die Perversionen des Pop-Zen beruhen auf dem Taschenspielertrick von der Gleichheit der Gegensätze: Die Kommunisten jonglieren mit der Dialektik der Geschichte, die Scholastiker mit einer Kombination aus Heiliger Schrift und Aristotelischer Logik. Die Axiome unterscheiden sich, aber die Täuschung folgt ziemlich demselben Muster. Fakten und Argumente, welche die äußere Abwehr erfolgreich durchbrechen, werden von der dialektischen Methode solange bearbeitet, bis ›falsch‹ zu ›wahr‹ wird, Tyrannei zu Demokratie und ein Hering zum Rennpferd.«[20]

Wäre Koestler etwas sorgfältiger und vielleicht auch etwas nachsichtiger gewesen, dann hätte er gesehen, daß seine Anschuldigungen, zumindest was Suzuki angeht, nicht gerecht waren. Auf der anderen Seite ist die Art von Rhetorik, die Koestler angreift, in der Zen-Literatur tatsächlich nicht unüblich, und er hat recht, wenn er sagt, daß sie gefährlich sein kann. Genauso wie wir in unserem Verhalten moralische Nor-

20 Arthur Koestler: *The Ghost in the Machine* (New York: Viking Penguin 1990).

men nicht übergehen, sondern über sie hinausgehen sollten, indem wir einfühlsam auf Situationen reagieren, so sollten wir auch Logik nicht außer acht lassen, sondern nach einer weiter gefaßten Vernunft leben, die sie einschließt, aber nicht von ihr begrenzt wird.

Ein Mönch fragte Baso, weshalb er gesagt habe, Geist sei Buddha. Baso antwortete: »Weil ich möchte, daß die kleinen Kinder aufhören zu weinen.« Der Mönch blieb hartnäckig: »Wenn sie aufgehört haben zu weinen, was dann?« Baso sagte: »Nicht Geist, nicht Buddha.« Der Mönch fragte: »Wie würdest du mit einem Mann umgehen, der keinen dieser beiden Standpunkte vertritt?« Baso sagte: »Ich würde ihm sagen: Nicht Dinge.« Der Mönch fuhr fort: »Was würdest du einem Mann sagen, der frei von allen Anhaftungen ist?« Der Meister erwiderte: »Ich würde ihn den Großen Weg genießen lassen.« Jede dieser Antworten ist dem Augenblick angemessen, aber grundsätzlich unterscheiden sie sich nicht voneinander. Buddha hat nicht die Wahrheit gelehrt, sondern *den Weg zur Wahrheit*. Er sagte, wenn man das andere Ufer erreicht hat, sollte man diese Lehre aufgeben.

Nansens »Geist ist nicht Buddha; Wissen ist nicht der Weg« ist Joshus »Mu!« Wenn der alte Mann in »Hyakujos Fuchs« erklärt: »Ich bin kein menschliches Wesen«, muß man der Versuchung widerstehen zu fragen: »Nun, was bist du dann?« Auf ähnliche Weise darf man auch nicht Nansen fragen: »Wenn es nicht Geist oder Wissen ist, was ist es dann?« Die *Prajnaparamita* spricht vom Bodhisattva, der »an nichts gebunden« ist, aber wir dürfen uns dieses »nichts« nicht als das Gegenteil von »etwas« vorstellen. Dieses »nichts« hat keinen ontologischen Status. Wie Mumon es ausdrückt:

Der Himmel klart auf, die Sonne scheint hell;
Der Regen fällt, die Erde wird naß.

»Nichts« ist Klarheit ohne irgendwo auch nur ein Staubkörnchen. Es ist völlig durchsichtig. Auf die gleiche Weise wird in Nansens »Geist ist nicht der Buddha; Wissen ist nicht der Weg« alles enthüllt. In der folgenden Geschichte wird dieses Koan näher ausgeführt.

Einmal sagte Nansen: »Ma-tsu aus Kiangsi [Baso] behauptete, Geist sei Buddha. Ich würde es jedoch nicht so ausdrücken. Ich würde sagen: Nicht Geist, nicht Buddha, nicht Dinge. Ist etwas falsch daran, wenn ich es so ausdrücke?« Joshu hörte sich das an, dann machte er eine Verbeugung und ging. Ein Mönch folgte ihm und rief: »Was hast du eben gemeint, als du dich verbeugt hast und vom Meister fortgegangen bist?« Joshu erwiderte: »Herr, du wirst den Meister fragen müssen.« Der Mönch ging zum Meister und erkundigte sich: »Warum hat Joshu sich gerade so benommen?« »Er hat verstanden, was ich meinte!« rief Nansen aus.

Weiter sagt Mumon:

Er öffnet sein Herz und erklärt das ganze Geheimnis.
Doch ich fürchte, er wird wenig geschätzt.

Wenn Mumon sechs schwere Jahre brauchte, um es zu schätzen, sollten wir uns nicht wundern, wenn Nansen nicht sehr geschätzt wird. Aber Moment mal: Wer ist Nansen, und wo war Joshu, als er sich verbeugte?

35 Sei und ihre Seele

Goso sagte zu seinen Mönchen:
»Sei und ihre Seele sind getrennt. Wer ist die wahre Sei?«

Mumons Kommentar

Wenn du erkennst, wer die echte ist, dann wirst du sehen, daß das Herauskommen aus einer Hülle und das Hineinschlüpfen in eine andere wie das Einkehren eines Reisenden in Hotels ist. Wenn du es noch nicht erkannt hast, renne nicht blind durch die Gegend. Wenn plötzlich Erde, Wasser, Feuer und Luft sich zersetzen, wirst du wie eine Krabbe sein, die in kochendes Wasser gefallen ist und nun mit ihren sieben Armen und acht Beinen kämpft. Sag nicht, ich hätte dich nicht gewarnt.

Mumons Vers

Immer gleich der Mond in den Wolken;
Verschieden voneinander der Berg und das Tal.
Wundervoll, wundervoll, wundervoll.
Ist das eins oder zwei?

Die Geschichte

Dieses Koan beruht auf einer damals sehr bekannten Liebesgeschichte, einer Art von chinesischem *Romeo und Julia*. In der Gegend von Koyo lebte einmal ein Mann namens Chokan mit seiner Tochter Sei. Sie war sehr schön, und ihr Vater liebte sie sehr. Sie hatte einen hübschen Cousin, Ochu, und Chokan scherzte gerne, daß sie ein gutes Paar abgeben würden. Die beiden jungen Leute nahmen seine Scherze ernst, und da sie sich liebten, betrachteten sie sich als verlobt. Der Vater aber wollte Sei mit einem anderen jungen Mann namens Hinryo verheiraten; die Tragödie schien unabwendbar.

Ochu war aufgebracht, als er von Chokans Entscheidung hörte, und verließ das Dorf in einem Boot. Nach mehreren Tagen auf dem Meer bemerkte er erstaunt, daß Sei bei ihm im Boot war. Überglücklich nahm er sie in das Land von Shoku mit, wo sie viele Jahre lang lebten und zwei Kinder bekamen.

Aber Sei konnte ihr Heimatland nicht vergessen. Es tat ihr weh, daß sie ihren Vater verlassen hatte, und sie fragte sich, was er wohl von ihr halten mochte. Ihr Mann ermutigte sie daher, nach Hause zurückzukehren, und entschloß sich, sie zu begleiten. Als sie beim Dorf des Vaters ankamen, bat Ochu Sei, zunächst im Boot zu bleiben; währenddessen ging er zu ihrem Vater und bat ihn um Entschuldigung für das, was geschehen war. »Wovon redest du?« rief der Vater. »Wer ist diese Frau?« »Es ist Sei«, erwiderte Ochu. »Unsinn!« sagte Chokan. »Sei wurde krank und liegt seit mehreren Jahren im Bett. Das ist unmöglich Sei!« Ochu ging zurück zum Boot und brachte Sei zum Haus des Vaters. In der Zwischenzeit erzählte man der Sei, die im Bett lag, die ganze Geschichte, und als Sei vom Boot kam, erhob sich die kranke Sei von ihrem Bett und ging ihr entgegen, und die zwei wurden eins.

Kommentar

Ein Koan, das sich nicht im *Mumonkan* findet, könnte helfen, den Geist für das Sei-Koan zu wecken: Zwei Schwestern waren draußen im Regen; welche ist diejenige, die nicht naß wurde?

Platon erzählt von einem Mythos, nach dem die Erde einmal von Wesen mit vier Beinen, vier Armen und Händen und zwei Köpfen bevölkert war. Diese Wesen waren so stark und selbstbewußt, daß die Götter Angst bekamen, sie würden den Himmel übernehmen. Daher schnitten sie diese Wesen in zwei Hälften, »wie eine Flunder«, sagte Platon. Seit dieser Zeit sucht jede Hälfte ihre andere Hälfte. Das ist der Mythos der romantischen Liebe, aber es ist auch ein Mythos aller Liebe. Ursprünglich sind wir eins und ganz. In unserem Inneren aber werden wir auf eine Weise geteilt, daß nur die eine Hälfte jemals fähig ist, Erfüllung zu finden; die andere Hälfte sucht auf ewig nach ihrem Seelengefährten, um wieder ganz zu werden.

Einerseits möchten wir ausgehen und die Welt erobern, viel unternehmen, reisen, neue und interessante Leute kennenlernen. Andererseits sehnen wir uns nach einem ruhigen Leben, Spaziergängen auf dem Land, Meditation, Frieden. Wenn wir uns von allem absetzen und aufs Land ziehen, dort einfach, aber voller Frieden leben, möchten wir nach kurzer Zeit wieder zurück in die Betriebsamkeit. Und sind wir zurück, denken wir wehmütig an den Frieden, den wir einmal erfahren hatten. Das Leben scheint zwischen Langeweile und Anspannung zu schwanken – Langeweile, wenn wir so viele Verpflichtungen wie möglich abgeschüttelt haben, und Anspannung, wenn wir uns wieder einmal bis über den Kopf damit eingedeckt haben.

Aber hast du einmal jenen magischen Augenblick erlebt, in dem du dich mit einem anderen Menschen völlig eins gefühlt hast? Es scheint mehr Raum, mehr Licht in der Gegenwart dieses Menschen zu geben. Für eine Weile entweicht einfach die

Anspannung des Daseins, und man ist in Leben und Licht gehüllt.

Liebe ist nicht homogen. Es lassen sich viele verschiedene Arten von Liebe ausmachen, menschliche Liebe und Liebe zum Göttlichen. Es gibt besitzergreifende Liebe, also Liebe, die aufsaugen, ersticken, beherrschen möchte, und unterwürfige, abhängige Liebe, die sich hingeben, umsorgt sein, Sicherheit haben möchte.

Es gibt auch eine Liebe, bei der das Wohlergehen des anderen das einzige ist, was zählt; diese Liebe ist nicht altruistisch, sie wird nicht von einem großen Ideal getragen; sie ist reine Großzügigkeit; manchmal grenzt sie auch ans Besitzergreifende. Und schließlich gibt es Verehrung, die im anderen alles, das Ganze sieht; sie ist nicht Vergötterung, sondern eher eine Abwesenheit des Selbst in der Gegenwart des anderen.

Selten ist nur eine einzige Art von Liebe vorhanden, selten sind wir genügend rein im Herzen, um, mit Kierkegaards Worten, »eines zu wollen«.

Als Menschen sind wir kompliziert, und diese Kompliziertheit färbt alles, was wir tun. Dennoch ist, jenseits von Kompliziertheit und Verwirrung, der trübe Nebel der Existenz genau das, was allen Arten der Liebe gemeinsam ist. Es heißt »Gott ist Liebe«, und wenn das nicht ein solches Klischee wäre, wäre damit alles gesagt. Gemeinsam ist aller Liebe, auch der sexuellen und der göttlichen, ursprüngliche Einheit, die Einheit, auf die Platons Mythos anspielt. Ursprünglich sind wir eins, doch dann werden wir zwei-geteilt, und von dieser Zwei kommt Vielheit. Die verschiedenen Formen der Liebe sind wie das Spektrum, in das sich reines Licht teilt, wenn es durch ein Glasprisma fällt. Wenn das Licht der Einheit durch das Prisma des menschlichen Herzens fällt, teilt es sich ebenfalls in ein Spektrum auf, und das gibt dem menschlichen Leben Farbe.

Mumon drückt in seinem Vers den Geist dieses Koans aus:

Immer gleich der Mond in den Wolken;
Verschieden voneinander der Berg und das Tal.
Wundervoll, wundervoll, wundervoll.
Ist das eins oder zwei?

Zweiheit in der Einheit, *unus-ambo*, wie es in der Sufi-Tradition heißt, ist die Grundlage aller Religion. Die gnostische Religion, die Religion der Erkenntnis, spricht hiervon häufig. So heißt es etwa in einem christlich-gnostischen Gedicht:

Ich bin die Erste und die Letzte.
Ich bin die Verehrte und die Verachtete.
Ich bin die Hure und die Heilige.
Ich bin die Ehefrau und die Jungfrau.
Ich bin (die Mutter) und die Tochter.
Ich bin die, deren Hochzeit groß ist, und
ich habe keinen Ehemann genommen.[21]

Im Thomas-Evangelium heißt es:

Wenn ihr die zwei zu einem macht
und das Innen wie das Außen macht
und das Außen wie das Innen
und das Oben wie das Unten
und in der Weise, daß ihr den Mann mit der Frau
zu einem Einzigen macht in der Weise, daß der Mann
nicht Mann ist und die Frau nicht Frau ist;
dann werdet ihr in das Himmelreich eingehen.[22]

21 Elaine Pagels: *The Gnostic Gospels*. (Anm. d. Übers.: Auf deutsch erschienen unter dem Titel *Versuchung durch Erkenntnis. Die gnostischen Evangelien*.)
22 Robert M. Grant: *The Secret Sayings of Jesus*.

Der Mond ist eins, die Berge und die Täler unterscheiden sich voneinander und sind zwei. Der Mond ist eins, die Berge und Täler sind eins. Mumon fragt, ist das eins, ist das zwei? Doppelsinn ist das Thema dieses Koans: Einssein und Zweisein; Einssein, welches Zweisein ist; Einssein, das nicht einmal Einssein ist.

Sei und ihre Seele sind getrennt; welches ist die wahre Sei? Auf der einen Seite ist da Sei, die Einsiedlerin, zu Hause, zurückgezogen in sich selbst. Auf der anderen Seite ist da Sei, die Mutter und Ehefrau, die Extrovertierte, die am Leben teilnimmt, zu Hause in der Welt. Welches ist die wahre Sei? Der gnostische Text trug nur das Problem vor, ohne an eine Lösung zu denken. Der Text des Heiligen Thomas deutet auf eine Verschmelzung, aus zweien wird eins, eine mystische Hochzeit. Aber weder das eine noch das andere ist der Weg des Zen. Ein Sufi-Gedicht von Ib'n Arabi kommt dem Geist des Zen nahe:

Wenn du dann mich wahrnimmst, nimmst du dich wahr.
Aber du kannst nicht mich durch dich wahrnehmen.
Durch meine Augen kannst du mich sehen und
dich sehen,
Durch deine Augen kannst du nicht mich sehen.

Zen-Meister Yoka sagte:

Es ist nicht nötig, Verblendungen zu beseitigen;
Es ist nicht nötig, Wahrheit zu suchen.
Die Wirklichkeit der Unwissenheit ist eins mit der
Buddha-Natur;
Die trügerische Form ist eins mit dem Dharma-Körper.

36 Wenn du einen Mann des Weges triffst

Goso sagte: »Wenn du einen Mann des Weges auf dem Weg triffst, grüße ihn nicht mit Worten, grüße ihn nicht mit Schweigen. Sag mir, wie willst du ihn grüßen?«

Mumons Kommentar

Wenn du eine vertraute Begegnung mit ihm haben kannst, kann man dich beglückwünschen. Kannst du es aber nicht, mußt du bei jedem Schritt gegenwärtig sein.

Mumons Vers

Triffst du einen Mann des Weges unterwegs,
Begegne ihm weder mit Worten noch mit Schweigen.
Ein Kinnhaken:
Wenn du kannst, versteh unmittelbar.

Kommentar

Wer ist der Mann oder die Frau des Weges? Nach Mumons Vers sieht es so aus, als ob du so vor dich hinläufst, jemanden triffst, ihm oder ihr einen Kinnhaken verpaßt und weitergehst. Das wirkt alles furchtbar brutal. Aber wir müssen uns an Mumons früheren Kommentar erinnern: »Triffst du den Buddha, wirst du ihn töten; begegnest du den Patriarchen und Meistern, wirst du sie töten.« Offenbar ist nichts davon wörtlich zu nehmen, und dennoch: Warum ist die Sprache so brutal?

Es gibt eine Geschichte über einen der Wüstenväter, der lange Zeit alleine meditierte. Eines Tages kam in einem Lichtermeer der Erzengel Gabriel zu ihm. Der Engel sagte: »Ich bin gekommen, um dich für die Hingabe zu belohnen, die du gezeigt hast.« Der Einsiedler erwiderte: »Ich fürchte, du hast einen großen Fehler begangen. Würdest du bitte wieder gehen.«

Buddha zu treffen, einen Engel zu treffen, jemanden auf dem Weg zu treffen gilt in vielen Traditionen als große Errungenschaft. Manche Leute versuchen bewußt, mit dem sogenannten Channeling ihren Geist zu Visionen höherer Wesen zu stimulieren, und behaupten, Kontakt mit solchen Wesen zu haben. Manchmal ist das »höhere Wesen« die Vision eines Lichtwesens, eine Vision, die sich manchmal bei Menschen eingestellt hat, die dem Tode nahe waren. Es gibt mittlerweile einen Verein zum Erfahrungsaustausch für Leute, die solchen Phänomenen begegnet oder an ihnen interessiert sind. Manche dieser Leute haben sogar die Rolle eines Propheten oder Sehers angenommen. Aber im Zen, bekräftigt Mumon, ist es so: Wenn einer einen auf dem Weg trifft, strecke diesen einen nieder.

Eine der Gefahren bei diesen Visionen ist, daß man an ihnen festhält. Wenn Menschen mit Todesnähe-Erfahrung auf Konferenzen und Tagungen vor Hunderten von anderen sich selbst und ihre Erfahrung vorführen, so ist das gefährlich, zumindest was das spirituelle Leben des Betroffenen angeht. Jede solche Erfahrung, wie erhaben sie auch sein mag, ist nur eine Erfahrung und verschwindet, wie alle solche Erfahrungen, im Dämmerlicht der Vergangenheit. Welche Einsicht daraus auch immer entsteht, sie wird in Begriffe gefaßt und erstarrt wie all die anderen Begriffe und Ideen, die den Geist verstellen. Die Erfahrung zu überhöhen fördert eine eigene Form von Egoismus. Aus diesem Grunde empfiehlt Mumon den Kinnhaken und sagt, wenn jemand den Buddha treffe, solle er den Buddha töten. Die Anziehungskraft ist so stark, daß sie ein ebenso starkes Gegenmittel erfordert.

Wenn wir Zen üben, treffen wir den einen auf dem Weg, manchmal in himmlischer, doch manchmal auch in entsetzlicher Gestalt. Diese entsetzliche Gestalt tritt in Erscheinung, weil wir gleichsam durch ein dunkles Glas in die wahre Natur schauen, durch Begriffe, Vorurteile und Theorien. Dann kann die Gelassenheit der Leere zur einsamen Hölle des Nichts werden; im Schlund unseres eigenen Verschlingens werden wir verschluckt wie eine Schlange, die ihren eigenen Schwanz verschlingt. Im Zen wird das *Makyo* genannt, und wenn man übt, darf man weder vor dem Furchtbaren fliehen noch am Höheren festhalten. Wenn du einen auf dem Weg triffst, grüße ihn nicht mit Worten, grüße ihn nicht mit Schweigen. Wie willst du ihn grüßen?

37 Joshus Eichenbaum

»Was bedeutet Bodhidharmas Kommen aus dem Westen?«
»Der Eichenbaum im Garten.«

Mumons Kommentar

Wenn du unmittelbar in Joshus Antwort schauen kannst, gibt es keinen Shakya vor dir, keinen künftigen Maitreya.

Mumons Vers

Worte können Dinge nicht ausdrücken,
Sprache vermittelt nicht den Geist.
Auf den Wogen der Worte ist man verloren;
Blockiert von Sätzen, ist man verwirrt.

Kommentar

Dieses Koan fällt wahrscheinlich in die Zeit, als Joshu seine Pilgerreise beendet hatte. Nach seinem ersten Erwachen war Joshu etwa vierzig Jahre lang bei Nànsen geblieben, bis dieser starb. Dann ging er für zwanzig Jahre auf Pilgerreise; erst danach, im Alter von achtzig Jahren, ließ er sich an einem Ort nieder, um zu lehren. Er starb mit einhundertzwanzig Jahren.

Joshu war nicht wie Ummon, Rinzai und Tokusan ein Feuerschlucker. Man hat den Eindruck eines liebenswürdigen, hochintelligenten Mannes mit einem trockenen Sinn für Ironie. Wir begegnen ihm in zahlreichen Mondos.

Jemand fragte ihn: »Was ist mein Wesen?« Er sagte: »Der Baum wiegt sich, der Vogel fliegt, der Fisch springt, das Wasser ist schlammig.«

Bei anderer Gelegenheit wurde er gefragt: »Als Buddha lebte, fanden die Leute in ihm Befreiung. Jetzt gibt es Buddha nicht mehr, wo sollen sich die Leute da hinwenden?« »So etwas wie Leute gibt es nicht«, sagte Joshu. »Aber«, protestierte der Mönch, »stehe ich nicht hier und frage?« »Wenn ja, welchen Buddha suchst du?« gab Joshu zurück.

Jemand schleuderte ihm die Frage entgegen: »Der Buddha genau vor deinen Augen – was ist es?«

»Der Buddha in der Haupthalle.«

»Das ist ein physischer Buddha. Was ist Buddha?«

»Es ist Geist.«

»Wenn du es als Geist definierst, begrenzt du es. Was ist Buddha?«

»Es ist Nicht-Geist.«

»Du sagst Geist, du sagst Nicht-Geist, darf ich es mir aussuchen?«

»Geist und Nicht-Geist, das war alles deine Wahl. Gibt es irgend etwas, was ich dir sagen soll, damit du dich zufriedengibst?«

Jemand fragte einen Meister: »Was ist die allerwichtigste Frage?« Der Meister erwiderte: »Es ist die, die du mit geschlossenem Mund stellst.« Die wirkliche Frage, das, was T. S. Eliot die überwältigende Frage genannt hat, kann nicht mit Worten gestellt werden. Das ist der Grund, weshalb im Zen-Mondo so oft die rituelle Frage ausgesprochen wird: Was ist Buddha? Was bedeutet Bodhidharmas Kommen aus dem Westen? Häufig im Leben sind wir völlig fassungslos. Jemand stirbt oder verläßt uns, wir werden ernstlich krank oder verlieren unsere Arbeit, und wir sind wie betäubt. Tief in dieser Betäubung verborgen liegt eine Frage, aber wie können wir sie stellen? Wir stammeln: »Was bedeutet mein Leben? Warum wurde ich geboren? Wer bin ich? Was ist Tod?« Aber all dies ist weit entfernt von dem, um das es wirklich geht.

Die große Pilgerreise zum Erwachen, die Buddha unternommen hat, begann mit dem Schock, den er nach mehreren Begegnungen erlebte: Zuerst traf er auf einen kranken Menschen, dann auf einen alten Menschen und schließlich auf einen Toten. Buddhas Reaktion auf diesen Schock war, sechs lange und harte Jahre der Entbehrung und spirituellen Suche auf sich zu nehmen. Über spirituelle Suche zu sprechen wirft häufig eine weitere Frage auf, die, obwohl sie auf der ersten unstellbaren Frage beruht und daher ihrerseits unstellbar ist, weit über die erste hinausgeht: Was bedeutet spirituelle Arbeit? Diese Frage wird ausgedrückt in der rituellen Frage des Mönches: »Was bedeutet Bodhidharmas Kommen aus dem Westen?«

Versuchen wir trotzdem einmal zu fragen: Was ist spirituelle Arbeit, was ist ein spiritueller Mensch, und was ist Spiritualität? Viele Leute denken dabei an Gut-Sein, und in ihrem Bemühen, als spiritueller Mensch zu gelten, werden sie ein »guter« Mensch. Das typische Bild von Jesus ist das eines großmütigen, blonden jungen Mannes, der mit sanften Augen gen Himmel blickt; der krakeelende, aufgebrachte Mob und die Geschundenen der Welt können in diesem ätherischen Blick kaum erkannt werden. Wenn es nicht Gut-Sein ist, was durch die Frage nach Spiritualität zu Bewußtsein gebracht wird, dann ist es Charisma. Sehr oft verwechseln die Leute Charisma mit Weisheit, aber wie oft hören wir, daß der hochcharismatische Mensch sich im Grunde als Gauner erweist. In Wahrheit hat kein spiritueller Mensch jemals existiert. Unter anderem liegt auch das in Joshus Antwort.

Was bedeutete Bodhidharmas Kommen aus dem Westen? Yasutani sagte immer, wenn Bodhidharmas Kommen irgendeine Bedeutung gehabt hätte, wenn er tatsächlich irgend etwas mitgebracht hätte, dann wäre er keinen Pfifferling wert gewesen. Als jemand Dogen fragte, was er während seines Aufenthaltes in China herausgefunden habe, antwortete er: »Meine Augen sind waagerecht, und meine Nase ist senkrecht.«

Im Koan 20 des *Hekigan-roku* fragte der Mönch Ryuge einen anderen Mönch, Suibi: »Was bedeutet Bodhidharmas Kommen aus dem Westen?« Suibi bat Ryuge, ihm ein Sitzkissen zu geben. Als Ryuge es ihm reichte, schlug Suibi ihn damit. Ryuge sagte: »Du kannst mich schlagen, wenn du willst, aber Bodhidharmas Kommen aus dem Westen hat im Grunde keine Bedeutung.« Das Ganze wiederholte sich, als Ryuge die gleiche Frage an Rinzai richtete. Wieder wurde Ryuge mit dem Kissen geschlagen, und wieder sagte Ryuge, mit genau denselben Worten: »Du kannst mich schlagen, wenn du willst, aber Bodhidharmas Kommen aus dem Westen hat im Grunde keine Bedeutung.« Zu sagen »keine Bedeutung« ist eine Sache; zu sagen, dieses »keine Bedeutung« habe keine Bedeutung, ist etwas anderes.

Auf den ersten Blick sieht es so aus, als ob Joshus Antwort hier dasselbe ist wie Tozans »drei Pfund Flachs«. Doch die beiden Antworten unterscheiden sich sehr. Es ist genau das Da-Sein des Baumes, um das es Joshu geht. Seine Antwort ist van Goghs Lilien oder Cezannes Äpfeln nicht unähnlich. Um die Lilien zu erleben, wie van Gogh sie erlebte, oder die Äpfel zu erleben, wie Cezanne sie erlebte, muß man die Lilien sein, die Äpfel sein. Im Zen heißt es, man sollte sitzen wie ein Eichenbaum, mit seinen Wurzeln tief im Boden, seinen Ästen hoch im Himmel, unwandelbar, ganz. Wenn man das getan hat, wird man keine Schwierigkeit mit Joshus Eichenbaum im Garten haben und wird den radikalen Unterschied kennen zwischen Da-Sein und Dort-drüben-Sein.

Mumon sagt: »Wenn du unmittelbar in Joshus Antwort schauen kannst, gibt es keinen Shakya vor dir, keinen künftigen Maitreya.« Es gibt nicht einmal einen Eichenbaum!

Ich habe gehört, daß man in vielen Rinzai-Klöstern am Eingang auf die Ermahnung stößt: »Schau unter deine Füße!«

Joshus Eichenbaum ist überall.

38 Ein Büffel geht durch ein Fenster

Goso sagte: »Ein Büffel geht durch das Fenster. Sein Kopf, seine Hörner, seine vier Beine gehen alle durch. Aber warum kann nicht auch der Schwanz durchgehen?«

Mumons Kommentar

Wenn du eine vollständige Kehrtwendung machen, dein Zen-Auge öffnen und ein Kehrwort hierzu sagen kannst, wirst du fähig sein, die vier Verpflichtungen zurückzuzahlen und den fühlenden Wesen in den drei Reichen zu helfen, die dir folgen. Wenn du dazu noch nicht fähig bist, kehre zu diesem Schwanz zurück und denke über ihn nach, und dann wirst du ihn zum erstenmal fassen können.

Mumons Vers

Kommt er durch, fällt er in einen Graben;
Geht er zurück, ist er verloren.
Dieser winzige Schwanz,
Was für ein seltsames Ding er ist!

Kommentar

Es ist leicht, dieses Koan zu demonstrieren, aber schwer, seine Tiefen auszuloten. Man kann es entweder rein exoterisch betrachten oder von einem verborgeneren, tieferen Standpunkt aus.

Ist dir jemals aufgefallen, daß der Apfel anscheinend immer einen Wurm in sich hat? Es ist, wie wenn man gemütlich im Bett liegt, schön warm und kuschelig – nur daß das Kopfkissen eine Falte hat, die Matratze eine Delle oder daß es juckt am Bein. Kaum daß eine Sache bereinigt ist, taucht eine andere auf.

»Wie ist dein neuer Job?« »Gut, er gefällt mir sehr. Das einzige ist: Ich habe einen Kollegen, der redet wie ein Wasserfall.«

»Wie waren eure Ferien?« »Perfekt, nur die Leute im Nebenzimmer waren so laut …«

»Wie war das Fest?« »Es war toll, aber rate, wer da war!«

Kein Zweifel, daß es eines Tages heißen wird: »Wie gefällt es dir im Paradies?« »Es ist himmlisch, aber diese Heiligenscheine sitzen so eng.«

Viele Leute haben dieses »wenn doch nur«-Gefühl zu sich selbst, zu ihrem Körper, zu ihrem Charakter: Wenn ich doch nur größer wäre, kleiner, dünner, dicker wäre, eine größere Nase hätte, eine kleinere Nase. Wenn ich doch nur mehr aus mir herausgehen könnte, weniger laut wäre, liebevoller, unabhängiger. Alles stimmt, der Kopf, die Hörner, die vier Beine und der Körper sind alle durchgegangen. Aber dieser Schwanz. Wenn doch nur ...!

Tiefer noch als diese ist eine andere Sicht auf den Schwanz; oder besser gesagt, es ist die gleiche Sicht, jedoch eher von innen als von außen. Diese Sicht wird denen vertraut sein, die lange Zeit meditiert haben. Nach Jahren des Kämpfens sind die Gedanken nicht mehr wichtig, die Gefühle friedlich, die Haltung stört nicht mehr; Klarheit und Weite sind gegenwärtig, doch genauso gegenwärtig ist der Beobachter, genauso gegenwärtig bin »ich«. Mir scheint, wenn ich nach vorne gehe, werde ich in einen Abgrund des Vergessens fallen; wenn ich zurück gehe, bin ich wieder einmal verloren in einem Schwall von Gedanken und Träumen. Aber ich kann nicht bleiben, wo ich bin. Wieder ist es Hakuins Ratte in einem Bambusrohr. Dieser winzige Schwanz, was für ein seltsames Ding er ist!

Mumon sagt uns, wir müßten eine komplette Kehrtwendung machen und unser Weisheitsauge öffnen. Diese Kehrtwendung muß im Ich selbst gemacht werden. Im Zen heißt es: »Der Dieb mein Kind.« Ähnlich beklagte sich eine Nonne, daß sie das Unkraut nicht herausreißen könnte, denn wenn sie es täte, würde sie die Blume gleich mit herausziehen. Das Problem ist nicht, wie wir das Ich loswerden, sondern wie man das Bad ausschüttet, ohne das Kind zu verlieren.

Was ist dieses Ich? Wenn man an dieser Frage arbeitet, scheint es letzten Endes nicht mehr als ein Standpunkt. Nisargadatta verglich es mit einem stecknadelkopfgroßen Loch in einem Blatt Papier. Es ist *im* Papier, aber nicht *aus* Papier. Und sein Vorhandensein ist seine Abwesenheit. Je mehr man es leugnet, desto mehr bestätigt man es, weil Leugnung nicht weniger einen Standpunkt verlangt als Bestätigung. Dieser Standpunkt wird oft als das wirkliche Selbst aufgefaßt, obwohl das nicht sein kann, denn im Schlaf legen wir ihn ab. Dieser Standpunkt aber ist der winzige Schwanz, und in ihm müssen wir die Kehrtwendung vollziehen, von der Mumon spricht.

Im Sanskrit wird der Standpunkt *Manas* genannt. Die englischen Worte *man* (Mann, Mensch) und *mind* (Geist) sind von diesem Wort abgeleitet. Die Kehrtwendung oder, um wieder das Sanskritwort zu gebrauchen, *Paravritti*, muß also im Manas vollzogen werden. Es ist eine Kehrtwendung vom »ich sehe die Welt« hin zum »ich bin die Welt«, vom »ich weiß *etwas*« zum »ich weiß«. Unsere Schwierigkeit ist, daß wir trennen müssen, um zu sehen, es sei denn, wir können ohne Augen sehen. Und doch bemerkte der Jesuit Teilhard de Chardin: »Sein ist Sehen.« Alles, was lebt und sich bewegt, ist ein Standpunkt. Die Ameise, die Biene, der Floh, das Pferd, der Elephant und die Giraffe. Zu sein heißt zu sehen, und zu sehen heißt, von allem getrennt zu sein, und getrennt zu sein heißt, das Ganze zu fürchten, denn das Ganze wird als Tod und Auslöschung gesehen. Manchmal wird gesagt, »nach Hause kommen« bedeute, daß der Tropfen im Ganzen aufgehen solle; ein anderesmal wird gesagt, daß das Ganze im Tropfen aufgehen müsse. Aber Goso möchte uns noch weiter treiben.

In Gosos Feststellung steht auf der einen Seite der Büffel, auf der anderen der Schwanz; zwei Teile. Aber das Ganze ist nicht der Büffel, an den man einen Schwanz angehängt hat – auch wenn uns das, wenn wir das Ganze fürchten, so vorkommt. Das Ganze ist nicht einmal ein ganzer Büffel. Mehrere Blinde erforschten einen Büffel. Einer sagte, er sei wie ein dünner Baumstamm – er betastete das Bein des Büffels; der nächste sagte, er sei wie ein dickes Faß – er betastete den Körper; ein anderer sagte, er sei kalt wie Stein – er fühlte das Horn; wieder ein anderer sagte, er sei wie ein Seil – er hielt den Schwanz. Einer mit sehenden Augen kam vorbei und lachte, denn er sah den ganzen Büffel. Aber selbst er war nicht der letzte, der lachte. Dieses letzte Lachen ist für die zehnte Person reserviert, für denjenigen, der ein offenes Auge hat und blind ist.

39 Ummon sagte: »Du hast es verfehlt!«

Ein Mönch sagte zu Ummon: »Strahlendes Licht erleuchtet sanft das ganze Universum ...« Noch bevor er die Zeile zuende bringen konnte, unterbrach ihn Ummon und fragte: »Sind das nicht die Worte von Chosetsu?« Der Mönch sagte: »Ja, das sind sie.« Ummon sagte: »Du hast es verfehlt!« Später griff Meister Shishin die Sache auf und fragte: »Sag mir, wie hat der Mönch es verfehlt?«

Mumons Kommentar

Wenn du sehen kannst, wie entschieden und gründlich Ummon vorgeht und wie der Mönch es verfehlte, dann kannst du Menschen und Götter lehren. Wenn es dir noch nicht klar ist, dann kannst du nicht einmal dich selbst retten.

Mumons Vers

In den schnellen Bach wird eine Angel ausgeworfen;
Der Gierige wird gefangen werden;
Wenn du den Mund nur ein wenig aufmachst,
Wirst du dein Leben ganz verlieren.

Kommentar

Der Mönch zitierte den Erleuchtungsvers von Chosetsu. Der ganze Vers lautet folgendermaßen:

Strahlendes Licht erleuchtet sanft das ganze Universum;
Der Unwissende, der Weise, sie wohnen alle in
demselben Haus.
Wenn kein Gedanke aufkommt, wird Eins enthüllt;
Wenn die sechs Sinne sich nur ein wenig regen, wird es
von Wolken verdeckt.
Unwissenheit zu beseitigen läßt sie wachsen;
Wahrheit zu suchen ist vergebens;
Lebst du im Einklang mit dem Weltlichen, gibt es
kein Problem;
Nirvana und Leben-und-Tod – sie sind wie Blüten
aus Luft.

Was ist dieses strahlende Licht, das sanft das ganze Universum erleuchtet? Jesus sagte, wir seien das Licht der Welt. Er scheint das gleiche zu sagen wie Chosetsu. Aber was ist dieses Licht der Welt? Es ist nicht ein Licht, das wir sehen können, sondern eher eines, *womit* wir sehen. Alles kommt in diesem Licht zu seiner wahren Bedeutung. Aber in dem Augenblick, wo wir versuchen, das Licht durch Sehen oder Hören zu finden, wird es von seinem eigenen Widerschein verhüllt. Wenn wir dies durch Studium und Überlegung korrigieren wollen oder Unwissenheit dadurch überwinden wollen, daß wir versuchen, dieses strahlende Licht in der Erfahrung kennenzulernen, und sei es in der spirituellen Erfahrung – dann macht das die Sache nur noch schlimmer. Den Dingen gemäß zu leben, eins zu sein mit allem, was geschieht, keine Trennung vorzunehmen zwischen dies und das, mein und dein, mein und sein, läßt alles zu einem Dharma-Tor werden. Dann begreifen wir, Erwachen ist die Erkenntnis, daß kein Erwachen notwendig ist und daß Leben und Tod genau die Formen des strahlenden Lichtes selbst sind.

Der Mönch war in einem Strudel von Worten verloren. Er wollte das Ganze dadurch finden, daß er eine Frage dazu stellte und dabei die Worte eines anderen benutzte. Aber wessen Worte waren das wirklich? Waren es Chosetsus? Nach dem Zusammenbruch Frankreichs im Zweiten Weltkrieg richtete Churchill eine Rede an seine Landsleute, in der er sagte: »Ich habe nichts anzubieten als Blut, Mühe, Tränen und Schweiß.« Ich war zwölf Jahre alt, als ich diese Worte hörte, aber sie haben mich niemals verlassen. Und sie elektrisierten die britische Öffentlichkeit. Was eine demoralisierte, zersplitterte Nation war, wurde ein Ganzes. Wessen Worte waren das? Natürlich hat Churchill sie gewählt, aber sowie er sie einmal ausgesprochen hatte, gehörten sie allen, die sie damals in Großbritannien hörten.

Ein Meister sagte: Wenn du die Bedeutung hast, kannst du die Worte wegwerfen. Der Mönch hatte die Bedeutung nicht und klammerte sich daher an die Worte. Zweifellos verstand er die Bedeutung der *Wörter*. Aber die Bedeutung dessen, was Chosetsu sagte, war nicht in den Wörtern; sie war im strahlenden Licht, das sanft das ganze Universum erhellt. Wenn du das hast, oder wenn du das bist – was willst du dann mit Worten?

40 *Isan stößt den Krug um*

Als Isan bei Hyakujo übte, wurde er am Kloster zum Ersten Koch ernannt. Hyakujo wollte einen Abt für ein Kloster am Berg Daii auswählen. Er rief den Obermönch und seine anderen Schüler zusammen, um sie ihre Einsicht demonstrieren zu lassen; der Fähigste würde ausgeschickt werden, das Kloster zu errichten. Hyakujo nahm einen Krug, stellte ihn auf den Boden und fragte: »Nennt das nicht einen Krug, was ist es?« Der Obermönch wandte ein: »Man kann es nicht einen Holzschuh nennen.« Hyakujo fragte daraufhin Isan. Isan trat näher, stieß den Krug um und ging. Hyakujo sagte zum Obermönch: »Du bist von Isan besiegt worden.« Isan wurde beauftragt, das Kloster zu gründen.

Mumons Kommentar

So kühn Isan auch ist, am Ende konnte er nicht aus Hyakujos Falle heraus. Wenn man es sorgfältig betrachtet, wählte er, was schwer ist, und lehnte ab, was leicht ist. Warum? Er nahm sich das Tuch vom Kopf und legte ein Eisenjoch an.

Mumons Vers

Bambuskörbe und Holzkellen wirft er weg,
Mit einem direkten Schlag schneidet er
Komplikationen ab.
Hyakujo versucht, ihn mit seiner unerbittlichen Schranke
aufzuhalten, doch vergebens.
Seine Fußspitze bringt unzählige Buddhas hervor.

Kommentar

Nennt das nicht einen Krug, was ist es? Das scheint eine seltsame Frage zu sein, wenn wir sie das erste Mal hören. Wir sind so gewöhnt daran, Worte mit Dingen zu verbinden, daß wir verwirrt sind, wenn wir das Wort wegnehmen. Was bleibt, wenn das Wort weggenommen wurde? Der Obermönch dachte offenbar, etwas würde bleiben, etwas mit all den Kennzeichen eines Kruges, nur einfach ohne den Namen. »Man kann es nicht einen Holzschuh nennen«, sagte er. Offensichtlich nicht, denn ein Holzschuh hat nicht diese Form, diese Größe, diese Eigenschaften. Aber Isan stieß den Krug um. Die ganze Frage ist natürlich: Warum? Warum war es Isan dadurch möglich, mitten durch die Falle hindurchzugehen, die Hyakujo aufgestellt hatte?

Der Mönch betrachtete Worte offensichtlich als Etiketten, als Dinge, die man auf andere Dinge klebt. Das ist eine übliche Sichtweise. Worte sind jedoch nur dann Etiketten, wenn sie ihre schöpferische Kraft verloren haben. Vorher erschaffen sie Dinge. Ihre schöpferische Kraft wird in der *Genesis* veranschaulicht: »Und Gott sprach: Es werde Licht!«, oder auch in den Schlußzeilen christlicher Gebete: »Im Namen des Vaters, des Sohnes und des Heiligen Geistes«.

Das Abrakadabra des Zauberers auf der Bühne ist eine vage Erinnerung an die enge Verbindung zwischen Magie und Worten. Es heißt, um den Teufel zu beherrschen, müsse man den Teufel beim Namen nennen. Wegen ihrer Macht waren Worte immer von einem gewissen Tabu umgeben. Das ist der Grund dafür, daß man den Namen Gottes nicht mißbrauchen darf. Ein Psychologe, der Zwillingstöchter hatte, berichtete davon, wie er eines Tages aus Versehen jede beim Namen der anderen nannte. Zuerst hielten die Zwillinge das für einen großen Spaß, doch als er hartnäckig damit fortfuhr, wurden sie unruhig, dann ängstlich, und schließlich gerieten sie in Panik. Es gibt auch eine Geschichte über eine Frau mit Schizophrenie: Sie hatte Panikattacken, wenn Gegenstände sie feindselig anzustarren schienen, und die einzige Möglichkeit für sie, ihre Angst zu beherrschen, bestand darin, die Namen der Gegenstände auszusprechen.

Wir haben den Eindruck, daß sich die Welt aus Dingen zusammensetzt, aber diese Welt der Dinge leitet sich von einer tieferen, geeinten Welt her, einer Welt *unmittelbarer Erfahrung*. Von wesentlicher Bedeutung in der Lehre Buddhas ist der Grundsatz des *Anicca*, der von einem Zen-Meister mit den Worten zusammengefaßt wird: »Von Anfang an existiert nicht ein einziges Ding.« Anders formuliert: Unser seelisches Leben beginnt nicht mit Dingen, sondern mit unmittelbarer Erfahrung.

Der britische Philosoph F. H. Bradley (1846–1924) bemerkte: »Am Anfang gibt es keine Beziehungen und keine Gefühle, sondern nur Verschiedenheiten, die sich auswirken und empfunden, aber nicht unterschieden werden ... Der absolute Zustand ist ein unmittelbares Gefühl, ein Wissen und Sein in einem.« Er wies auch darauf hin, daß Gefühl nicht bloße Sinnesempfindung meine oder Gefühle wie Freude und Schmerz; vielmehr sei es unmittelbare Erfahrung ohne jede Unterscheidung oder Beziehung an sich. »Es ist Einheit, komplex, aber ohne Beziehungen. Gefühl ist nicht ein unterschiedener Aspekt, sondern enthält alle Aspekte in einem.«[23]

Bradleys Bemerkungen erinnern an das, was Hyakujo einmal sagte: »Richte mittels der unsagbaren Subtilität des Denkens ohne Denken deine Aufmerksamkeit nach innen, um über die unendliche Kraft des göttlichen Funkens nachzusinnen. Wenn dein Denken nicht mehr weitergehen kann, kehrt es zum Ursprung zurück, der ewigen Heimat von Wesen und Form, wo Erscheinungen und Gedanken nicht zweierlei, sondern eins sind; dort weilt die Soheit des wahren Buddha.« Als Isan diese Worte hörte, kam er zum Erwachen. Hyakujo brachte Isan dazu, über unmittelbare Erfahrung, wie Bradley sie meinte, hinauszugehen, über das hinauszugehen, was im Buddhismus besser als Samadhi bekannt ist. Die unsagbare Subtilität des Denkens ohne Denken ist eine andere Ausdrucksweise für *Wecke den Geist, ohne ihn bei etwas verweilen zu lassen*, ohne ihn bei irgendeiner Art von Erfahrung verweilen zu lassen, sei sie unmittelbar oder durch Worte, Gedanken, Ideen, Gefühle vermittelt. Immerhin, Bradley weist uns eine Richtung, und diese Richtung wird uns noch dazu von einem modernen Menschen aus dem Westen gewiesen, der wahrscheinlich keinerlei Kenntnis des Buddhismus oder Interesse an ihm hatte.

Jetzt können wir das Dilemma, in das Hyakujo Isan stürzte, besser erkennen. »Nennt das nicht einen Krug, was ist es?«; wir könnten auch sagen: »Benutzt keine Worte, was bleibt?« Und Isan stößt den Krug um. Die eigentliche Frage ist jetzt: Wie macht er das? Gibt er ihm einen Kick, so wie ein Fußballspieler einen Ball schießt? Stolpert er über ihn? Tritt er entnervt zu? In Mumons Vers heißt es: »Mit einem direkten Schlag schneidet er Komplikationen ab.«

23 Zitiert nach Sushil Kumar Saxena: *Studies in the Methaphysics of Bradley* (New York: Allen and Unwin 1967).

41 *Bodhidharma gibt dem Geist Frieden*

Bodhidharma saß mit dem Gesicht zur Wand. Der zweite Patriarch, der sich den Arm abgeschnitten hatte, stand da im Schnee. Er sagte: »Der Geist deines Schülers hat noch keinen Frieden. Ich bitte dich, Meister, ihm Ruhe zu geben.« Bodhidharma erwiderte: »Bring deinen Geist her, und ich werde ihm Ruhe geben.« Der Patriarch sagte: »Ich habe nach diesem Geist gesucht und kann ihn nirgendwo finden.« Bodhidharma sagte: »Dann habe ich ihm Ruhe gegeben.«

Mumons Kommentar

Der zahnlose alte Ausländer überquerte über Tausende von Meilen das Meer und warf Wellen auf, wo es keinen Wind gab. Er hatte nur einen einzigen Schüler, und selbst der hatte nur einen Arm. Na ja!

Mumons Vers

Er kam aus dem Westen und zeigte unmittelbar.
Alle unsere Schwierigkeiten kommen daher!
Daß alle Mönche völlig durcheinander sind,
Kommt von diesen beiden Kerlen.

Kommentar

Bodhidharma ist der erste chinesische Patriarch des Zen. Er ist übrigens auch der erste Patriarch der Kampfkünste, und sein Tempel Shao-lin ist ein Pilgerziel nicht für Zen-Buddhisten, sondern für die Übenden der Kampfkünste. Er ist berühmt für sein beharrliches Zeigen auf das menschliche Herz und für seine eindringliche Mahnung, sich nicht auf Worte und Schriften zu verlassen.

Einer der wenigen Texte, die ihm zugeschrieben werden, lautet *Die Regel von der Vergeltung von Haß*. Darin heißt es:

> *Wenn ein Anhänger des Weges eine Zeit der Schicksalsprüfungen oder des Leidens durchmacht, sollte er folgendes denken und sagen:*
>
> *Während unzähliger vergangener Zeitalter habe ich die Wurzel verlassen und bin den Ästen nachgegangen, so bin ich auf den unruhigen, bitteren Wellen des Meeres der Existenz fortgetragen worden und habe dadurch endlose Gelegenheiten zu Haß, Feindseligkeit und schlechten Taten erschaffen. Das Unrecht, das zugefügt wurde, ist grenzenlos. Wenn auch mein gegenwärtiges Leid nicht von schlechten Taten in diesem Leben verursacht ist, so ist es doch die Frucht meiner Sünden in meinem vergangenen Dasein, die zufällig in diesem Augenblick zur Reife kommt. Es ist nicht etwas, was Menschen oder Götter mir gegeben haben. Laß mich daher diese bittere Frucht, die ich selbst hervorgebracht habe, geduldig und süß annehmen, ohne Unwillen oder Klagen über irgend jemanden. Wenn der Geist erwacht ist, reagiert er spontan auf die Gebote der Vernunft, so daß er den Haß von anderen Menschen nutzen und ihn in eine Gelegenheit verwandeln kann, einen weiteren Schritt zu gehen in Richtung des Tao.*

Dieses Koan berichtet von Bodhidharmas Begegnung mit Hui-k'o, der später zum zweiten Patriarchen wurde. Hui-k'o war zu Bodhidharma gekommen, um von ihm unterwiesen zu werden, aber Bodhidharma hatte ihn abgelehnt mit den Worten: »Den subtilen und höchsten Lehren der Buddhas kann nur durch unaufhörliches Ringen gefolgt werden, indem man tut, was schwierig zu tun ist, und erträgt, was schwer zu ertragen ist, indem man die Übung Kalpas lang fortsetzt; wie kann ein Mensch mit wenig Tugend und viel Selbstüberschätzung sich einbilden, es zu schaffen? Das wird nur in fruchtloser Mühe enden.« Aber Hui-k'o blieb hartnäckig und schnitt sich schließlich den Arm ab, um seine Aufrichtigkeit zu zeigen. Aus diesem Grunde gab Bodhidharma nach.

Die Aussage, der zweite Patriarch habe sich den Arm abgeschnitten, darf man nicht allzu wörtlich nehmen. Sich den Arm abzuschneiden wäre eine erstaunliche Meisterleistung, wenn man nicht gerade ein extrem scharfes Schwert zur Hand hätte, und außerdem müßte man sich noch um das ganze Blut Gedanken machen. Interessanterweise kennen wir im Deutschen den Ausdruck »ich würde meine rechte Hand dafür geben, wenn ...«, und in die Leerstelle wird dann das eingesetzt, für das wir den Körperteil hingeben würden. Die eigene rechte Hand aufzugeben heißt, die eigene Handlungsfähigkeit aufzugeben.

In Hui-k'o müssen wir einen Menschen sehen, der am Ende seiner Kräfte ist, der seine rechte Hand schon hingegeben hatte, noch bevor er sie sich abschnitt. Er hat alles versucht, um zu ein wenig Verstehen zu gelangen, um eine Vorstellung davon zu bekommen, worum es eigentlich geht. Schließlich hört er von diesem ungewöhnlichen alten Mann, der über hundert Jahre alt ist, der die Sicherheit seines Heimatlandes verlassen hat und über den Ozean gereist ist, um etwas Licht nach China zu bringen; der bei seiner Ankunft ein Gespräch mit dem Kaiser hat und der, anstatt dem Herrscher um den Bart zu gehen, ihm im Grunde über den Mund fährt, bevor er sich davonmacht, um alleine in einer Höhle zu sitzen. Hier gibt es für Hui-k'o endlich die Chance, die er inständig ersehnt hat: Hier ist ein Mensch, der glaubwürdig ist und Bescheid weiß und der ganz bestimmt sein Verständnis mit anderen teilen möchte, denn er hatte beträchtliche Gefahren auf sich genommen, um das Meer zu überqueren und China zu erreichen.

Hui-k'o geht zu Bodhidharma, der ihn kurzerhand zurückweist, ihn auslacht, ihm sagt, daß seine halbherzigen Anstrengungen völlig nutzlos sind. Aber Hui-k'o bewegt sich nicht von der Stelle. Er weiß, daß die einzige Chance, die das Leben ihm geboten hat, sich niemals wiederholen wird, wenn er jetzt weggeht. Er muß diesen Mann einfach sehen und mit ihm sprechen. So steht er draußen vor der Höhle und wartet darauf, daß Bodhidharma ihn annimmt. Während er draußen steht, fängt es an zu schneien. Es schneit und schneit, aber immer noch steht er da. Immer noch sitzt Bodhidharma entschlossen mit dem Gesicht zur Wand und rührt sich nicht. Der Schnee fällt, und Hui-k'o steht da.

Schließlich schneidet sich Hui-k'o den Arm ab, und Bodhidharma gibt nach. Es ist unmöglich für einen Lehrer, sich jemandem zu widersetzen, der aufrichtig ist. Ein solcher Mensch, der tatsächlich seine rechte Hand hingeben wird, ist das, was der Lehrer sich am meisten wünscht. Dann bittet Hui-k'o: »Mein Geist hat keinen Frieden, bitte gib ihm Frieden.«

Wie kann Bodhidharma diesem armen Mann antworten, der da zitternd, hungrig, mit körperlichen und seelischen Schmerzen vor ihm steht? Im *Dhammapadda*, einem grundlegenden buddhistischen Text, heißt es:

Man selbst verübt Böses,
Man selbst leidet.
Man selbst hebt Böses auf,
Niemand kann einen anderen läutern.

Niemand kann einen anderen läutern, und doch muß der herzzerreißende Ruf nach Frieden des Geistes Bodhidharma bis ins Mark getroffen haben. Er fordert Hui-k'o einfach dazu auf, ihm seinen Geist zu bringen, er würde diesem dann Frieden geben. War das nur ein Mittel, um der Sache auszuweichen? Gab Bodhidharma Hui-k'o eine unmögliche Aufgabe, damit Hui-k'o in dem Wissen fortginge, daß ihm nicht geholfen werden konnte, daß er den Weg alleine finden mußte? Im Gegenteil: Bodhidharma handelte aus äußerstem Mut und Mitgefühl. Hätten die meisten von uns nicht tröstende Worte, Anteilnahme oder Ermutigung geben wollen?

Das Koan unterstreicht unter anderem die Art von Engagement, die notwendig ist, um Zen zu üben, und die Selbstlosigkeit, die notwendig ist, um Zen zu lehren. Aber betrachten wir das Engagement einmal im richtigen Verhältnis. Viele Leute, die von der Hingabe hören, die nötig ist, um zum Erwachen zu kommen, werden entmutigt und klagen: »Das schaffe ich nie!« Doch Shibayama sagt: »Ich werde niemals den inneren Kampf vergessen, den ich in völliger Dunkelheit fast drei Jahre lang auszufechten hatte. Ich würde sagen, daß in der Zen-Übung diese Erfahrung der dunklen Nächte, die man mit seinem ganzen Sein durchleben muß, das Wichtigste und Wertvollste ist.«[24] Meine eigene Erfahrung bestätigt das. Ungefähr vier Jahre lang befand ich mich in einem Niemandsland von Schmerz und Verzweiflung, völlig orientierungslos und ohne jede Vorstellung davon, ob die Reise jemals ein Ende nehmen würde. Das einzige, worauf ich vertraute, war Zazen. Der WEG ist nicht der Weg eines Helden; in diese dunkle Nacht der Seele tritt man nicht mit Absicht ein; vielmehr läßt man, wenn man seine diversen trügerischen Werte losläßt, auch das ganze künstliche Licht los, das den eigenen Weg beleuchtet hat. Aber

24 Dieses und die folgenden Zitate von Zenkei Shibayama aus: Z. S.: *Zu den Quellen des Zen*. Übers. v. Margret Meilwes (Bern u. a.: Barth 1976). Die Übersetzungen wurden z. T. geringfügig verändert. (Anm. d. Übers.)

selbst in der Dunkelheit gibt es ein Empfinden, daß der Weg richtig ist; selbst im Schmerz liegt ein Frieden, der aus dem Wissen kommt, daß man auf dem WEG ist.

Fragst du jemanden, der auf dem Weg ist: »Warum übst du Zen?«, dann bekommst du wahrscheinlich zu hören: »Ich weiß es nicht, ich muß einfach weitermachen« oder etwas ähnliches. In der Tat könnte man sagen: Wenn es jemand doch weiß, ist er oder sie auf dem Weg nicht sehr weit. In der ersten Zeit meines Trainings war es für mich die reine Hölle, zum Sesshin zu gehen. Schon mehrere Tage vorher war ich angespannt, nervös und aufgewühlt. Ich hatte Angst vor der Reise, trotzdem mußte ich dorthin. Die Übung hat der Persönlichkeit nichts zu bieten, die oft sogar von ihr bedroht und beunruhigt wird. Etwas viel Tieferes ist am Werk. Wenn man trotz aller Qualen unbeirrt weitergeht, werden in einem gewissen Stadium der Übung die Frustrationen, Konflikte und Schwächen der Persönlichkeit zu der Antriebskraft, die die Übung vorwärtstreibt. Gerade während dieser Zeit kann man über sich selbst hinauswachsen und gewaltige Anstrengungen unternehmen, die in nüchternen Augenblicken unmöglich scheinen. Somit dürfen wir uns niemals selbst herabsetzen, denn das hieße, Buddha-Natur herabzusetzen, und sie ist die Quelle und die Kraft der Übung.

Als Hui-k'o seinerseits ein Lehrer wurde, zitierte er das *Hua-yen-Sutra:* »Es ist so unermeßlich wie das Universum, so endgültig wie die Leere. Aber es ist auch wie ein Licht in einem Topf, das nicht das Außen erhellen kann.« Er fuhr fort: »Wenn Lernende sich auf geschriebene und gesprochene Worte zum Weg verlassen, sind diese wie eine Lampe im Wind: Sie können die Dunkelheit nicht vertreiben, und ihre Flamme verglüht. Aber wenn Lernende unbelastet in Reinheit sitzen, ist es wie eine Lampe in einem geschlossenen Raum: Sie kann die Dunkelheit vertreiben, und sie erhellt Dinge mit Klarheit.«

Aber in Reinheit zu sitzen: was für ein Kampf dazu gehört. Rinzai sagte: »Vor Jahren, als ich nicht erleuchtet war, befand ich mich in völliger Dunkelheit.« Hakuin bemerkte: »Ich hatte das Gefühl, in einer Eishöhle zu sitzen, deren Wände zehntausend Meilen dick waren.« Shibayama zitiert in diesem Zusammenhang einen westlichen Theologen: »Du, der du noch keine schlaflosen Nächte in Leid und Tränen verbracht hast, der du noch nicht erfahren hast, daß du noch nicht einmal ein Stück Brot hinunterschlucken konntest – dich wird die Gnade Gottes niemals erreichen.« Wenn Hui-k'o offenbart: »Ich habe nach meinem Geist gesucht, aber ich kann ihn nirgendwo finden«, klingt das beinahe banal. Aber nach Jahren des Suchens in vollkommener Dunkelheit ist es ein Triumphschrei.

Das Versagen ein Triumph? Hui-k'o bemerkte in einer seiner Reden: »Wenn du mit der Reinheit der Geistesquelle vollkommen eins bist, dann sind alle Gelöbnisse erfüllt, alle Übungen abgeschlossen, ist alles vollendet. Du bist keinen Daseinszuständen mehr unterworfen. Für diejenigen, die diesen Wirklichkeitskörper [Dharmakaya] finden, sind die zahllosen fühlenden Wesen einfach ein einziges gutes Individuum: das eine Individuum, das seit Millionen und Abermillionen von Jahren da ist und damit in Einklang ist.« Du wirst es jedoch niemals finden, wenn du danach suchst; aber wenn du nicht danach suchst, was bleibt dir dann noch?

42 *Die Frau erwacht aus dem Samadhi*

In alter Zeit ging Manjusri einmal zum Welt-Erhabenen, wo sich alle Buddhas versammelten, aber sie waren alle schon zu ihren ursprünglichen Heimatorten zurückgekehrt. Eine Frau in tiefstem Samadhi saß dicht neben dem Thron des Buddha. Manjusri fragte Buddha: »Wieso kann diese Frau so dicht neben deinem Thron sein und ich nicht?« Der Buddha erwiderte: »Du kannst diese Frau wecken und sie selbst fragen.« Manjusri ging dreimal um sie herum und schnippte einmal mit seinen Fingern, konnte sie aber nicht wecken. Er nahm sie mit in den Brahmanenhimmel und bot all seine Zauberkräfte auf, konnte sie aber immer noch nicht wecken. Der Welt-Erhabene sagte: »Selbst hunderttausend Manjusris könnten sie nicht aus ihrem tiefen Samadhi wecken. Aber weit unten, hinter zwölfhundert Millionen Ländern so unzählbar wie die Sandkörnchen des Ganges, lebt ein Bodhisattva namens Momyo. Er wird diese Frau wecken können.« Augenblicklich erschien Momyo aus der Erde und verneigte sich vor dem Welt-Erhabenen, der ihm sagte, was er von ihm wollte. Momyo ging zu der Frau, schnippte einmal mit seinen Fingern, und hierbei kam sie aus dem Samadhi.

Mumons Kommentar

Dieses Drama, das der alte Shakya veranstaltet, ist eine einzige Farce. Sag mir jetzt: Manjusri ist der Lehrer der sieben Buddhas, warum konnte er die Frau nicht aus dem Samadhi wecken, während Momyo, ein bloßer Anfänger, es konnte? Wenn du ohne Unterscheidung den Grund hierfür verstehen kannst, dann wirst du, während du ein geschäftiges, weltliches Leben führst, immer im Drachen-Samadhi sein.

Mumons Vers

Einer konnte sie wecken, der andere nicht.
Beide haben ihre eigene Freiheit.
Eine Gottesmaske, eine Teufelsmaske;
Das Versagen war sehr interessant.

Kommentar

Dieses Koan wird im Laufe der Zeit immer schwieriger zu kommentieren. Es ist äußerst feinsinnig und ganz anders als alle bisher behandelten Koans. Zu der Zeit, über die es berichtet, wurden Frauen allgemein als Männern unterlegen angesehen, und man schrieb ihnen mangelnde Spiritualität zu. Heutzutage kann kein intelligenter Mensch das noch akzeptieren.

Das Vorurteil gegenüber Frauen liegt Manjusris Frage zugrunde, aber im Koan selbst findet sich dieses Vorurteil nicht. Im Gegenteil, das Koan zeigt auf einer Ebene den Irrsinn dieses Vorurteils und den Preis, den es in der spirituellen Entwicklung kostet.

Ganz unabhängig von diesem Koan ist Zen im allgemeinen Frauen gegenüber nicht voreingenommen. Wir haben schon über die zahlreichen Geschichten gesprochen, in denen Frauen in ihrem Verständnis und in der Tiefe ihrer spirituellen Weisheit den Männern überlegen sind. Eine dieser Geschichten, die das bestätigt, handelt von der bereits erwähnten Begegnung Shariputras mit einer Göttin. In einem Teil dieser Begegnung wird gegen jede Unterscheidung zwischen Männern und Frauen im spirituellen Leben argumentiert.

Shariputra fragt die Göttin, weshalb sie sich nicht verwandele und ihre weibliche Daseinsform verlasse. Die Göttin antwortet etwa so wie Hui-k'o im letzten Koan: »Obwohl ich meine weibliche Daseisform zwölf Jahre lang gesucht habe, habe ich sie nicht gefunden.« Dann fragt sie Shariputra: »Wenn ein Zauberer durch Zauberkunst eine Frau erschaffen würde, würdest du sie fragen: ›Was hindert dich daran, dich zu verwandeln und deine weibliche Daseinsforn zu verlassen?‹« Shariputra erwidert: »Nein, weil eine solche Frau nicht wirklich existieren würde; daher gäbe es auch nichts zu verwandeln.« Die Göttin setzt dann ihre Zauberkraft ein, um zwischen sich und Shariputra die Rollen zu tauschen, so daß Shariputra jetzt die Göttin ist und die Göttin Shariputra. Dann fragt sie: »Warum verwandelst du dich nicht und verläßt die weibliche Daseinsform?« Shariputra sagt: »Ich weiß nicht, was ich verwandeln soll.« Daraufhin faßt die Göttin zusammen, was sie zu zeigen versucht hat: »Wenn Shariputra seine weibliche Daseinsform wieder verwandeln könnte, dann könnten alle Frauen ihre weibliche Daseinsform verwandeln. Alle Frauen erscheinen in genau derselben Weise in Gestalt von Frauen, wie Shariputra in Gestalt einer Frau erscheint. Während sie in Wirklichkeit nicht Frauen sind, erscheinen sie in der Gestalt von Frauen.« Vor diesem Hintergrund sagte der Buddha: »In allen Dingen gibt es weder männlich noch weiblich.«

Das Koan beginnt mit einer rätselhaften Aussage: »In alter Zeit ging Manjusri einmal zum Welt-Erhabenen, wo sich alle Buddhas versammelten, aber sie waren alle schon zu ihren ursprünglichen Heimatorten zurückgekehrt.« Was bedeutet das? Was ist es an Manjusri, das alle Buddhas zu ihrer ursprünglichen Heimat zurückkehren läßt? Und was ist überhaupt das ursprüngliche Heim von Buddha? »Nach Hause gehen« ist ein Ausdruck, den man statt »Erwachen« benutzen kann. Es ist ein sehr guter Ausdruck, weil er bodenständig ist und nichts Geheimnisvolles an sich hat. Stell dir einmal vor, du hättest dich während eines Schneesturms im Wald verirrt und nicht die leiseste Ahnung, in welcher Richtung sich dein Zuhause befindet; während du gegen den Sturm ankämpfst, hast du vermutlich sogar vergessen, daß du überhaupt ein Zuhause hast. Dir geht es nur noch darum, am Leben zu bleiben. Stell dir nun vor, daß du durch Glück, harte Arbeit und viel Leid schließlich zu Hause ankommst. Wie wunderbar das ist! Wie vollkommen! Was für eine Erleichterung! Du kannst dich jetzt beruhigen, du kannst die ganze Anspannung, den Streß und die Angst loslassen. Du bist zu Hause. Was tust du dann als nächstes? Wahrscheinlich zum Kühlschrank gehen, dir ein Bier nehmen und dich in einen Sessel fallen lassen. Man kann nicht für alle Zeit selig auf Wolke sieben sitzen.

Aber bedeutet diese Aussage, mit der das Koan beginnt, daß alle Buddhas nach Hause gehen, und warum gehen sie, auch als Manjusri sich nähert? Manjusri war der Lehrer von Buddhas, erinnert uns Mumon. Was kann man einen Buddha lehren?

Manjusri ist auch der Bodhisattva der Weisheit. Am Montreal Zen Center gibt es zu Beginn jedes Sesshins eine Zeremonie, bei der wir Manjusri auf einen Altar stellen, von wo aus er dann über das ganze Sesshin wacht. Das Bild, das wir von ihm haben, zeigt Manjusri, wie er ein Schwert schwingt. Das Schwert wird hochgehalten und ist offenbar in Bewegung. Manche Bilder stellen Manjusri auch auf einem Löwen dar. Das Schwert ist das Prajna-Schwert, das nicht entzwei-, sondern in-eins-schneidet. Mit anderen Worten, indem Manjusri das Prajna-Schwert schwingt, schneidet er durch die Illusion von Trennung und Unterscheidung. Dies steht nicht mehr gegen das, Frauen nicht mehr gegen Männer, nah nicht mehr gegen fern, erwacht nicht mehr gegen nicht-erwacht; alle diese Gegensätze schmelzen wie Eis an einem heißen Sommertag. Der Löwe verkörpert den Mut und die Unbesiegbarkeit, die hinter dem Schwingen des Prajna-Schwertes stehen. Außerdem wird Erwachen manchmal das Brüllen des Löwen genannt; wenn du einmal gehört hast, wie ein Löwe in freier Wildbahn brüllt und wie alles in diesem einen Brüllen verschlungen wird, dann wirst du eine Ahnung davon haben, was gemeint ist.

Das Koan schildert dann, wie die Frau in tiefstem Samadhi saß dicht neben Buddhas Thron. In tiefem Samadhi zu sein bedeutet, mit allem in Einklang zu sein. Im Samadhi fällt die Illusion ab, ein von allem getrenntes Einzelwesen zu sein, ein Mann, eine Frau, ein Mensch, ein Selbst, Seele, Geist, ich, oder was auch immer, und »hell und klar scheint das Mondlicht des Geistes.« Im Samadhi war die Frau Buddha weder nah noch fern, weil auch Buddha »nach Hause gegangen« war. Laut R. H. Blyth hieß die Frau Rii, was wörtlich »getrennt von Wille oder Bewußtsein« bedeutet. Im Schlaf der Unwissenheit ist man von Wille und Bewußtsein getrennt, aber man ist von Wille und Bewußtsein auch im Samadhi getrennt.

Manjusri blickt jedoch von außen und fragt, weshalb die Frau dicht neben Buddhas Thron war und er das nicht sein konnte. In den Versen vom *Vertrauen in den Einen Geist* heißt es, daß der Große Weg nicht schwer ist, wenn man keine Urteile fällt – Urteile, die gut und schlecht, überlegen und unterlegen, richtig und falsch meinen. Der Eine Geist ist der Prajna-Geist, und diese Verse rühmen Prajna und rühmen Manjusri. Manjusri war der Lehrer aller Buddhas, und es geschieht beim Wecken des Geistes, ohne ihn bei etwas verweilen zu lassen, ohne Unterscheidungen zu treffen, daß ein Buddha geboren wird. Und trotzdem fragt Manjusri: »Wieso kann diese Frau so dicht neben deinem Thron sein und ich nicht?«

Buddha fordert Manjusri dazu auf, die Frau aus dem Samadhi zu wecken und sie selbst zu fragen. Aber so sehr Manjusri es auch versucht, es gelingt ihm nicht, sie zu wecken. Doch Buddha weiß, daß es in weiter Ferne Momyo gibt, der fähig sein wird, sie zu wecken. Als Momyo aus der Erde erscheint, fragt er nicht, weshalb die Frau nahe bei Buddha ist, fragt er nicht nach dem Unterschied zwischen Männern und Frauen, fragt er nicht, was richtig ist und was falsch, sondern geht zu ihr und schnippt einmal mit seinen Fingern, und hierbei kommt sie aus dem Samadhi.

Die Worte »Tief unten, hinter zwölfhundert Millionen Ländern so unzählbar wie die Sandkörnchen des Ganges« drücken aus, daß Momyo so weit von Buddha entfernt war, wie es nur möglich ist. Und doch konnte jemand, der so weit entfernt war, tun, was Manjusri nicht tun konnte. Momyo, der dann aus so weiter Entfernung kommt, entspricht dem, was man unerwacht nennen würde. Sein Name in dem Sutra jedoch, dem das Koan ursprünglich entnommen wurde, war Rishogai Bosatsu, was nach Blyth »alle schattenhaften Hüllen abwerfen« bedeutet.

In gewöhnlicher Sprache ausgedrückt, stellt Momyo das Prinzip der Identität dar, so wie Manjusri das Prinzip der Nicht-Unterscheidung darstellt. Daß wir überhaupt die Welt sehen, daß wir in ihr funktionieren können – Auto fahren, Essen kochen, Buchführung erledigen, Musik hören und so weiter – verdanken wir der Arbeit von Momyo. Alles, was wir sehen, ist eins; doch im Gegensatz zum Einen der Nichtunterscheidung, welches das einschließende Eine von Manjusri ist, ist das Eine von Momyo ausschließend. In der Logik, die das Schwert von Momyo ist, besagt eine Regel, daß alles es selbst ist und nicht zur gleichen Zeit etwas anderes sein kann, und mit Sicherheit nicht sein Gegenteil. Ohne Momyo käme nichts zustande, während ohne Manjusri alles auseinanderfiele.

Dieses Koan ist in gewisser Hinsicht ein Mandala. Jeder der vier Protagonisten steht im Zentrum und zugleich an einer Stelle am Rande der Handlung. Jeder ist er selbst und sein Gegenteil. Es wäre als bewegtes Mandala anzusehen, wie ein Tanz, vielleicht wie ein Kreistanz mit immer wieder neu hinzukommenden und heraustretenden Partnern. Im Zen heißt es: Genau dieser Körper ist der Körper des Buddha, und hier, wo wir sind, ist das Reine Land. Samsara ist Nirvana, Nirvana Samsara. Aber dieses Wort »ist« darf nicht als das Ist der Identität aufgefaßt werden, sondern ist das Ist des Einsseins. Manjusri ist Momyo, die Frau ist Buddha, und so weiter den Kreis herum. Das eine Ende eines Stocks schließt letztlich das andere Ende des Stocks mit ein; ist eine Schlange ganz Kopf oder ganz Schwanz? Wenn wir das ergründen können, werden wir erkennen, worauf uns Mumon hinweist: »Während du ein geschäftiges, weltliches Leben führst, wirst du immer im Drachen-Samadhi sein.« Drachen-Samadhi ist jenes Samadhi, das vom Alltagsleben ungestört bleibt.

43 Shuzans Stock

Shuzan Osho hielt einen Stock vor seinen Schülern hoch und sagte: »Mönche! Wenn ihr dies einen Stock nennt, verbergt ihr die Wirklichkeit; wenn ihr sagt, es sei kein Stock, leugnet ihr die Tatsache. Sagt mir, Mönche, wie wollt ihr es nennen?«

Mumons Kommentar

Wenn du es einen Stock nennst, verbirgst du die Wirklichkeit. Wenn du sagst, es sei kein Stock, leugnest du die Tatsache. Benutze nicht Worte, benutze nicht Schweigen. Sag mir jetzt schnell, was ist es?

Mumons Vers

Hält er den Stock hoch,
Gibt er Leben, nimmt er Leben.
Verbergen und Leugnen sind ein Ganzes.
Selbst Buddha und Patriarchen flehen um ihr Leben.

Kommentar

Gregory Bateson, der den Ausdruck Double-Bind prägte, benutzte dieses Koan, um zu veranschaulichen, was er mit dem Begriff meinte. Wenn eine Person eine Zeitlang zwei einander widersprechenden Befehlen ausgesetzt ist, die unter Androhung von Strafe beide zugleich ausgeführt werden müssen, dann befindet sich dieser Mensch nach Bateson in einem Double-Bind und kann eine schwere Psychose entwickeln, die ihn möglicherweise bis in den Selbstmord treibt.

Wir sagten schon, daß Worte enthüllen, aber sie verhüllen auch. Zu den berühmtesten Worten, die in diesem oder überhaupt einem Jahrhundert ausgesprochen wurden, zählen: »$E = mc^2$«. Diese Worte und die Idee, die ihnen Leben gab, deckten Beziehungen auf, die vorher nicht erkannt worden waren, und schufen eine völlig neue Welt. Ihnen zugrunde lag eine Unmenge anderer Worte oder Formeln oder Gleichungen, die sich gegenseitig stützten und vervollständigten, wie eine aus Gedanken errichtete Kathedrale. Doch trotz all ihrer Schönheit und Funktionalität handelt es sich immer noch um eine Struktur aus Worten und Gedanken. Es ist immer noch ein Schleier, der das reine Licht des *Wissens* verwandelt, so wie ein buntes Glasfenster das Licht der Sonne verwandelt. Mit der Zeit werden eine neue Idee und neue Worte entstehen, die sogar diese ausgearbeitete Struktur auflösen und ihren Platz einnehmen werden.

Obwohl der Buddhismus bekräftigt, daß Worte Welten erschaffen, leugnet er nicht die Existenz der Welt. Darauf zu bestehen, daß der Stock kein Stock ist, heißt zu leugnen, was offensichtlich ist und vor Augen liegt. Die Philosophie hat lange mit der Erkenntnis gerungen, daß, obwohl alles vom Geist bedingt zu sein scheint, man dennoch nicht die Wirklichkeit der Welt leugnen kann. Das erinnert an Samuel Johnsons berühmte Widerlegung von Bischof Berkeley, der an der Ansicht festhielt, die Welt sei nur eine Vorstellung Gottes. Johnson schlug mit der Hand auf den Tisch und rief: »Und so widerlege ich ihn!« Natürlich hat er vielleicht nur bewiesen, daß seine Hand ebenfalls Gottes Vorstellung war.

In diesem Gedankenreich können wir keine Position widerlegen. Der Behaviorist, der sagt, Bewußtsein sei ein überflüssiges Postulat, und der Idealist, der sagt, die Welt sei bloß eine Idee Gottes, sind logisch unanfechtbar. Es ist unmöglich zu beweisen, daß Sein älter ist als Wissen oder Wissen älter als Sein. Der Krieg zwischen Epistemologie und Ontologie hört niemals auf und bricht unter immer neuen Vorwänden aus. Aber Buddhas Lehre ist weder epistemologisch noch ontologisch, obwohl viele nachfolgende Kommentatoren sie in das eine oder andere verwandelt haben. Wenn man einen Namen für sie finden sollte, würde man sagen müssen, sie sei *soteriologisch* und provisorisch. Im *Diamant-Sutra* beschreibt Buddha seine Lehre als »mit einem Floß vergleichbar. Das Dharma muß aufgegeben werden; um wie viel mehr das Adharma.« Mit anderen Worten: Alles, was gelehrt wird, das Heilige, das Dharma, und das Profane, das Adharma, ist provisorisch. Gerade so wie alle Lehren provisorisch sind, so sind es alle Worte, denn sie fixieren einen Standpunkt, der sich nichtsdestoweniger immer verändert. Dasselbe Ding ist ein Haus, wenn ich es verkaufen möchte, ein Zuhause, wenn ich in ihm lebe, ein Gebäude, wenn ich es errichte, Eigentum, wenn ich in es investiere, und so weiter. Also können wir sagen, daß dasselbe Ding weder Ding ist noch dasselbe; und damit haben wir dasselbe Ding in eine philosophische Behauptung verwandelt. Sag nicht, es sei ein Ding; sag nicht, es sei nicht ein Ding. Was ist es?

Hält er den Stock hoch,
Gibt er Leben, nimmt er Leben.
Verbergen und Leugnen sind ein Ganzes.
Selbst Buddha und Patriarchen flehen um ihr Leben.

44 *Bashos Stock*

Basho Osho sagte zu seinen Schülern:
»Wenn ihr einen Stock habt, werde ich ihn euch geben. Wenn ihr keinen Stock habt, werde ich ihn euch wegnehmen.«

Mumons Kommentar

Es hilft mir, den Fluß zu durchwaten, wenn die Brücke eingestürzt ist. Es begleitet mich in einer mondlosen Nacht zum Dorf. Wenn du es einen Stock nennst, fährst du wie ein Pfeil zur Hölle.

Mumons Vers

Die Höhen und Täler der Welt
Sind alle in seinem Griff.
Es stützt den Himmel und trägt die Erde.
Überall offenbart es die Wahrheit.

Kommentar

Dieses Koan scheint vom Gesetz der Welt zu reden. Wer hat, bekommt mehr; wer nicht hat, verliert auch das noch, was er hat: Die Reichen werden immer reicher und die Armen immer ärmer. Aber ein Koan gibt keine Stellungnahmen zu sozialen oder ökonomischen Kräften ab, und wir müssen tiefer schauen, um zu sehen, um was es eigentlich geht. Was Basho sagt, findet sich auf einer Ebene in den Worten von Jesus wieder: »Denn wer da hat, dem wird gegeben werden; und wer nicht hat, von dem wird man auch das nehmen, was er hat.«

Ein christlicher Heiliger sagte einmal: »Wenn Vertrauen, dann Vertrauen.« Vertrauen nährt sich selbst, und je mehr Vertrauen man hat, desto mehr bekommt man. Denn je mehr Vertrauen man hat, desto mehr kann man es sich leisten zu zweifeln oder, besser noch, desto mehr kann man es sich leisten, sich seinen Zweifeln zu stellen, und desto mehr kann man daher sehen, daß die Zweifel ohne Substanz sind. Hakuin vergleicht die Zen-Übung mit dem Anlegen von Geld. Je mehr man hat, desto mehr kann man anlegen, und um so mehr hat man schließlich auch anzulegen.

Er erzählt die Geschichte von zwei Brüdern, die eine geringe Geldsumme fanden und sie gerecht teilten. Dann trennten sie sich, und jeder ging seines Weges. Nach einigen Jahren trafen sie sich wieder.

Der eine Bruder wirkte gehetzt und von Sorgen gezeichnet, der andere strahlend und voller Leben. Sie verglichen, was sie mit ihrem Geld gemacht hatten. Der erste sagte, er habe das Geld gehortet und es vor Verlust geschützt; der zweite, er habe es weggeworfen. Als der zweite Bruder vom ersten gefragt wurde, wie er so etwas habe tun können, erklärte der zweite, von dem Geld habe er Seide gekauft, und von dem Ertrag Hanf, und davon Getreide, Fisch, Obst und Fleisch und so weiter. Er hatte das Geld angelegt und bekam fortwährend soviel zurück, daß er nun mehr Geld hatte, als er jemals brauchen konnte.

Hakuin hat natürlich vom Erwachen geredet. Viele, die ein erstes Kensho haben, werden davon wie besessen; sie pflegen einen bestimmten Lebensstil, verkehren mit besonderen Leuten und kleiden sich auf besondere Weise, oft mit den Roben eines Mönchs oder eines Priesters. Das läuft darauf hinaus, das Erwachen zu horten. Ein anderer wiederum wird direkt ins Leben zurückkehren und mitten in dessen Widrigkeiten arbeiten, ohne sich ständig zur Unterstützung auf »ich bin erwacht« zu berufen. Er wird Schwierigkeiten begegnen, Schmerz und Verzweiflung, aber er wird nicht vortäuschen, anders zu sein, als er ist, oder darüber grübeln, weshalb er, ein erwachter Mensch, auf diese Schwierigkeiten stößt. Er wird sich ein inneres Vertrauen bewahren, daß die Wahrheit, die er sieht, schließlich siegen wird, weil sie wirklich ist. Er hat nicht das Bedürfnis, anderen zu zeigen, daß er erwacht ist, nicht das Bedürfnis, in irgendeiner Weise Aufmerksamkeit auf sich zu ziehen. Nach und nach wird, von alleine, die Wahrheit durchscheinen. Indem er sich beharrlich dem Zazen widmet, annimmt, was jeder Augenblick gibt, und damit arbeitet, kann nichts diese erste kleine Summe Geld daran hindern, zu einem unermeßlichen Vermögen zu wachsen, das er freizügig an andere weitergeben kann.

Es ist noch eine tiefere Interpretation möglich, und Mumons Vers enthüllt, worum es in diesem Koan wirklich geht. »Die Höhen und Täler der Welt sind alle in seinem Griff.« Wieder wird ein Zitat von Jesus helfen: »Was hülfe es dem Menschen, wenn er die ganze Welt gewönne und nähme doch Schaden an seiner Seele?« Die ganze Welt zu haben und es nicht zu haben, das die ganze Welt stützt, heißt, gar nichts zu haben. Nicht das zu haben, das die Höhen und Täler der Welt in seinem Griff hat, heißt, die Welt zu gewinnen und deine Seele zu verlieren. »Wenn ihr einen Stock habt«, sagt Basho, »werde ich ihn euch geben.« Auf die Übung bezogen kann man Tempel, Rituale und Zeremonien haben, Roben, Übertragungen, korrekte Haltung und Technik. Aber was nützt das alles, ohne es? Wenn du sagst, daß du einen Stock hast, werde ich dir einen geben.

Aber wenn du keinen Stock hast, werde ich ihn dir wegnehmen. Jemand fragte Joshu: »Wenn es überhaupt nichts gibt, was dann?« Joshu erwiderte: »Wirf es raus.« »Und wenn es nichts rauszuwerfen gibt?« »Dann trag es raus«, sagte Joshu.

In *East Coker* zitiert T. S. Eliot den Heiligen Johannes vom Kreuz mit den Worten:

Um das zu erreichen, was du nicht weißt,
Mußt du den Weg der Unwissenheit gehen.
Um das zu besitzen, was du nicht besitzest,
Mußt du den Weg der Entäußerung gehen.
Um das zu werden, was du nicht bist,
Mußt du den Weg gehen, auf dem du nicht bist.[25]

Aber an dieses Nicht-Wissen, Nicht-Haben dürfen wir uns nicht klammern.

Wenn du es hast, verlierst du alles. Sich an Nicht-Wissen klammern, an eine tote Leere klammern, in toter Leere verharren – das ist die Gefahr, die den bedroht, der die Kühnheit gehabt hat, alle Dinge in Frage zu stellen und mit einem klaren Auge zu sehen, daß von Anfang an nicht ein einziges Ding existiert. Hakuins Lehrer nannte Hakuin einen Teufel in der Grube, eine wunderbare Beschreibung für einen, der in Leere verloren ist und sich daran klammert.

Es handelt sich nicht um eine leere Abstraktion ohne Verbindung zu unserem Leben. Für den westlichen Menschen, dem es schon zuviel ist, über einen Parkplatz zu laufen, ist es schwer, die Bedeutung des Stocks für den Mönch nachzuvoll-

25 *Vier Quartette*. Übers. v. Nora Wydenbruck. In: T. S. Eliot: *Gesammelte Gedichte* (Frankfurt/M.: Suhrkamp 1988).

ziehen. Aber für Leute, die gewohnt waren, lange Strecken durch unwegsames Gelände zu laufen, wird ein Stock ein vertrauter Freund gewesen sein. »Es hilft mir, den Fluß zu durchwaten, wenn die Brücke eingestürzt ist«, sagt Mumon. Aber er wird auch als Gefährte und Beschützer gedient haben, denn er »begleitet mich in einer mondlosen Nacht zum Dorf.« Wieder fühlt man sich an die christliche Tradition erinnert, diesmal an den dreiundzwanzigsten Psalm:

Und ob ich schon wanderte im finstern Tal,
fürchte ich kein Unglück;
denn du bist bei mir,
dein Stecken und Stab trösten mich.

Mumon sagt:

Die Höhen und Täler der Welt
Sind alle in seinem Griff.
Es stützt den Himmel und trägt die Erde.
Überall offenbart es die Wahrheit.

Überall offenbart es die Wahrheit, denn, wie jemand sagte: »Der Herr ist in meinem Auge, deshalb sehe ich ihn überall.«

45 Hoens »Wer ist er?«

Hoen von Tozan sagte:
»Sogar Shakya und Maitreya sind seine Diener.
Wer ist er?«

Mumons Kommentar

Wenn du ihn wirklich mit vollkommener Klarheit erkennen kannst, ist es, wie wenn du deinen eigenen Vater an der Kreuzung triffst. Du brauchst keinen anderen zu fragen, ob er es ist oder nicht.

Mumons Vers

Spanne nicht eines anderen Bogen,
Reite nicht eines anderen Pferd,
Rede nicht über eines anderen Fehler,
Misch dich nicht in Angelegenheiten eines anderen ein.

Kommentar

Maitreya ist der künftige Buddha; dieses Koan sagt also, daß vergangene und künftige Buddhas seine Diener sind, und fragt dann: »Wer ist er?« In unserer Kultur würden manche vielleicht auf die Dreifaltigkeit bezogen sagen: Gott, der Vater, Gott, der Sohn, und Gott, der Heilige Geist, sind seine Diener; wer ist er? Jemand fragte Joshu: »Wer ist es, der sogar Buddha transzendiert?« Und Joshu erwiderte: »Der Mann da, der seinen Ochsen führt, er ist es.«

Im japanischen Buddhismus sind zwei Wege vorhanden – der Weg der *eigenen* Kraft und der Weg der *anderen* Kraft. Die Schule des Reinen Landes, in der man sich der Gnade und dem Erbarmen Amitabha Buddhas überantwortet, ist ein Beispiel für andere Kraft. Ich kann nichts tun, alles muß durch die Kraft des anderen vollbracht werden. Der christliche Weg, der allgemein gesprochen der Weg der anderen Kraft ist, kann mit einer Zeile aus dem Vaterunser zusammengefaßt werden: »Dein Wille geschehe«. Das üblichste Beispiel für Selbst-Kraft ist Zen. Obwohl diese Art von Verallgemeinerung bis zu einem gewissen Grade nützlich ist, kann sie zu einem beträchtlichen Mißverständnis führen, wenn wir das Ich oder Selbst und das Du als zwei Wesen ansehen, mit mir hier und dir da drüben, und einem unüberbrückbaren Abgrund dazwischen. In der Schule des Reinen Landes kann dieses Mißverständnis zur Unterwürfigkeit verleiten, einer Reduzierung der eigenen Person bis zur Nichtigkeit. In der Zen-Schule kann es eine besondere Art von Arroganz bewirken, eine Art spirituellen Stolzierens.

Ich und Du sind bloß zwei Pole dessen, was keine Definition, keine Grenzen hat. Bei der echten Begegnung mit Shakya, mit Maitreya gibt es kein Gegenüber, doch dürfen wir deshalb nicht in die Grube des Solipsismus fallen. Martin Buber hat das gut formuliert: »Wer Du spricht, hat kein Etwas zum Gegenstand. Denn wo Etwas ist, ist anderes Etwas, jedes Es grenzt an andere Es, Es ist nur dadurch, daß es an andere grenzt. Wo aber Du gesprochen wird, ist kein Etwas. Du grenzt nicht.«[26] Und an anderer Stelle: »Was erfährt man also vom Du? – Eben nichts. Denn man erfährt es nicht. – Was weiß man also vom Du? – Nur alles. *Denn man weiß von ihm nichts Einzelnes mehr.*« (Hervorhebung v. Verf.)

Buber betont, daß die Beziehung zum Du unmittelbar sei. »Zwischen Ich und Du steht keine Begrifflichkeit, kein Vorwissen und keine Phantasie; und das Gedächtnis selber verwandelt sich, da es aus der Einzelung in die Ganzheit stürzt.« Hier haben wir die Art, wie Buddha und Maitreya seine Diener sind. Ohne sie wäre er einfach in seinem eigenen Wissen gefesselt. Der Sufi-Mystiker sagt von Gott: »Ich war ein verborgener Schatz und sehnte mich danach, erkannt zu werden. So erschuf ich Geschöpfe, um von ihnen erkannt zu werden.« Wir erschaffen Gott nach unserem Bilde, weil Gott uns nach dem seinen erschaffen hat. Buber bemerkt: »Gott [ist] ›das ganz Andere‹; aber er ist auch das ganz Selbe: das ganz Gegenwärtige … das mir näher ist als mein Ich.« Wenn man dies weiß, steht »zwischen Ich und Du … kein Zweck, keine Gier und keine Vorwegnahme … Alles Mittel ist Hindernis. Nur wo alles Mittel zerfallen ist, geschieht die Begegnung.« Ferner ist kein Weg vorhanden außer diesem: »Wer mit dem ganzen Wesen zu seinem Du ausgeht und alles Weltwesen ihm zuträgt, findet ihn, den man nicht suchen kann.« Und genau unter diesen Umständen kannst du, wie Mumon erklärt, »ihn wirklich mit vollkommener Klarheit erkennen, wie wenn du deinen eigenen Vater an der Kreuzung triffst. Du brauchst keinen anderen zu fragen, ob er es ist oder nicht.«

26 Dieses und die folgenden Zitate von Martin Buber aus: M. B.: *Ich und Du* (Stuttgart: Reclam 1995).

46 Geh einen Schritt von der Spitze eines hundert Fuß hohen Mastes

Sekiso Osho fragte: »Wie wirst du einen Schritt von der Spitze eines hundert Fuß hohen Mastes gehen?« Ein anderer herausragender Meister aus alter Zeit sagte: »Du, der du auf der Spitze eines hundert Fuß hohen Mastes sitzt – obwohl du zur Verwirklichung gelangt bist, bist du noch nicht wirklich. Geh von der Spitze des Mastes vorwärts, und du wirst deinen ganzen Körper in den zehn Richtungen offenbaren.«

Mumons Kommentar

Wenn du weitergehst und dich umdrehst, bist du nirgendwo nicht der Meister. Aber trotzdem, sag mir, wie wirst du einen Schritt von der Spitze eines hundert Fuß hohen Mastes gehen?

Mumons Vers

Wenn das Auge der Einsicht erblindet ist,
Klammert er sich an den Zeiger an der Waage.
Mag er auch sein Leben opfern,
Er ist doch nur ein Blinder, der die Blinden führt.

Kommentar

Es scheint, daß der Meister ein paar Akrobaten sah, die auf die Spitze eines Mastes kletterten. Der Meister drehte sich zu seinem Schüler um und fragte: »Sie können nur bis zur Spitze eines hundert Fuß hohen Mastes kommen. Wie würdest du darüber hinausgehen? Wie würdest du einen weiteren Schritt gehen?« Es kennzeichnet Buddhas Lehre, daß sie einen dazu auffordert, diesen nächsten Schritt zu machen. Als Buddha seine Heimat verließ, traf er mehrere Lehrer, von denen ihn jeder ein wenig tiefer in den Weg des Samadhi führte. Jeder führte ihn ein wenig höher, sogar bis zu der Spitze eines hundert Fuß hohen Mastes. Aber Buddha kehrte diesen Lehren den Rücken zu und sagte, sie könnten in keiner Weise eine endgültige Lösung für den tiefen Schmerz von Leben und Tod bewirken.

In spirituellem Training liegt eine große Versuchung, die Welt des Leidens hinter sich zu lassen und eine Welt von Einheit und Frieden zu suchen. Das ist gleichbedeutend damit, auf die Spitze eines hundert Fuß hohen Mastes zu gelangen. Es nützt wenig und kann nur so enden, daß man wieder in die Finsternis und Verworrenheit hinunterrutscht, die einen unten erwarten. Ein solcher Mensch klammert sich an die Erscheinung und ignoriert die Tatsache. Das ist wie jemand, der den Zeiger an der Waage für das Gewicht der Sache hält. Ganz egal, was für Opfer er gebracht haben mag – weil das Auge der Weisheit geschlossen ist, wird ein solcher Mensch wie der Blinde sein, der die Blinden führt.

Aber wie den Sprung machen?

Dieselbe Herausforderung erwartet uns an jeder Kreuzung unseres Lebens. Immer und immer wieder finden wir uns in einer Sackgasse, können nicht vorwärts gehen und nicht zurück, können nicht da bleiben, wo wir sind, und können uns zu nichts entschließen. Wir zögern und suchen Ausflüchte, verschieben die Angelegenheit auf morgen, wünschen uns, daß alles anders wäre, und verfluchen das Schicksal, das uns zu wählen zwingt. Aber immer noch stecken wir fest. Leute, die auf dem Weg sind, treffen in der Übung oft auf eine Sackgasse und erleben schreckliche Panik. Es ist ein Gefühl, etwas getan zu haben, das niemals ungeschehen gemacht werden kann, ohne jede Vorstellung davon, was das sein oder für Folgen haben könnte. Es ist eine Art spirituellen Schwindelgefühls.

Ein Meister, der dieses Koan hörte, sagte: »Auf der Spitze eines hundert Fuß hohen Mastes bringt eine eiserne Kuh ein Kalb zur Welt.« Wie oft geschieht es im dunkelsten Augenblick, und aus völlig unerwarteter Richtung, daß ein Licht durchbricht. Doch erst, wenn wir uns endlich dazu entschlossen haben zu springen, ereignet sich die neue Geburt. Ein Mann, der an einem Sesshin teilgenommen hatte, war auf dem Weg nach Hause und mußte eine Eisenbahnlinie überqueren. Gerade als er über die Gleise ging, pfiff ein Zug, und der Mann kam zum Erwachen.

Um alles zu bekommen, müssen wir alles geben. Von einer Anhängerin Gurdjieffs wird folgende Geschichte erzählt: Sie war wohlhabend und hing sehr an ihrem Vermögen. Gurdjieff sagte ihr, wenn sie weiter mit ihm arbeiten wolle, dann müsse sie ihm all ihren Schmuck geben. Sie war entsetzt und wußte nicht, was sie tun sollte. In der einen Minute war sie sich sicher, daß er ein Scharlatan war, der nur ihr Vermögen stehlen wollte. In der nächsten dachte sie daran, wie kostbar seine Lehre war, wie viel sie für ihr Leben bedeutete und daß sie unmöglich ohne sie leben konnte. Dann erinnerte sie sich daran, wie sehr sie ihren Schmuck liebte und wie grausam es war, von ihr zu verlangen, ihn aufzugeben. Aber sie gestand sich ein, wie nutzlos er tatsächlich war, da es kaum Gelegenheit gab, ihn zu tragen, sie jedoch die Verpflichtung hatte, auf ihn aufzupassen, ihn zu versichern und so weiter. Sie überlegte hin und her, konnte nicht mehr schlafen, konnte zu keiner Entscheidung kommen. Sie dachte daran, ob sie Gurdjieff bitten sollte, seine Forderung zurückzuziehen, erkannte aber auf einer gewissen Ebene, daß es ein notwendiges Opfer war, das sie bringen mußte. Schließlich traf sie die Entscheidung. Sie packte all ihren Schmuck in eine Schachtel, nahm die Schachtel und gab sie unter Tränen Gurdjieff. Der sah kurz hinein und schob ihr die Schachtel mit den Worten zurück: »Du brauchst ihn mir nicht mehr zu geben.«

Wir wollen verzweifelt etwas wissen und streben daher danach, Frieden, Gelassenheit und Freude kennenzulernen. Die große Gefahr beim ersten Kensho, bei dem es sich ausnahmslos um Schauen in die Leere handelt, ist, daß wir dort stehenbleiben und die Freude und Gelassenheit, die sich uns offenbart haben, bewahren wollen. Doch, wie Ummon einmal mahnte: Selbst ein gutes Ding ist nicht so gut wie nichts. Zu wissen ist genug, etwas zu wissen ist viel zu viel, selbst wenn es auf einer subtilen Ebene bedeutet, nichts zu wissen. Irgend etwas zu wissen, selbst wenn es so wenig wie ein Staubkörnchen ist, heißt, alles zu verdunkeln. Aber wenn wir einmal *wissen*, offenbart uns die ganze Welt, wer wir sind, und nichts kann sich uns in den Weg stellen. Der Schritt nach vorn ist ein helles Licht.

47 *Tosotsus drei Schranken*

Tosotsu Etsu Osho errichtete für seine Schüler drei Schranken:

»Du läßt nichts unversucht, um Tiefe zu ergründen, nur um in deine wahre Natur zu schauen. Nun, ich möchte dich fragen, wo ist deine wahre Natur genau in diesem Augenblick?«

»Wenn du deine wahre Natur verwirklichst, bist du frei von Leben und Tod. Sag mir, wenn dein Augenlicht in den letzten Momenten erlischt, wie kannst du frei sein von Leben und Tod?«

»Wenn du dich von Leben und Tod befreist, solltest du wissen, wohin du gehen wirst. Wenn die vier Elemente also zerfallen, wohin wirst du gehen?«

Mumons Kommentar

Wenn du zu diesen drei Fragen ein Kehrwort sagen kannst, bist du der Meister, wo immer du stehen magst, und beherrschst Zen, egal, in welchen Umständen du dich befindest. Wenn nicht, hör zu: Dein Essen hinunterzuschlingen wird dich mühelos satt machen, aber es zu kauen, wird dir Kraft geben.

Mumons Vers

In einem Augenblick ist Ewigkeit;
Ewigkeit ist genau dieser Augenblick.
Wenn du den Augenblick dieses Augenblicks
durchschaust,
Durchschaust du den, der diesen Augenblick
durchschaut.

Kommentar

Merkwürdigerweise muß man in der Tradition, in der ich mein Training absolviert habe, durch diese Koans gehen, bevor man damit anfangen kann, am Rest des *Mumonkan* zu arbeiten. Ich sage ›merkwürdigerweise‹, weil sie eigentlich zu den durchdringendsten aller Koans im *Mumonkan* gehören.

Die Mönche, an die sich Tosotsu gerichtet haben wird, waren höchstwahrscheinlich von einem Kloster zum anderen gezogen, von einem Lehrer zum anderen gewandert, immer auf der Suche nach ihrer wahren Natur. In heutiger Zeit werden im Westen die reinen Wasser des Zen getrübt, und immer häufiger hört man, daß Buddha und die Patriarchen nicht wirklich meinten, man solle nach seiner wahren Natur suchen. Manche sagen, die Essenz des Weges sei es, ein ethisches Leben zu führen; andere empfehlen, einfach in Meditation zu sitzen und sich zur Lotusposition zu zwingen, auch wenn man Knie und Knöchel dabei gefährdet. Wieder andere ziehen es vor, Bücher zu lesen und Seminare zu besuchen. Aber das Wort Buddha bedeutet erwacht. Erwacht sein heißt, in und damit zu wahrer Natur *erwacht* sein. Zen-Lehrer, die weniger als das lehren, täuschen ihre Schüler. Aber wahre Natur kann nur nach erschöpfender Suche gefunden werden, nachdem man alle seine Kräfte aufgebraucht hat. In diesem Augenblick, wenn man sucht, aber nicht die geringste Ahnung hat, wie, wozu oder sogar ob die Suche fortgesetzt werden soll – wo ist da deine wahre Natur?

Ohne Erwachen, Kensho, Satori, Paravritti oder wie immer du es nennen willst, hat der Buddhismus dem Westen sehr wenig zu bieten, wenn man von noch mehr schwer verständlicher Philosophie und einem ethischen System absieht, das dem christlichen in keiner Weise überlegen ist. Was Buddha lehrte, war mehr oder weniger bereits im Vedanta gelehrt worden. Er fügte wenig hinzu. Es lag nicht in seiner Lehre begründet, daß Buddha Buddha war, sondern in seinem Erwachen. Danach war alles, was er sagte, bedeutsam. Es heißt, daß im Munde eines Dummkopfs selbst die Worte eines Weisen dumm sind. Aber im Munde eines Weisen sind die Worte eines Dummkopfs wahr.

Buddhismus zu praktizieren heißt, wie Dogen sagte, das Selbst zu erkennen; das Selbst zu erkennen heißt, das Selbst zu vergessen, und das Selbst zu vergessen heißt, eins zu sein mit den zehntausend Dingen. All das ist nur eine ausgefeilte, direkte Weise, von Kensho, Satori oder Erwachen zu sprechen. Heutzutage werden alle möglichen Gründe genannt, weshalb dieses Erkennen des Selbst, wie Dogen es vertrat, nicht möglich sein soll: Es sei zu schwer, es sei nicht möglich für moderne westliche Menschen, es sei nicht möglich für Laien und so weiter. Jeder dieser Gründe ist nur eine Ausrede. Sie alle kommen einfach aus dem Munde der Schriftgelehrten und Pharisäer unserer Tage. Und die Worte von Jesus treffen immer noch zu: »Weh euch, Schriftgelehrte und Pharisäer, ihr Heuchler, die ihr das Himmelreich zuschließet vor den Menschen! Ihr gehet nicht hinein, und die hinein wollen, lasset ihr nicht hineingehen.«

Tosotsu erklärt: »Wenn du deine wahre Natur verwirklichst, bist du frei von Leben und Tod.« Es ist das, was alle großen Religionen auf ihre eigene Weise versprochen haben.

Im Christentum ist es das ewige Leben, im Zen-Buddhismus Freiheit von Tod und Geburt. *Aber man muß seine wahre Natur verwirklichen.* Tosotsu sagt jeweils zu seinen Mönchen: »Du läßt nichts unversucht, um Tiefe zu ergründen, nur um in deine wahre Natur zu schauen.« Nichts unversucht lassen. Sich völlig dem Suchen hingeben, dem Forschen und Fragen. »Nun«, sagt Tosotsu, »ich möchte dich fragen, wo ist deine wahre Natur genau in diesem Augenblick?« »Trachtet am ersten nach dem Reich Gottes und nach seiner Gerechtigkeit, so wird euch solches alles zufallen.« Aber wo ist wahre Natur, wo ist das Reich Gottes in genau dem Augenblick der Suche?

Dann stellt Tosotsu die Frage, die sich die Menschheit von Anbeginn aller Zeit gestellt hat, oft mitten in der Nacht unter einer überwältigenden Last von Angst und Übelkeit. »Sag mir, wenn dein Augenlicht in den letzten Momenten erlischt, wie kannst du frei sein von Leben und Tod?« Er verspricht: »Wenn du deine wahre Natur verwirklichst, bist du frei von Leben und Tod.« Wer würde solche Freiheit nicht wollen? Welchen Preis würde man nicht zahlen, welche Last nicht ertragen, wenn man uns garantieren könnte, daß dies ganz sicher wahr ist. Was ist Tod?

Die meisten Leute vermischen, wenn sie mit Angst vor dem Tod ringen, dreierlei. Die meisten beunruhigt das Leiden, das so oft das Sterben begleitet. Die meisten beunruhigt außerdem das Sterben selbst: geliebte Menschen, unerledigte Arbeit, die Schönheit des Lebens zurückzulassen. Das dritte ist die Todesangst.

Es ist diese Todesangst, der wir uns in unserer Übung zuwenden. Mit einem unerschütterlichen Geist denkt man fast gar nicht über das Leiden nach, das den Tod oder den Sterbeprozeß begleitet. Aber ihm ins Auge zu blicken – darum geht es in der Übung. Es heißt: Wenn du stirbst, bevor du stirbst, dann stirbst du nicht, wenn du stirbst. Ein Mönch ging zu einem Meister und verkündete: »Ich habe keine Angst vor dem Tod.«

Der Meister bemerkte: »Ach, so ein Pech!« Wo wollen wir ohne diese Angst die Kraft hernehmen zu sterben, bevor wir sterben?

Der Gedanke an den Tod des Körpers, an den Verlust aller Empfindung, ist schmerzhaft, aber der Gedanke an den Verlust des Ich ist grauenerregend. Eines müssen wir immer bedenken: Wir wissen nichts über unseren eigenen Tod. Wir können tausend Leute sterben sehen und wissen trotzdem nichts über unseren eigenen Tod. Das bedeutet, was für eine Angst wir auch immer haben, es ist nicht die Angst vor dem Tod, *sondern Angst vor der Vorstellung des Todes.*

Ich stirbt immer. Jeder neue Augenblick bringt ein neues Ich hervor. Die Entdeckung des Phänomens der multiplen Persönlichkeit bestätigt nur, was wir im Herzen immer wußten: Wir sind nicht nur ein einziges Individuum, sondern eine Vielzahl. Jedes einzelne dieser Vielzahl spiegelt auf seine eigene Weise das Ursprüngliche. Das Leben von Geburt und Tod ist das Leben des ständigen Kommens und Gehens der Spiegelbilder. Der Mond auf den Wellen, mal versprengt, mal vereint.

Seine wahre Natur verwirklichen heißt, sich von der Faszination des Spiegelbildes abzuwenden und das Eine zu finden; dieser Mond ist wirklich; dieser Mond ist tatsächlich die einzige Wirklichkeit. Sich von der Faszination des Spiegelbildes abzuwenden ist der Tod, bevor wir sterben, dessentwegen wir nicht sterben, wenn wir sterben. Dieses Eine ist niemals abwesend: selbst in unserer Suche nach ihm ist es gegenwärtig. Narziß verliebte sich in sein eigenes Spiegelbild in einem Teich, und als er versuchte, es zu umarmen, fiel er hinein und ertrank. Der Körper stützt den Spiegel; dieser Spiegel, der tausend Facetten hat, ist die Persönlichkeit. Wenn eines Morgens, während du dich im Badezimmerspiegel betrachtest, jemand einen Ziegelstein werfen und den Spiegel zerschlagen würde – was würde aus dir werden? »Wenn du deine wahre Natur verwirklichst, bist du frei von Leben und Tod.« Jeder Tropfen Tau am Morgen spiegelt die Sonne. Während die Sonne am Himmel steigt, trocknen die Tropfen, aber die Sonne scheint weiter, auch ungespiegelt.

Tosotsu fragt: »Wenn du dich von Leben und Tod befreist, solltest du wissen, wohin du gehen wirst. Wenn die vier Elemente also zerfallen, wohin wirst du gehen?« Warte nicht, bis die vier Elemente zerfallen; wo bist du gerade jetzt? Wo du gerade jetzt bist, ist, wohin du gehen wirst. Ramana Maharshi sagte, als er starb: »Ich gehe nicht irgendwohin, es gibt nichts, wohin man gehen könnte.« Wo ist dieses Nichts? Wohin geht diese Frage, wenn sie nicht länger Gedanke ist?

48 Kempos Eine Straße

Ein Mönch sagte zu Kempo: »Es steht geschrieben: ›Bhagavats in den zehn Richtungen. Eine Straße zum Nirvana.‹ Ich frage mich immer noch, wo diese Straße sein kann.« Kempo hob seinen Stock, zog eine Linie und sagte: »Hier ist sie.«

Später richtete ein Mönch die gleiche Frage an Ummon, der seinen Fächer hochhielt und erwiderte: »Dieser Fächer springt auf zum dreiunddreißigsten Himmel und trifft die Nase der Gottheit Saka Dvanam Indra. Wenn du den Karpfen des östlichen Meeres triffst, wird der Regen in Sturzbächen herunterkommen.«

Mumons Kommentar

Der eine geht auf den Grund des Meeres und wirbelt Staubwolken auf; der andere erzeugt auf der Spitze des höchsten Berges turmhohe Wellen, um den Himmel zu waschen. Der eine hält fest, der andere läßt los – jeder streckt seine Hand aus, um die tiefgründigste Lehre zu stützen. Sie sind genau wie zwei kleine Jungen, die aus entgegengesetzten Richtungen aufeinander zu laufen und zusammenstoßen. Aber niemand kann absolut direkt sein. Wenn man sie mit einem wahren Auge prüft, kennt keiner dieser beiden Meister die Straße.

Mumons Vers

Bevor ein Schritt gemacht wird, ist das Ziel erreicht;
Bevor die Zunge sich bewegt hat, ist die Rede beendet.
Obwohl jeder Schritt vor dem nächsten liegt,
Gibt es noch ein außersinnliches Geheimnis.

Kommentar

Wo ist die Straße zum Nirvana? Viele Leute, die am Montreal Zen Center zu den Einführungsveranstaltungen kommen, fragen: »Was genau ist Zen? Wie übt man wirklich?« In den Anfängerkursen geben wir den Teilnehmern einfache Übungen auf, die ihnen dabei helfen sollen, während der Woche gegenwärtig zu sein. Manchmal wollen die Leute wissen: »Was heißt das, ›gegenwärtig sein‹?« Man kann weder sagen, Gegenwärtigkeit sei nirgends, noch, sie sei überall; beides ist abstrakt und bloß eine Redeweise. Aber zu sagen, Gegenwärtigkeit oder Erwachen bedeute, dies oder jenes zu tun, hat auch keinen Sinn. Zum Beispiel zu behaupten, man könne nur durch die Praxis des Buddhismus oder Zen-Buddhismus oder Rinzai-Zen-Buddhismus zum Erwachen kommen, hieße, auf eine beschränkte, an ein System gebundene Technik zu reduzieren, was ein gemeinsames Erbe der ganzen Menschheit ist. Zu behaupten, Erlösung könne man nur durch die Kirche erreichen, ist ähnlich, als wolle man den Himmel in einen Zoo sperren. All dies beschränkt die Wahrheit auf das eine oder andere System, auf irgendeinen Glauben oder irgendwelche Theorien.

Einmal traf ich im Zug eine Frau, die früher Mitglied am Montreal Zen Center gewesen war. Wir unterhielten uns eine Weile, und irgendwann erzählte sie mir, daß sie nun mit einem anderen Lehrer arbeite, der in Nordamerika recht bekannt ist. Sie beschrieb seine Meditationstage, bei denen ein Großteil der

Zeit damit verbracht werde, umherzugehen und »gegenwärtig zu sein«. »Er sagt uns, daß wir fortwährend achtsam sein sollten; wenn wir eine Tasse hochnehmen, sollen wir die Tasse fühlen, ihre Glätte, ihre Rundung, ihr Gewicht. Und so ist es auch mit allen anderen Sinnen. Wir sollen wirklich sehen, wirklich hören.« Ich fragte: »Gefällt dir diese Lehre?« »Oh ja!« schwärmte sie. »Endlich weiß ich, was ich tun soll. Er hat mir etwas Konkretes gegeben. Bei dir war immer alles so unbestimmt.« Ich frage mich, was sie wohl von Kempos oder Ummons Antwort gehalten hätte?

Ein anderes Mal stellte mir ein Mann eine Frage und warnte mich dann: »Gib mir bitte nicht eine von diesen raffinierten Zen-Antworten.« Damit meinte er, daß man in der Lage sein sollte, jede Frage geradeheraus zu beantworten, daß ich aber, »als Zen-Buddhist«, die Antwort lieber in Rätseln verpackte. Aber sowohl Kempo als auch Ummon antworten so geradeheraus, wie sie nur können. Wir müssen Vertrauen haben, um ein Koan anzugehen: Zen-Meister versuchen nicht, schwer verständlich zu sein; sie antworten so klar und so direkt, wie sie können. Wenn wir dieses Vertrauen nicht haben, wenn wir glauben, daß ein Koan uns absichtlich in die Irre führt oder irgendeinen Kode benutzt oder uns Sand in die Augen streut, werden wir nur versuchen, den Kode zu knacken oder eine bessere, direktere Ausdrucksweise für das zu finden, was das Koan in seiner Umständlichkeit sagt.

Manchmal müssen uns jedoch die Begriffe des Koans erklärt werden, da sie sich vielleicht auf Sutren oder andere Aspekte des Buddhismus beziehen, mit denen wir nicht vertraut sind. So bedeutet zum Beispiel der Ausdruck »Bhagavats in den zehn Richtungen«: überall. Überall, wo du hinsiehst, sind Buddhas. Überall, wo du hinsiehst, sind Retter. Doch es gibt nur Einen Weg zum Nirvana. Es ist nicht der Weg des Zen oder Sufismus oder des Blicks nach innen oder irgend etwas Ähnliches. Also was ist es?

Man kann »Bhagavats in den zehn Richtungen« auch in der Weise verstehen, daß es bedeutet: Du bist schon ganz und vollkommen, du bist völlig erwacht. Es gibt nur einen Weg, wie du das erfahren kannst. Der Mönch wollte gerne wissen: »Was ist dieser eine Weg?« Als Antwort zog Kempo mit seinem Stock eine Linie und sagte: »Er ist hier.« Wo hat Kempo die Linie gezogen? Nicht auf leeren Raum oder nirgendwo. Im Zen heißt es: »Es liegt direkt vor deinen Augen.« Aber geben wir uns mit dieser Antwort nicht zufrieden. Frag noch einmal: Wo hat Kempo die Linie gezogen?

Um uns zu helfen, in diese Antwort von Kempo zu schauen, erzählt uns Mumon von Ummons Erwiderung, die am völlig anderen Ende der Welt liegt. Bei Ummon ist der höchste aller möglichen Himmel in Reichweite seines Fächers; mit einem einzigen schnellen Schlag trifft er dort die Nase der Gottheit. Ummon sagt auch: »Wenn du den Karpfen des östlichen Meeres triffst, wird der Regen in Sturzbächen herunterkommen.« Handlung und nochmals Handlung, reine dynamische Handlung. Mumon greift diese Handlung auf, diese pure Energie: »Der eine geht auf den Grund des Meeres und wirbelt Staubwolken auf; der andere erzeugt auf der Spitze des höchsten Berges turmhohe Wellen, um den Himmel zu waschen.« Wie wirbelst du am Meeresgrund Staub auf? Wie läßt du Wellen den Himmel waschen? Grenzen, Gegensätze gehen auf dem Einen Weg verloren. Kempo hat das Wesen, Ummon die Funktion, beide haben den Einen Weg. Also, was ist der Eine Weg zu dem, was du schon bist?

Mumons Nachwort

Die Aussprüche und Taten des Buddha und der Patriarchen wurden in ihrer ursprünglichen Form aufgezeichnet. Wie die Geständnisse eines Verbrechers wurden sie alle festgehalten. Es wurde nichts hinzugefügt vom Autor, der sich den Deckel vom Kopf nahm und seine Augäpfel zeigte. Verwirkliche es unmittelbar; geh nicht nach außen. Wenn du erwacht bist, wirst du bei der geringsten Andeutung sofort das Wesentliche erfassen. Du brauchst durch kein Tor zu gehen; keine Stufen müssen hinaufgestiegen werden. Geh durch den Kontrollpunkt, mit erhobenem Kopf, ohne den Torwächter um Erlaubnis zu fragen.

Erinnerst du dich nicht an Genshas Worte: »Nicht-Tor ist das Tor der Befreiung, Nicht-Geist ist der Geist desjenigen auf dem Weg.« Und Hakuin sagt: »Der Weg liegt klar vor dir; er ist genau das! Geh hindurch!«

Aber so zu reden ist, wie Milch und Schlamm zu mischen. Wenn du durch das Tor ohne Tor gegangen bist, kannst du Mumon zum Narren halten. Wenn nicht, betrügst du dich selbst. Es ist leicht, den Geist der Leere zu erfahren, aber die Weisheit der Unterscheidung ist schwer zu erreichen. Wenn du solche Weisheit verwirklichst, dann wird die Welt von Natur aus im Frieden sein.

In Ehrfurcht niedergeschrieben von Mumon Ekai Bhikkhu,
dem achten nach Yogi

Mumons Warnungen

An den Vorschriften festzuhalten und die Regeln zu befolgen heißt, sich selbst ohne Seil zu fesseln.
In jeder Situation das zu tun, was dir gefällt, ist achtlos und selbstsüchtig.

Geist zu erkennen und ihn zu läutern ist das falsche Zen des stillen Leuchtens.
Loszugehen und zu tun, was dir paßt, heißt, in einen tiefen Abgrund zu fallen.

Die ganze Zeit vollkommen gegenwärtig und klar zu sein heißt, Ketten und ein eisernes Joch zu tragen.
Sich in Gut und Böse verirrt zu haben gehört zu Himmel und Hölle.
Nach Buddha und dem Dharma zu suchen heißt, in zwei Eisenberge gesperrt zu sein.

Er, der es erkennt, sobald ein Gedanke aufkommt, ist jemand, der seine Kräfte erschöpft.
Leer und bewegungslos zu sitzen ist die Übung der Toten.

Wenn man Fortschritte macht, hält man sich selbst zum Narren.
Wenn man zurückweicht, betrügt man das Dharma.

Wenn man weder vorangeht noch zurückweicht, ist man nur eine warme Leiche.

Jetzt sag mir, was wirst du tun? Du mußt die äußerste Anstrengung unternehmen, um in diesem Leben zum Erwachen zu kommen, sonst wirst du es ewig bereuen.

Ausgewählte Bibliographie

Blofeld, John (Hrsg. u. Übers.): *The Zen Teachings of Huang Po: On the Transmission of Mind.* Boston: Shambhala Publications, 1994.

Blyth, R. H.: *Zen and Zen Classics*, Vol. 4: *The Mumonkan.* Tokyo: The Hokuseido Press, 1966.

Buber, Martin: *Ich und Du.* Stuttgart: Philipp Reclam jun., 1995.

Chang, Garma C.: *The Buddhist Teaching of Totality: The Philosophy of Hwa Yen Buddhism.* University Park: Pennsylvania State University Press, 1977.

Cleary, Thomas (Hrsg.): *The Original Face: An Anthology of Rinzai Zen.* New York: Grove Press, 1979.

Grant, Robert M.: *The Secret Sayings of Jesus: The Gnostic Gospel of Thomas.* New York: Doubleday & Co., 1960.

Koestler, Arthur: *The Ghost in the Machine.* New York: Viking Penguin, 1990.

Low, Albert: *The Butterfly's Dream: In Search of the Spiritual Roots of Zen*. Boston: Charles E. Tuttle Co., 1993.

Low, Albert: *An Invitation to Practice Zen*. Rutland, Vermont: Charles E. Tuttle Co., 1989.

Low, Albert: *The Iron Cow of Zen*. Rutland, Vermont: Charles E. Tuttle Co., 1985.

Low, Albert: *Zen and Creative Management*. Rutland, Vermont: Charles E. Tuttle Co., 1976.

Maharaj, Nisargadatta: *I Am That: Talks with Sri Nisargadatta Maharaj*. Durham, North Carolina: Acorn Press, 1994. Auszugsweise auf deutsch erschienen als: *Ich bin: Gespräche mit Sri Nisargadatta Maharaj*. Übers. v. Gilda Peters-Remscheid u. Heiner Siegelmann. Bielefeld: Context-Verlag, 2. Aufl. 1992.

Maxwell, Meg, und Verena Tschudin: *Seeing the Invisible: Modern Religious and Other Transcendental Experiences*. London: Arkana Books, 1994.

Pagels, Elaine: *The Gnostic Gospels*. New York: Vintage Books, 1981. Deutsche Ausgabe: *Versuchung durch Erkenntnis. Die gnostischen Evangelien*. Übers. v. Angelika Schweikhart. Frankfurt/M.: Suhrkamp Taschenbuch Verlag, 1987.

Price, A. F., und Wong Mou-Lam (Übers.): *The Diamond Sutra*. Berkeley: Shambhala Publications, 1974.

Saxena, Sushil Kumar: *Studies in the Metaphysics of Bradley*. London: Allen & Unwin, 1967.

Shannon, William H.: *Thomas Merton's Dark Path: The Inner Experience of Contemplation*. Harmonsworth: Penguin Books, 1982.

Shibayama, Zenkei: *Zu den Quellen des Zen*. Übers. v. Margret Meilwes. Bern, München, Wien: Otto Wilhelm Barth Verlag, 1976.

Shigematsu, Sōiku (Übers.): *A Zen Forest*. New York: Weatherhill, 1981.

Stryk, Lucien, and Takashi Ikemoto (Hrsg.): *Japanese Zen: Poems, Prayers, Sermons, Anecdotes*. New York: Doubleday and Co., 1963.

Suzuki, D. T. (Hrsg.): *A Manual of Zen Buddhism*. New York: Grove Atlantic, 1987.

Thurman, Robert A. F. (Übers.): *The Holy Teaching of Vimalakirti*. University Park: The Pennsylvania State University Press, 1991.

Wu, John C. H.: *The Golden Age of Zen*. Taipei, Taiwan: United Publishing Center, 2. überarb. Aufl. 1975.

Xu Yun: *Empty Cloud: An Autobiography of the Chinese Zen Master*. Übers. v. Charles Luk, überarb. u. hrsg. v. Richard Hunn. Rockport, Massachusetts: Element Books, 1990.